U0812055

本书由
中央高校建设世界一流大学（学科）
和特色发展引导专项资金
资助

中南财经政法大学"双一流"建设文库

全｜球｜治｜理｜系｜列｜

人民币国际化实施的法律问题研究

何 焰等 著

长江出版传媒
湖北人民出版社

图书在版编目(CIP)数据

人民币国际化实施的法律问题研究/何焰等著.
武汉:湖北人民出版社,2019.12
ISBN 978-7-216-09828-1
Ⅰ.人… Ⅱ.何… Ⅲ.人民币—金融国际化—国际经济法—研究 Ⅳ.D996.2
中国版本图书馆CIP数据核字(2020)第018717号

责任编辑:曹新哲
封面设计:陈宇琰
　　　　　张　弦
责任校对:范承勇
责任印制:王铁兵

人民币国际化实施的法律问题研究
RENMINBI GUOJIHUA SHISHI DE FALÜ WENTI YANJIU　　何焰等 著

出版发行: 湖北人民出版社	**地址**:武汉市雄楚大道268号
印刷:武汉科源印刷设计有限公司	**邮编**:430070
开本:787毫米×1092毫米 1/16	**印张**:14.25
字数:238千字	**插页**:2
版次:2019年12月第1版	**印次**:2019年12月第1次印刷
书号:ISBN 978-7-216-09828-1	**定价**:58.00元

本社网址:http://www.hbpp.com.cn
本社旗舰店:http://hbrmcbs.tmall.com
读者服务部电话:027-87679656
投诉举报电话:027-87679757
(图书如出现印装质量问题,由本社负责调换)

总序

“中南财经政法大学‘双一流’建设文库”是中南财经政法大学组织出版的系列学术图书，是学校“双一流”建设的特色项目和重要学术成果的展现。

中南财经政法大学源起于1948年以邓小平为第一书记的中共中央中原局在挺进中原、解放全中国的革命烽烟中创建的中原大学。1953年，以中原大学财经学院、政法学院为基础，荟萃中南地区多所高等院校的财经、政法系科与学术精英，成立中南财经学院和中南政法学院。之后学校历经湖北大学、湖北财经专科学校、湖北财经学院、复建中南政法学院、中南财经大学的发展时期。2000年5月26日，同根同源的中南财经大学与中南政法学院合并组建“中南财经政法大学”，成为一所财经、政法“强强联合”的人文社科类高校。2005年，学校入选国家“211工程”重点建设高校；2011年，学校入选国家“985工程优势学科创新平台”项目重点建设高校；2017年，学校入选世界一流大学和一流学科（简称“双一流”）建设高校。70年来，中南财经政法大学与新中国同呼吸、共命运，奋勇投身于中华民族从自强独立走向民主富强的复兴征程，参与缔造了新中国高等财经、政法教育从创立到繁荣的学科历史。

“板凳要坐十年冷，文章不写一句空。”作为一所传承红色基因的人文社科大学，中南财经政法大学将范文澜和潘梓年等前贤们坚守的马克思主义革命学风和严谨务实的学术品格内化为学术文化基因。学校继承优良学术传统，深入推进师德师风建设，改革完善人才引育机制，营造风清气正的学术氛围，为人才辈出提供良好的学术环境。入选“双一流”建设高校，是党和国家对学校70年办学历史、办学成就和办学特色的充分认可。“中南大”人不忘初心、牢记使命，以立德树人为根本，以“中国特色、世界一流”为核心，坚持内涵发展，“双一流”建设取得显著进步：学科体系不断健全，人才体系初步成型，师资队伍不断壮大，研究水平和创新能力不断提高，现代大学治理体系不断完善，国际交流合作优化升级，综合实力和核心竞争力显著提升，为在2048年建校百年时，实现主干学科跻身世界一流学科行列的发展愿景打下了坚实根基。

习近平总书记指出：“当代中国正经历着我国历史上最为广泛而深刻的社会变革，也正在进行着人类历史上最为宏大而独特的实践创新。……这是一个需要理论而且一定能够产生理论的时代，这是一个需要思想而且一定能够产生思想的时代。”[①]坚持和发展中国特色社会主义，统筹推进“五位一体”总体布局和协调推进“四个全面”战略布局，实现“两个一百年”奋斗目标、实现中华民族伟大复兴的中国梦，需要构建中国特色哲学社会科学体系。市场经济就是法治经济，法学和经济学是哲学社会科学的重要支撑学科，是新时代构建中国特色哲学社会科学体系的着力点、着重点。法学与经济学交叉融合成为哲学社会科学创新发展的重要动力，也为塑造中国学术自主性提供了重大机遇。学校坚持财经政法融通的办学定位和学科学术发展战略，“双一流”建设以来，以“法与经济学科群”为引领，以构建中国特色法学和经济学学科、学术、话语体系为己任，立足新时代中国特色社会主义伟大实践，发掘中国传统经济思想、法律文化智慧，提炼中国经济发展与法治实践经验，推动马克思主义法学和经济学中国化、现代化、国际化，产出了一批高质量的研究成果，“中南财经政法大学‘双一流’建设文库”即为其中部分学术成果的展现。

文库首批遴选、出版两百余册专著，以区域发展、长江经济带、“一带一路”、创新治理、中国经济发展、贸易冲突、全球治理、数字经济、文化传承、生态文明等十个主题系列呈现，通过问题导向、概念共享，探寻中华文明生生不息的内在复杂性与合理性，阐释新时代中国经济、法治成就与自信，展望人类命运共同体构建过程中所呈现的新生态体系，为解决全球经济、法治问题提供创新性思路和方案，进一步促进财经政法融合发展、范式更新。本文库的著者有德高望重的学科开拓者、奠基人，有风华正茂的学术带头人和领军人物，亦有崭露头角的青年一代，老中青学者秉持家国情怀，述学立论、建言献策，彰显“中南大”经世济民的学术底蕴和薪火相传的人才体系。放眼未来、走向世界，我们正以习近平新时代中国特色社会主义思想为指导，砥砺前行，凝心聚力推进“双一流”加快建设、特色建设、高质量建设，开创“中南学派”，以中国理论、中国实践引领法学和经济学研究的国际前沿，为世界经济发展、法治建设做出卓越贡献。为此，我们将积极回应社会发展出现的新问题、新趋势，不断推出新的主题系列，以增强文库的开放性和丰富性。

“中南财经政法大学‘双一流’建设文库”的出版工作是一个系统工程，它的推进得到相关学院和出版单位的鼎力支持，学者们精益求精、数易其稿，付出极大辛劳。在此，我们向所有作者以及参与编纂出版工作的同志们致以诚挚的谢意！

因时间所囿，不妥之处还恳请广大读者和同行包涵、指正！

中南财经政法大学校长 

---

① 习近平：《在哲学社会科学工作座谈会上的讲话》，2016 年 5 月 17 日。

目　录

导 论

一、研究背景

当今，国际社会经济秩序呈现恶化之势，全球治理体系十分混乱。除了战乱、武装冲突、恐怖袭击、暴乱骚乱等传统军事和社会危机或动荡外，还潜藏着各种各样的危机。2018 年 6 月习近平主席对当今全球态势做出一个重要判断，即世界正处于百年未有之大变局。对百年变局的理解可以从大国实力对比变化、科技进步影响深远并伴随众多不确定性、民众权利意识普遍觉醒、人口结构改变、国际货币体系演化、多边体系瓦解与重建、美国内部制度颓势显露和中美博弈加剧等多个维度进行，这些也构成了中国未来发展的国际大环境。

一方面，少数大国挑起经贸争端，垄断科技成果，遏制其他国家自主创新，干扰全球产业链和供应链，通过单边制裁和“长臂管辖”实行霸凌主义，严重损害了全球经贸秩序，以世贸组织为核心的多边贸易体制甚至有停摆的危机。中美两个经济体量最大的国家贸易摩擦持续不断，并有向投资和金融领域蔓延之势。另一方面，金融全球化、自由化、网络化、电子化快速发展，金融市场开放不断加大，在为国际贸易、投资、金融交易带来便捷与效率的同时，也为恶意投机者在金融市场翻云覆雨提供了机会，且传统国际金融法制难以覆盖金融新业态和新风险，世界多地债务危机、银行破产、股市崩盘等频繁发生，全球金融治理现状不容乐观。人民币国际化问题的提出和研究，离不开对国际大环境特别是货币金融环境发展变化的观察和把握。

（一）人民币国际化是全球治理体系改革的组成部分

研究人民币国际化问题，首先应认识到人民币国际化不仅仅是中国的事情，它也是全球治理体系尤其是全球金融治理体系改革的组成部分。当代形形色色的危机事件和经贸摩擦，与美国对全球治理体系的影响和把控有关，而其中货币问题是根本症结所在。因为货币竞争是国家间经济竞争的最高表现形式。如果人民币对其他货币的替代性增强，将不仅现实地改变储备货币的分配格局及其相关的铸币税利益，而且也会对世界地缘政治格局产生深远的影响。简析如下：

其一，美元一币独大、美国在重要国际组织中的霸权地位，对全球治理的有效性构成巨大威胁，是全球治理体系运转失灵的重要原因甚至根本症结。改革全球治理体系必须对症下药，必须改革现行的国际货币制度，促进国际货币多元化和国际决策机制民主化。其二，“修昔底德陷阱”[①]是危及当今世界和平与发展的一个重要隐患。“修昔底德陷阱”意思是一个新崛起的大国必然要挑战守成大国，而守成大国也必然会回应这种威胁，这样战争变得不可避免。“修昔底德陷阱”在人类历史上多次发生，最典型的例子就是德国取代了英国成为欧洲最大的经济体后，德国的扩张和英国的反应导致了两次世界大战。如今，中国的经济实力快速跃升，中美之间出现了越来越多的摩擦与对抗，贸易冲突也持续升级，并在一定程度上显示出经济战、金融战、政治战、外交战等多元化迹象。无论“修昔底德陷阱”说在当代是否真实存在、是否契合中美关系，我们都有必要未雨绸缪、防患于未然。

综上，我们除了加强自身的综合国力、练好内功外，促进人民币国际化应当说是一招好棋，是一颗漂亮而又关键的落子，是当今国际货币体系以及全球治理体系改革的一个组成部分和可行路径。人民币国际化不仅对中国有益，而且对全世界的和平与发展均具有深远意义和重要影响，是国际社会共享的公共产品，具有多赢效应。人民币国际化作为全球治理体系改革的重要组成部分和着力点，在国际社会广获认同。

一般来说，一个国家的货币成为国际货币，需要具备三个条件：一是国家经济体量较大，同时具有较高的开放度；二是金融市场比较发达、开放且流动性充裕；三是制度环境相对透明、公平。随着中国成为世界第二大经济体，对外贸易和海外投资规模位居全球前列，越来越多的国家对人民币投下信任票，国际市场对人民币应用于国际贸易结算、金融产品计价以及作为储备货币的需求不断增加。目前，人民币已在周边国家和地区发挥着越来越多的支付、投融资和储备货币作用，不少发达经济体也对持有人民币资产兴趣日增。无论国际环境如何

① 公元前5世纪前期至公元前411年间，古希腊的城邦之间发生了一场旷日持久的惨烈战争。最终，以斯巴达为首的伯罗奔尼撒联盟战胜了以雅典为首的提洛同盟，雅典人所创造的辉煌文明随之衰落。古希腊历史学家修昔底德在他的著作《伯罗奔尼撒战争史》中记录了这段历史。在他的评述中，他认为国家之间的政治行为与产生的后果建立在恐惧情感与利益基础之上——“使战争不可避免的真正原因是雅典势力的日益增长由此引起斯巴达人的恐惧”（《伯罗奔尼撒战争史》I·23），这一论断被概括为“修昔底德陷阱”。

变化，人民币国际化作为中国的一项既定目标，方向不会改变；同时，中国国力日渐强大，国际市场对人民币的信赖与日俱增，人民币在国际贸易、投资、储备中的使用越来越普遍，人民币国际化将水到渠成。

（二）人民币国际化研究需要在知己知彼基础上持续跟进

正如习近平主席所说，“中华民族伟大复兴，绝不是轻轻松松、敲锣打鼓就能实现的，实现伟大梦想必须进行伟大斗争”。虽然人民币国际化目标必将实现，但我们应清醒地认识到，人民币国际化的实现不可能一蹴而就，将经历一个较长的过程。在这个过程中，我们随时面临来自多方的各种挑战和风险，影响人民币国际化的进程、规模、广度和深度。人民币国际化的推进，既需要理论跟进指导，又需要学习和汲取其他货币国际化过程中的已有经验和教训。人民币国际化课题博大精深、辐射面广，涉及政治、经济、法律、社会等多个层面、多种学科，研究若要达到深入透彻的境界，要兼顾前瞻性和有效性，并非易事。这里想谈谈有效性。我们认为，人民币国际化研究需要抓住“牛鼻子”，这样可以事半功倍。那么什么是人民币国际化的“牛鼻子”呢？考察美国等国际化的实践，我们认为：加强人民币支付结算系统的研究与建设，是当前人民币国际化亟待健全的重要一环，也是金融基础设施建设的要求。

首先，我们有必要考察和了解中国乃至世界对人民币跨境资金清算服务的需求，从而有助于我们合理开发和利用资源。2017 年，人民币国际化发展呈现如下特点：一是服务贸易项下人民币跨境结算规模持续上升；二是证券投资带动资本项下人民币跨境结算规模较快增长；三是全口径跨境融资宏观审慎管理政策进一步完善，有利于实体经济降低融资成本；四是境外主体在境内金融市场参与度显著提高，特别是债券通的推出，进一步促进了中国境内金融市场的双向开放；五是人民币原油期货交易推出，大宗商品人民币计价功能取得突破。到了 2018 年，统计资料显示，跨境贸易人民币结算业务达到 5.11 万亿元，直接投资人民币结算业务发生 2.66 万亿元。其中以人民币结算的跨境货物贸易、服务贸易及其他经常项目、对外直接投资、外商直接投资分别实现 3.66 万亿元、1.45 万亿元、8048.1 亿元、1.86 万亿元。[①]可见，从中国和世界经济发展的角度看，对人民币跨境清算系统的实际需求和应用不仅客观存在，而且有不断上升

---

① 参见励跃：《人民币跨境支付系统建设的下一步》，《当代金融家》2019 年第 6 期。

的趋势。

其次，了解国际上现有的结算系统。知己知彼，百战不殆。通过了解其他货币国际化的历程与制度，有利于我们汲取经验与教训，对人民币国际化进行更好的制度安排与设计。现在的国际结算系统是成立于 1973 年、总部设在比利时的 SWIFT 系统，又称为“环球银行金融电信协会系统”（Society for Worldwide Interbank Financial Telecommunications，以下简称 SWIFT）。其计算机数据通信网的运行中心设在荷兰和美国，在各会员国或地区则设有地区处理站。SWIFT 系统最初由北美和西欧 15 个国家的 239 家银行发起，是国际银行同业间非营利性的合作组织，旨在为其会员银行提供交换汇款信息等全球支付清算类服务。从 1987 年开始，非银行的金融机构，包括经纪人、证交所、券商、投资公司等也开始使用该系统。迄今，SWIFT 已成为全球最大的国际间支付清算组织，全球有超过 200 个国家和地区的 11000 多家银行和券商参与利用该系统，进行实时支付清算。SWIFT 系统的一个重要组成部分是 CHIPS 系统，又称为纽约清算所银行同业支付系统，负责国际银行间的资金交易和电子资金划转及清算。SWIFT 处理的则是信息流传输。SWIFT 系统一直宣称自己的中立立场，但事实上其在很大程度上是受美国影响和控制的。首先是在决策上受到美国控制。SWIFT 的董事席位多为美国及其盟友们所占据。其次是在信息上受到美国制约。“9·11”事件之后，美国依据《国际紧急经济权利法案》，从 SWIFT 监控、调取与恐怖主义活动有关的信息，以掌握其资金动向。此外，在支付结算的货币上更是受制于美国。美国对 SWIFT 的掌控与美元在全球货币体系中的主导地位紧密相关。截至 2019 年 6 月，在 SWIFT 系统的主要货币国际支付份额中，美元占 40.1%，欧元占 33.74%，英镑占 6.63%，人民币占 1.99%。这就意味着：一个国家一旦被美元清算体系隔绝，将无法参与美元的跨境支付结算活动。这势必影响到国际贸易活动乃至方方面面，尤其对于一些以出口石油、天然气等大宗商品换取美元外汇的资源型国家更是如此。在人民币跨境支付系统（Cross-border Interbank Payment System，以下简称 CIPS）上线之前，人民币跨境清算高度依赖美国的 SWIFT 系统和纽约清算所银行同业支付系统（Clearing House Interbank Payment System，以下简称 CHIPS），存在一定风险。黄奇帆认为，SWIFT 和 CHIPS 正逐渐沦为美国行使全球霸权，进行“长臂管辖”的金融工具。

从历史上看，美国借助 SWIFT 和 CHIPS，发动了好多次金融战争。2006 年美国财政部对 SWIFT 的数据库进行分析，发现欧洲商业银行与伊朗存在资金往来，美国随即以资助恐怖主义为借口，要求欧洲一百多家银行冻结伊朗客户资金，并威胁将为伊朗提供金融服务的银行列入黑名单。2014 年乌克兰危机中，美国除了联合沙特将石油价格腰斩外，还威胁俄罗斯，排除在 SWIFT 系统之外，随后俄罗斯卢布大幅贬值，经济受到严重负面影响。这是一个方面，就 SWIFT 和 CHIPS 成了美国进行“长臂管辖”、金融讹诈的工具。SWIFT 成立 46 年以来，技术更新缓慢，效率已经比较低下，国际电汇通常需要 3~5 个工作日才能到账，大额汇款通常需要纸质单据，难以有效处理大规模交易。同时 SWIFT 通常按结算量的万分之一收取费用，凭借垄断平台获得了巨额利润。

（三）人民币国际化研究应结合国际市场和治理体系的需求与变化

正是中国市场以及国际市场的需求推动 CIPS 系统应运而生的。改革开放以来，中国深度参与经济全球化进程，越来越多的境外企业开始自主地选择使用人民币进行结算。国际贸易和双向投融资带动了人民币跨境流动，激发了市场对人民币资产配置的需求，包括人民币跨境使用衍生出市场主体对资金清算等金融基础设施服务的需求。而传统清算模式在效率方面的不足日益凸显，如清算层级较多、清算路径较长、报文兼容性有限、清算主体集约化程度较低、清算时间受限等。2008 年国际金融危机后，主要国际结算货币大幅波动，境内外对人民币的跨境贸易结算需求迅速上升。为适应形势发展和市场主体对安全、稳定、高效的人民币跨境支付服务的需求，人民银行顺应国内外形势变化和市场需求，相继出台政策，便利跨境贸易人民币结算和直接投资人民币结算。2009 年，《跨境贸易人民币结算试点管理办法》发布；2011 年，对外直接投资和外商直接投资人民币结算启动，并建立了相应制度安排；2011 年，人民银行启动人民币合格境外机构投资者（RQFII），允许符合要求的境外机构进入银行间债券市场，投资范围从现券扩展至债券回购、借贷、远期及远期利率协议等；2012 年，人民银行作出建设 CIPS 的决策部署；2014 年，沪港股票市场交易互联互通机制试点顺利实施；2015 年的“两会”政府工作报告提出，要“加快建设人民币跨境支付系统，完善人民币全球清算服务体系”；2016 年 10 月，人民币正式加入国际货币基金组织特别提款权（Special Drawing Right，以下简称 SDR）货币篮子，人民币的国际货币地位得到了世界认可。2017 年，时任人民银行行长周小川在陆家嘴金融论坛正式宣布 CIPS 落户上海，特别强调 CIPS 要服务人民币国际化和“一带一路”建设。

总体而言，以人民币国际化为基础建立中国自主的国际结算系统，对于中国乃至世界的长远发展无疑是必要和有利的。人民币跨境支付系统即 CIPS 系统在 2015 年 10 月启动，迄今已有约 160 个国家和地区的 800 多家银行直接和间接参与。除了中国在基础设施项目和资源开发领域具有影响力的国家外，如“一带一路”沿线国家由于有人民币结算的需求，加入人民币跨境支付系统的较多；来自日本的银行达到了 30 家，成为“最积极参与 CIPS 系统的外国”；之后是俄罗斯，有 23 家银行参与；参与银行数量超过 10 家银行的还有德国、英国、新加坡、马来西亚、泰国、阿联酋、土耳其、韩国。美国和澳大利亚有 10 家银行参与。据统计，中国的 CIPS 系统目前已处理业务超过 400 万笔，金额超过 60 万亿元，已初步覆盖全球。可以预见，CIPS 系统对美国独霸一方的全球治理体系的改革与完善将产生积极而深远的影响，将显著提高跨境人民币业务报文传输链条的独立性、完整性和安全性，保障境外参与者在国际支付上的选择权。随着 CIPS 系统的不断完善，与更多境外金融基础设施互联互通，金融市场双向开放发展的需求将得以满足，国际清算系统的美元化垄断正在打破。事实上，不仅中国在开放 CIPS，以德、法、英三国为代表的欧盟于 2019 年也正式建立对伊朗贸易结算支持机制 INSTEX 系统，拟通过这一系统绕过美国制裁，与德黑兰进行非美元贸易。

（四）人民币国际化研究必然会涉及金融科技时代的新问题和新要求

当今时代是一个新业态云集、大数据服务、区块链等新技术驱动的金融科技时代。构建一个新的结算网络已经成为当前许多国家的共识。而区块链技术所具有的去中心化、信息不可篡改、集体维护、可靠数据库、公开透明等特征，因具有透明和安全的特点而备受瞩目。全球投入并建设分布式记账系统、研究和加入区块链联盟的国家和跨国企业不断增多，如欧盟、日本、俄罗斯等国，正在研究建设类似 SWIFT 的国际加密货币支付网络来取代 SWIFT，越来越多的金融机构和区块链平台正在通过区块链试水跨境支付，用实际行动绕开 SWIFT 和 CHIPS 全球支付体系。

以比特币、Libra、央行数字货币为代表的数字货币的出现，对主权国家和国际货币体系将会产生怎样的影响？目前，中国央行推出的数字货币是基于区块链技术推出的全新加密电子货币体系，采用双层运营体系，即人民银行先把电子货币兑换给银行或者其他金融机构，再由这些机构兑换给公众。这样的电子货币，并不是现有货币的数字化，而是M0的替代。它使得交易环节对账户依赖程度大为降低，有利于人民币的流通和国际化。同时也可以实现货币创造、记账、流动等数据的实时采集，为货币的投放、货币政策的制定与实施提供有益的参考。此外，影响也在于提高产业链运营效率。在数字化时代，技术革新和数字化经济的全面兴起，让科技由最初的工具角色转变成驱动金融变革的中坚力量。数字与金融业的碰撞，不仅改变了个人间、企业间、国家间的清结算方式及主权货币发行机制，还大幅提升了产业链运营效率，带来了整个经济社会的发展和人类的进步。展望未来，量化投资和智能投资、人工智能定价和理赔核算、金融云服务、区块链存证等新金融业态正不断进化，将引领金融业进入一个全新的时代。[①]人民币国际化对金融科技如何回应？这对国际货币体系的改革与发展有何影响？值得关注。

响应国家号召，服务国家需要，中国学术界从政治、经济、法律等不同角度对人民币国际化进行了各种研究，迄今已经产生了一批有分量的学术成果，近年来已有若干国家社科基金重大项目或重点项目与人民币国际化相关。但由于人民币国际化所涉问题博大精深、纷繁复杂，仍存在许多盲区，需要更多的学者投入到研究中来，积极探索。本书便试图在众多的人民币国际化研究中填补一点空白。

二、选题思考

关于选题，我们的考虑主要包含以下几个方面。

（一）务实和前瞻

研究应有务实性和前瞻性。随着中国国力的提升，“一带一路”建设的开展，人民币国际化得到越来越多的拥趸，已进入高质量推进的关键期。我们的研究要切合实际，从人民币国际化战略实施进程中去寻求需要研究的问题，既可以是人民币国际化实施过程中滋生的问题，也可以是人民币国际化目标实现后将要面临的问题，即作务实性和前瞻性研究。虽然人民币国际化的研究成果已经斐然，但我们认为仍有继续探究的空间和必要。关键是要发现新问题、选择好

① 黄奇帆：《美国发动多次金融战争，都是借跨境支付》，上海外滩金融峰会讲话，2019年10月27日。

的视角和方法。我们选取的 CIPS 制度建设问题，应该说充分体现了务实性和前瞻性，因为无论是人民币国际化实施中还是实施后，金融基础设施建设及其法制建设都是最基本、最亟须的，我们必须未雨绸缪。作为当今世界经济体量最大的国家之一，要想摆脱美国的种种钳制，必须在美国主导的体系之外另起炉灶，打造有效可控的运行系统。我们选取的人民币国际化实现后面临的汇率倾销风险及其应对问题，同样也体现了务实性和前瞻性。以史为镜可以正衣冠。货币国际化进程中的历史经验和教训，值得我们认真研究。我们认为，中国的货币国际化虽然起步晚于某些西方发达国家，但完全可以挖掘和把握自身的特色与优势。

支付体系安全是保证金融安全、经济安全、社会安全乃至国家安全的重要基础。面对新技术、新产品、新业态和新风险，CIPS 不仅要积极担当作为，更要坚持风险底线，确保系统安全稳定运行。一是努力满足中国金融市场双向开放，不断深入推进对跨境人民币支付清算服务的新要求，主动创新服务产品，持续提升服务质量。比如，在“债券通”资金结算业务运行良好情况下，CIPS 会同外汇交易中心对 CIPS 作为一级市场人民币同业存单跨境发行的资金结算渠道进行了可行性研究。2019 年 4 月 29 日，同业存单首次实现对“债券通”投资者直接一级发行，CIPS 为该业务提供了资金结算支持。随着中国金融市场双向开放改革措施陆续出台，CIPS 将密切跟进市场需求，力争用最好的产品为参与者提供优质服务。二是严格遵守国际、国内相关法律法规，与参与者一道共同加强风险识别与防范，为 CIPS 参与者和市场主体的金融活动和国际经贸往来提供跨境人民币清算服务，充分发挥好金融基础设施的保障作用，以更安全、高效、专业和低成本的服务增强黏着力，提升吸引力，加强竞争力，助力中国金融市场高质量发展、金融业扩大开放、服务实体经济、人民币国际化和“一带一路”建设。

（二）创新和突破

选题上既应考虑自身的专业和专长，以保障驾驭自如，又不能有畏难情绪，应大胆开拓、勇于创新，灵活采用法学和经济学相结合的跨学科研究法。必须对已有相关研究有所补益，或深化或有新意。在已有的国内外研究基础上，我们力图有自己的特色与突破，希望实现一定的学术价值和社会价值。

首先，力图实现一定的学术价值。学术价值的实现，主要体现在理论和观念的创新。例如，我们在借鉴《金融市场基础设施原则》国际标准以及代表性国家和地区法制经验的基础上，对 CIPS 法制的效力层级、监管制度、金融消费者保护制度以及能够实现安全价值与效率价值的其他规则进行考察，结合法学与经济学相关原理，分析 CIPS 法制的价值取向、应然法律价值的地位以及法律价值之间的关系，为 CIPS 的法制建设和价值实现提供具体建议。这种从法律价值论角度进行的研究具有一定的创新性。又如，对于人民币汇率是否低估、是否操纵、是否使得中国出口商获得不公平的竞争优势和贸易利益，我们提出了自己的见解，对传统看法有所突破。现有研究或许是应对西方对人民币汇率指控的需要，较少正面承认汇率低估具有导致不公平竞争优势和不公平贸易的效果。但我们从客观出发，从纷繁的争执中剥离出汇率低估具有导致不公平竞争优势和不公平贸易的效果的事实，提出汇率低估确实具有这种效果，从而为汇率反倾销制度的构建提供理论支柱和基石。在切入我们正题之前，首先需要对我们标题及行文使用的核心用语进行必要的说明和界定。我们所述"'两战'之间"，是指第一次世界大战和第二次世界大战之间这一历史时期。为求标题和文中阐发简明起见，我们简称为"'两战'之间"，故在文中"'两战'之间"专指以上时期。对于"两战"之间盛行的汇率反倾销制度，学术界缺乏考证和研究，对人民币国际化条件下中国如何建立自己的汇率反倾销和汇率反补贴制度以有效应对他国的不当货币及贸易行为亦缺乏探索，当然更是缺乏从"两战"之间的汇率反倾销制度中获得合理的借鉴来建立中国相应制度的研究。我们试图弥补这一领域的研究空白。

其次，力图实现一定的应用价值。随着人民币国际化的不断推进，如何应对人民币国际化面临的风险问题亟待解决。我们希望能做出些许尝试，提出有价值的应对之策。通过对"两战"之间汇率反倾销制度的考察，我们试图寻求中国在人民币国际化条件下构建汇率反倾销制度的借鉴。实际上，如果跳出中国在人民币国际化条件下构建汇率反倾销制度这一情形的范围，从更广泛的视野来看，在当今牙买加体系自由汇率制下各国汇率争执频发，且现有国际法律制度无济于事的现实中，建构汇率反倾销制度是存在更广泛的需求和空间的。因此，这一研究思路对中国以外的国际社会或其他国家亦有启发意义。

（三）小题大做与实证研究

在研究策略上，我们采取小题大做和实证研究的思路，从具体问题或小问题入手，从小题中去挖掘、折射、印证宏观角度、历史角度、法律角度的思考，勾画出政治、经济和法律的脉络及其相互关系；在研究方法上，兼顾顶层设计与具体安排、国际视野与历史视野、比较研究与实证研究等。关键是传递出自己的思考，显示出自己的特色，并为国家提供有价值、可参考的智力成果。我们选取的人民币国际化实施中和实施后的两个问题，正是基于这样的考虑。

另外，我们在理论研究之外，拟辅之以实证研究，穿插必要的史料和事例，以增强研究的可靠性、严谨性和说服力。例如，在提出开发 CIPS 的必要性时，应充分阐明依赖 SWIFT 系统所伴随的风险性，对此可以通过美国借助 SWIFT 系统发动金融战的两次史实（也是两大案例）来加以佐证。

一次是对朝鲜发起的金融战：美国曾通过对 SWIFT 数据库的分析，发现了中国银行和朝鲜贸易公司的资金往来。然后美国以朝鲜从事“印假美钞”和“贩毒”等非法行为为由，指责中国澳门汇业银行帮助朝鲜从事洗钱业务，并将澳门汇业银行列入黑名单，导致汇业银行发生挤兑事件，一天之内存款被提取了十分之一。在美国的威胁下，全球多家银行切断了和朝鲜的业务往来，一个月后，朝鲜不得不“主动”联系美国要求重启六方会谈。

另一次是美国对伊朗发起的金融战。美国曾游说欧洲 100 多家银行，以资助恐怖主义等由要求欧洲银行冻结伊朗客户的资金。随后更是叫嚣要将继续为伊朗提供金融服务的银行列入黑名单。在遭到美国警告后，瑞信和 UBS 率先宣布冻结伊朗账户，德国、英国、法国的银行纷纷冻结了伊朗客户的资金。在此事例中，英国渣打银行因与伊朗藕断丝连被美国重罚 3.5 亿美元；中国昆仑银行受到了美国财政部的制裁，失去了开展美元相关业务的能力。美国还迫使 SWIFT 关闭了伊朗所有金融机构的转账开关，一旦识别一笔业务和伊朗有关，转账立刻中止。因为全球所有的货币转账都要用 SWIFT，在 SWIFT 关闭了伊朗所有金融机构的转账开关后，即使使用人民币和卢布，也无法向伊朗金融机构汇入一分钱。在伊朗对外所有的资金往来被全部终结之后的不到半年里，伊朗出现燃料短缺、电力供给严重不足，生活物质短缺等状况，四个月间货币贬值 80%。伊朗工薪阶层连最基本的生活都难以为继，民间更是出现了自 1979 年霍梅尼革命以来的首次大规模游行示威罢工。最终使伊朗对美国妥协，愿意放弃核武器开发，以换取美国取消金融制裁。

由此可见，没有自己独立的支付结算系统，对外交往中就可能受到他国的遏制和打压，丧失独立与主权。关于人民币国际化实现后中国面临的汇率倾销风险，更是有“两战”之间的汇率反倾销制度提供例证与借鉴，从而为人民币国际化的前瞻性问题研究奠定基础。本书有幸得到韩龙教授的指导并参与了韩教授主持的国家社科基金重大项目“人民币国际化的法律问题研究”（13&ZD180），也因此成为项目的阶段性成果之一。在撰写过程中，韩教授为我们提供了珍贵的历史文献，并鼓励我们克服困难、大胆探索。在此我们对韩教授的鼓励和帮助表示深深的谢意！经过讨论，我们选择人民币国际化实施中和实施后颇具代表性且少有研究的问题作为观测对象和切入点，全书由何焰策划，何焰、韩朔和向楠共同撰写。此书的付梓，还要感谢中南财经政法大学与法学院的大力支持，以及出版社编辑的辛勤付出！

当然，我们的研究还存在某些不足。例如，受制于研究资料，我们在以史为鉴的研究中，一些百年前的立法资料较为匮乏、收集不全，而现有研究又极少涉及这一领域；另外，囿于精力和水平，研究内容尚不够深入。在对中国建立汇率反倾销制度与实行汇率倾销国家的货币主权的关系问题，对如何从汇率倾销中鉴别和剥离不公平的货币及贸易元素问题，以及如何鉴别和防范汇率反倾销制度真正构成对公平贸易和公平竞争的制度保障，而不是将汇率反倾销制度作为重商主义和贸易保护主义的伪装等问题上，都有深化研究的必要。希望本书能抛砖引玉，以推进相关研究。

三、研究内容

本书的研究除了总论外，在分论部分呈现两条主线：一条线索是人民币国际化实施中的法律问题，我们拟以建立和完善以 CIPS 为代表的金融基础设施及其法制建设为例。另一条线索是人民币国际化实现后的法律问题，主要是从历史角度，从“二战”时期国家间汇率倾销与反倾销的贸易战中汲取营养，结合当前中美贸易战背景和中国在推进的“一带一路”建设，反思人民币国际化实现后，中国将面临的汇率倾销风险。从现有研究看，这两个问题很少有人涉猎，尤其是少有从法律角度切入研究形成的成果。以下从这两条线索出发，对本书内容加以梳理。

（一）人民币国际化实施中的基础设施与法制建设：以 CIPS 为例

1.CIPS 及其法制的建立

在 CIPS 出现之前，人民币跨境业务的处理主要依靠大额实时支付系统（High Value Payment System，以下简称 HVPS）。基于适用对象的局限性，HVPS 的功能缺陷在处理跨境人民币支付与结算业务时逐渐暴露。HVPS 在处理跨境业务时存在的运行效率低、抗风险能力弱、严重依赖国际信息交换系统（如环球同业银行金融电信协会）以及运行功能不足等问题，极易导致人民币在跨境贸易、投融资、证券市场等诸多领域遭受冲击，并且使有关金融信息受到其他国家的监视与控制。

为解决 HVPS 在处理人民币跨境支付与结算业务时存在的问题，中国人民银行于 2015 年建立起 CIPS，为人民币跨境支付与清算业务提供了配套的支付系统。2015 年 10 月 8 日，中国人民银行启动人民币跨境支付系统，为开展人民币跨境交易与结算业务提供了一个良好的支付平台。CIPS 作为金融市场基础设施，在货币清算和金融信息交换中分别与大额实时支付系统、环球同业银行金融电信协会系统相互连通，但又具有自身的特点和功能。

中国人民银行的计划是分两期完成 CIPS 的设立工作。第一期采用全额实时清算的方式，为人民币跨境业务提供支付与结算服务；第二期采用混合清算模式，即结合全额实时支付方式与净额结算方式。2016 年，中国人民银行进一步推动 CIPS 建设和直接参与者扩容。[①]CIPS 安全、平稳与高效的运行离不开完善的配套法制。CIPS 的配套法制不仅应能够保障系统高效与安全运行、加快资金流动速度，还应能够增强系统的独立性以降低被其他系统操控的风险。为规范 CIPS 运行与管理，截至 2018 年 4 月 4 日，中国人民银行和 CIPS 运营机构共出台了《人民币跨境支付系统业务规则》《人民币跨境支付系统参与者服务协议》以及《人民币跨境支付系统业务操作指引》三部核心法律文件，对 CIPS 参与者的权利与义务、准入与退出、账户管理、结算机制、监管措施、应急处置等内容进行规范，与 CIPS 法律制度基础、CIPS 配套规则共同构建起 CIPS 法律制度

---

① 2016 年 7 月，中国银行（香港）有限公司作为直接参与者接入 CIPS。中国银行（香港）有限公司是 CIPS 首家境外直接参与者，其成功接入使 CIPS 业务量大幅提升。截至 2017 年 12 月，共有中银香港等 10 家中外资银行、中央结算公司和上海清算所 2 家金融基础设施以直接参与者身份成功接入 CIPS，直接参与者从刚上线时的 19 家增至 31 家，间接参与者从 176 家增至 677 家，覆盖全球 6 大洲 87 个国家和地区，其中境外间接参与者占比 61.74%。CIPS 的实际业务范围已经覆盖到全球 144 个国家和地区的 2190 家法人金融机构。

（以下简称“CIPS 法制”）。当前，这三部法律文件仅能调整该领域中的部分内容，仍存在规则的效力层级低、制度不完善、立法空白等问题，如缺失终局结算规则与日间透支规则，配套法制如金融消费者保护制度不健全等。这些不足将导致资金流动效率低下、系统性风险增强以及金融市场不稳定等问题，亟须校正与完善。

2.CIPS 法制的价值取向及其意义

价值取向对法律制度的构建和完善具有导向作用。CIPS 法制的价值取向如何，是一个鲜有研究而又值得研究的问题，兼具理论意义和现实意义。

其一，通过探究 CIPS 法制的应然价值取向，更好地理解和勾画 CIPS 法制的现状与未来方向。我们从实现交易安全原则、实现国家经济主权的独立、建立人类命运共同体、实现交易便捷原则、优化资源配置以及理性经济人假设等维度，探讨将安全价值与效率价值作为 CIPS 法制价值的学理依据，为立法者在 CIPS 法制中确立这两种价值提供理论支撑，并分析 CIPS 法制的缺陷与完善。从 CIPS 法制现状看，安全价值与效率价值并未充分实现，有必要从国际法和国内法层面加以解决：从国际法层面对接《金融市场基础设施原则》的国际标准、借鉴代表性国家和地区的法制经验；从国内法层面改革和发展现有的 CIPS 法制，如提升其效力层级、填补其制度空白、完善监管制度等。

其二，CIPS 法制核心价值的确立，对于防范系统性风险、提高经济运行效率、推进人民币国际化进程等具有现实意义。首先，我们建议在 CIPS 法制中确立安全价值，提升 CIPS 法制的效力层级，完善监管法律制度及健全金融消费者保护机制，以更好地抵御系统性风险，平衡国际金融格局，推进人民币国际化。CIPS 法制中安全价值的实现有助于应对支付系统传输速度快、数量大及监管难度大的特殊问题，减少人工错误与系统技术错误，避免银行出现支付障碍，以有效抵御金融风险并降低资金流转的风险；也有助于增强 CIPS 与其他重要系统的竞争能力，提供稳定且高效的资金与信息传递服务，提升法制竞争力与系统竞争力，打破大国对金融市场的垄断与控制，进而平衡国际金融格局；能提供多样化的人民币流动性支持功能，为境外资本市场和商品市场提供安全与高效的人民币支付网络，促使人民币逐步被全球范围内的金融市场参与者接纳与使用。其次，我们还建议在 CIPS 法制中确立效率价值，发挥自动质押融资以及日间透支等在提高资金流动效率上的功能，以提高 CIPS 的运行效率及快速应对并化解风险的能力。CIPS 法制中效率价值的实现，不仅有助于提前债权实现的时间、缩短交易周期，而且有助于 CIPS 在面对较大风险时仍能够保持资金稳定且高效流动的状态，进而提高整体市场的经济效益与运行效率，促进经济的快速发展。

（二）人民币国际化实施后中国面临之汇率倾销风险及其应对：以“二战”的相关经验教训为例

1.探究汇率反倾销制度的基本原理

这一题材尚未被国内外学者深度发掘，我们旨在通过对当时的代表性的国家建立的汇率反倾销制度的翔实考证，发掘和提炼汇率反倾销制度的基本要素，并提取出人民币国际化条件下构建汇率反倾销制度可资借鉴的合理要素，进而提出人民币国际化条件下中国应对他国汇率低估所造成的汇率倾销的制度建构构想与方案，为中国在人民币国际化条件下如何实行汇率反倾销提供依据和借鉴。在实现这一研究的构想中，我们需要着重解决以下方面的重要问题：

第一，探究汇率倾销与反倾销的原理和机制。建立中国的汇率反倾销制度，离不开对汇率倾销的原理和机制的探讨和揭示。我们对汇率倾销的原理和机制的探究，主要分解为两部分，一方面，在“两战”之间的历史背景和国际货币体系的视角下，探究汇率倾销在起源时的原理和实现路径；此后，在当今的历史条件和国际货币体系下，对汇率倾销的原理和实现路径做出进一步发展。对于汇率倾销的原理和实现路径的探究，将依“两战”之间和现今两个不同时空背景分为两个部分。

第二，探究汇率反倾销的实施条件和反倾销措施。我们着重考察“两战”之间各国汇率反倾销立法，对部分具有代表性的国家的汇率反倾销制度对汇率倾销的认定条件和反倾销措施的规定进行历史考证，着重对汇率倾销的幅度的计算这一难题进行考察、提炼和总结，以期在弥补国内外在此领域研究不足的同时，从历史先例中寻求、提取可资中国借鉴的一些合理要素。

2.探究汇率反倾销制度对人民币国际化的启示

我们将在前文考证和研究的基础上，首先论证在人民币国际化后，中国将不可避免地面临他国对中国实施以汇率倾销为代表的不当货币及贸易行为之挑战，而现行 WTO 一篮子协议和《IMF 协定》的相关规定并不囊括汇率倾销，换言之，WTO 一篮子协议和《IMF 协定》现行制度无法为遭受汇率倾销的中国提供有效的法律救济；其次，结合“两战”之间各国建立的汇率反倾销制度，探究中国在面临他国实施汇率倾销的情况下可以借助的国际法解决路径，在此基础上，我们对 WTO 和 IMF 提出改革建议，以在国际法层面上应对汇率倾销；最后，在国际法解决路径可能因谈判无法取得进展等原因而无法实现或迁延日久的情况下，探寻解决汇率倾销的国内法路径，如果国际社会不能通过对 WTO 一篮子协议和《IMF 协定》的修改或创立新的国际法律制度以有效应对汇率倾销，中国根据国家主权原则，有权通过单边立法的方式采取汇率反倾销措施，并就汇率反倾销的立法形式、汇率反倾销的实施条件、汇率倾销幅度计量的方法和汇率反倾销的主管机关设置四个方面给出了建议。

由于现行国际法律制度不能有效制止汇率倾销，因此，我们以人民币国际化条件下中国汇率反倾销制度的构建为出发点和归宿，通过考证和借鉴"两战"之间盛行的汇率反倾销制度，挖掘这一制度中应对和解决不当货币及贸易行为的合理要素，以为中国在人民币国际化条件下汇率反倾销制度的构建提供借鉴。完成这一任务的进路主要有以下思路节点：

（1）以汇率倾销的原理、实现路径及汇率倾销的不正当性为认知基础。汇率反倾销的制度设计，很大程度上是由汇率倾销的原理、机制、性质和特点决定的，因此，如果只考察制度设计而不问汇率倾销的原理和机制，那我们的研究毫无疑问将流于形式，只知其然而不知其所以然。故，我们将以较大篇幅探究汇率倾销在"两战"之间的原理和机制，同时，由于"两战"之间的国际货币体系有别于现行的国际货币体系，因此，还需要在探究"两战"之间汇率倾销的原理和机制的基础上，在现在国际货币体系的背景下对汇率倾销的原理和机制进行进一步发展，使之适应当前的形势。只有如此，才能够对人民币国际化后的中国如何面对他国实施的汇率倾销提出自己的建议。

（2）以"两战"之间盛行的汇率反倾销制度为考察与借鉴对象。如何构建中国在人民币国际化条件下的汇率反倾销制度，需要从中国和国际社会的实际出发，并进行必要的历史借鉴。鉴于汇率倾销在"二战"后的很长一段时期内几乎没有出现，自然也不是各国法律包括反倾销制度瞄准的主要对象，但沿着历史的长河溯流而上，"两战"之间这一历史时期，各国之间的汇率竞争性贬值和贸易战频发，各国频频遭受他国实施汇率倾销的侵害，由于缺乏相应的国际法律机制，世界上许多国家先后通过国内立法的形式对汇率倾销进行了规定，这也是人类历史上第一次出现建立汇率反倾销制度的浪潮，也是迄今唯一一次浪潮。因此，我们选择以对"两战"之间各国国内法规定的汇率反倾销制度进行考察。

当时这些国家的汇率反倾销规定都建立在反倾销的一般机理之上，因此，具有共同或共通之处。然而，另一方面，各国对汇率反倾销的理解和需求不同，各自面临的实际情况也不尽相同，因此，这些规定又各有特点。鉴于这样的情况，我们选择部分具有代表性的国家的汇率反倾销制度进行抽象和归纳，以图得出汇率反倾销的实施要件。此外，还考察了当时各国应对汇率倾销的反倾销措施。

（3）以汇率低估及其衡量为汇率反倾销论述的侧重点。我们的研究意图在于对“两战”之间的汇率反倾销制度进行考察的基础上，寻求对人民币国际化的启示，探究在他国对中国实施汇率倾销的情况下，中国可以采取的法律对策。因此，我们的论述将有所侧重。在实体法范畴，汇率反倾销主要包括 4 个实施要件：一是存在汇率低估；二是存在倾销行为；三是倾销对进口国国内产业造成损害；四是倾销和损害之间具有因果联系。汇率反倾销与主要由一般反倾销构成的现行反倾销制度的区别主要在于第一个实施要件——存在汇率低估，而后三个实施要件则与现行反倾销制度区别不大。在程序法范畴，由于“两战”之间汇率反倾销制度缺乏对程序的规定，并在当时造成了许多不良影响。鉴于此，我们研究的重点放在实体法中与现行反倾销制度存在较大差别的汇率反倾销的第一个实施要件上，着重论述如何认定存在汇率低估这一要件，同时对汇率反倾销的立法形式和主管机关的设置也做重点关注。

（4）以人民币国际化条件下中国汇率反倾销制度的构建为落脚点。虽然对“两战”之间盛行的汇率反倾销制度进行考证、考察具有本身的法史学价值，但我们并不局限于此，而是力图通过这一考证、考察，挖掘出其对人民币国际化条件下建立中国汇率反倾销制度的价值，从而服务于这一制度的构建。虽然人民币国际化条件下中国的汇率反倾销制度需要扬弃“两战”之间盛行的汇率反倾销制度的重商主义和贸易保护主义色彩，但也可从中获得某些有益的经验借鉴。因此，我们正是以史为鉴，寻求人民币国际化条件下中国的汇率反倾销制度之解。

“汇率反倾销”是指一国对于他国因汇率严重低估而给其出口产品带来的不正当国际竞争优势和贸易利益，以反倾销的方法的进行抵消或抵制的行为。虽然“汇率反倾销”这一表达词语似乎存在值得探究之处，但鉴于语言具有约定俗成的性质，因此，在“汇率反倾销”已获较为普遍适用的情况下，我们亦采用此种表达。

在 20 世纪 20—30 年代，由于各国，特别是列强之间激烈的经济利益冲突难以消弭，各国在兵戎相见，投入“二战”之前，广泛地开展了货币战、汇率战和贸易战，严重地破坏了正常的国际经济交往。当时货币战、汇率战和贸易战的一个主要体现形式就是，各国以汇率低估的手段使本国产品在他国或国际市场上进行倾销，此即汇率倾销。与此同时，各国还对他国在本国市场上进行的汇率倾销，通过建立相关制度或修改原有制度，进行抵消和抵制，开展汇率反倾销和汇率反补贴（当时各国普遍将汇率反补贴寓于汇率反倾销之中，故在这一时期汇率反倾销通常包含了汇率反补贴）。可见，在彼时，各国一方面进行着汇率倾销，另一方面同时进行着汇率反倾销。

虽然许多国家在实施汇率倾销的同时实行的汇率反倾销具有以邻为壑的重商主义色彩，但是，在当时汇率倾销等不正当贸易行为充斥世界的生态下，任何一国如不建立汇率反倾销制度，实行汇率反倾销，本国产业和经济就会有因受到他国不当贸易行为的碾压而陷于备受摧残的危险，甚至会有毁灭之虞。从这一意义上讲，当时盛行的汇率反倾销制度，至少是一些国家的汇率反倾销制度，具有保护本国产业和经济免受他国汇率倾销之害的贸易及产业救济的性质，因此，对“两战”之间的汇率反倾销制度进行考证和研究，对于抵制他国借助汇率低估从事不正当的贸易行为，维护国际市场的公平竞争，具有重要价值。

现如今，美国近年来一直指责一些国家包括中国，通过贬值货币或汇率低估以取得对美国不正当竞争优势。2008 年美国金融危机发生后，各国有关汇率低估、汇率倾销、汇率补贴的指责和争执愈加激烈，似有重演“两战”之间的汇率战、货币战和贸易战之势。特别是，随着人民币国际化的深度发展和逐步实现，在汇率倾销和汇率补贴没有被“二战”之后建立的《关税与贸易总协定》（GATT）和现今的世界贸易组织（WTO）的法律制度以及《国际货币基金组织协定》（《IMF 协定》）涵盖的情况下，如何对他国利用人民币国际化，通过低估本国汇率实行其产品在中国市场上倾销的不当货币及贸易行为进行防范和抵制，就成为中国在人民币国际化后不得不面对的一个重大法律问题。在此情形下，“两战”之间一些国家实行的汇率反倾销制度中的合理要素，可以为人民币国际化后中国应对他国的不当货币及贸易行为提供些许借鉴。

鉴于此，我们以尚未被国内外学者深度发掘的“两战”之间的汇率反倾销制度作为我们的研究对象，旨在通过对当时具有代表性的国家建立的汇率反倾销制度的具体而翔实的考证，发掘和提炼汇率反倾销制度的基本要素，并借助与现行的一般或商品反倾销制度进行适度比较，提取出人民币国际化条件下构建汇率反倾销制度可资借鉴的合理要素，进而提出人民币国际化条件下中国应对他国汇率低估所造成的汇率倾销的制度建构构想与方案，为中国在人民币国际化条件下如何实行汇率反倾销中提供依据和借鉴。

四、研究现状

如前所述，对于人民币国际化问题的学术研究并不算少，但现有的国内外研究中仍存在一些盲区，比如本书拟研究两大核心问题：人民币国际化实施中的基础设施与法制建设问题；人民币国际化实施后中国面临之汇率倾销风险及其应对问题。下面就从国内和国外两个层面，分别对这两大问题的研究现状加以梳理和小结。

（一）国内研究现状

1. 人民币国际化实施中的基础设施与法制建设：以 CIPS 为例

关于 CIPS 法制的价值取向与实现路径问题，国内学者的研究侧重于介绍 CIPS 及其法制的概况，分析建立 CIPS 法制的必要性与意义，设想 CIPS 法制的完善方向，以及探讨 CIPS 法制建设过程中可借鉴的域外经验。然而，从法律价值的视角系统地完善 CIPS 法制的国内研究成果很少。毋庸置疑，现有研究成果奠定了 CIPS 法制后续研究的基础，在诸多方面深刻地启发了我们。

关于设立 CIPS 及其法制的必要性及意义，学者刘萍认为，由于适用群体的局限性，HVPS 的操作系统以及内控管理机制不能很好地适应跨境支付业务，使得 HVPS 在处理相关人民币跨境业务时显得力不从心，也更容易遭受金融风险的冲击。中国人民银行有必要设立 CIPS 以更好地适应国际市场，完成跨境人民币支付业务。[①]学者于春香认为，CIPS 的众多风险都密切联系且易相互感染，支付系统的任何环节出现安全隐患都会产生连锁反应，继而引发支付危机，威胁金融安全。为解决支付系统的风险问题，支付系统的设立机关需要制定专门的法律并建立完整的风险防控机制。[②]学者魏珺认为，建立以 CIPS 为核心的清算模式不仅是对传统清算模式的创新，还能够推进人民币国际化的进程。[③]学者阎岳

① 刘萍：《大额支付系统运行中存在的风险及防范措施》，《新疆金融》2008 年第 3 期。

② 于春香：《支付系统流动性风险与信用风险管理探讨》，《吉林省经济管理干部学院学报》2011 年第 25 期。

③ 魏珺：《CIPS 构筑人民币国际化的快车道》，《金融电子化》2016 年第 1 期。

认为，CIPS 法制的设立，除了能够有效推进人民币国际化的进程，还能够支持银行短期资金流动，提高资金运行效率并保证资金充足。①

关于 CIPS 风险防范与监管的研究，学者来洪渝认为，中国人民银行必须履行监管职能来保证支付清算系统的运行安全与运行效率。立足于目前支付系统法规不完善与风险管理亟待加强的现状，他提出了中国央行应采取的具体监管措施。②学者冯楚通过比较美国不同阶段的监管制度，分析监管制度在不同时代的价值选择，为中国制定本国监管制度提供了崭新的研究视角。立法者需要依据监管制度所追求的不同价值目标，调整监管规则，实现更合理的社会监管。③

关于完善 CIPS 及其法制的研究，学者黄峰、陈学彬认为，相较于纽约清算所银行同业支付系统，CIPS 目前存在的主要问题是不节约资金流动性、未进行不定期审计以及尚无备份数据中心。基于这些问题，我们认为，CIPS 法制的完善可以从混合清算模式、建立风险共担机制、做好数据查询统计与实时预警以及启用 CIPS 的日间透支功能等方面着手。④学者祝远缓对比了中美跨境清算系统，从支付系统的账户设置、清算安排、结算方式、流动性安排等角度，为完善 CIPS 法制提供了域外经验。⑤学者韩龙、毛术文分析欧元区的支付清算体系，并明确支付系统运行的法律基础。他们主张构建全面的风险监管体系且对相关违规行为予以纠正与处罚。这为中国加快推进 CIPS 法制的国际化进程提供了立法借鉴。⑥学者叶建勋将消费者与金融消费者区分开来，他认为金融消费者作为特殊的消费群体，面临的服务对象更加专业、具体且复杂，所以应得到更具针对性的保护。⑦学者禹刚支持采用自动质押融资的方式来提升 CIPS 法制的适用与执行效率，因为出现短期资金流动性困难的 CIPS 参与者可以通过向中国人民银行质押债券，以融入资金并弥补资金不足。这一举措在降低资金运用成本的同时能够增加社会的可用资金量。⑧学者尚明与张成虎认为，日间透支可作为提高资金流动性的有效补充。尽管日间透支会为银行带来信用风险，但是立法者可以制定与日间透支有关的监管措施，尽可能地在规避金融风险的前提下发挥日间

---

① 阎岳：《CIPS——具有两大功效支撑人民币国际化与获取流动性支持》，《证券日报》2015 年 10 月 9 日第 2 版。
② 来洪渝：《完善中国支付清算系统监督管理措施的思考》，《西部金融》2011 年第 2 期。
③ 冯楚：《美国金融监管制度的法律价值选择——兼论对中国金融监管的启示》，《湖北第二师范学院学报》2011 年第 4 期。
④ 黄峰、陈学彬：《中美本币跨境支付系统模式比较研究》，《国际金融》2016 年第 8 期。
⑤ 祝远缓：《美元跨境清算系统与人民币跨境支付系统研究与启示》，《吉林金融研究》2017 年第 3 期。
⑥ 韩龙、毛术文：《欧洲央行重要支付系统监管机制的建构及启示》，《哈尔滨金融学院学报》2015 年第 2 期。
⑦ 叶建勋：《金融消费者的概念及内涵》，《宏观经济》2012 年第 7 期。
⑧ 禹刚：《自动质押融资：流动性管理新工具》，《上海证券报》2006 年 9 月 4 日第 6 版。

透支的功用。[①]学者毛术文认为，当前反洗钱制度在特定行业中可能存在法律漏洞或是未能完全发挥作用，不利于全面控制洗钱引发的风险。监管机构应加快评估各行业的洗钱风险，督促特定行业制定与落实反洗钱规则。[②]

2. 人民币国际化实施后中国面临之汇率倾销风险及其应对：以“二战”的相关经验教训为例

揆诸已有研究文献，可以看出中国学界对“两战”之间各国的汇率反倾销制度尚未有专门的研究，但存在与之相关的研究。这些相关的研究主要集中在进入21世纪之后，为了应对美国对所谓中国操纵人民币汇率和人民币汇率低估而从事不公平贸易的指控而从事的研究。其中，具有代表性的研究有：张庆麟教授所撰《论汇率的国际法律问题》，韩龙教授所著《人民币汇率的国际法问题》一书以及相关文章，彭岳教授所撰《中美汇率之争的国际法问题与解决之道》，伏军教授所撰《WTO外汇争端管辖安排：模糊性及其现实理性》等。

这些研究的内容主要体现在：为了应对美国及其他西方国家对中国的上述指控，分析汇率问题究竟是应由国际货币基金组织（International Monetary Fund，以下简称IMF）依据《IMF协定》进行辖制，还是应由WTO依据其规则进行辖制；《IMF协定》有关汇率制度的研究，以及依据该制度能否认定和解决所谓汇率操纵和汇率低估问题；汇率倾销和汇率补贴是否在当今WTO《反倾销协定》与《反补贴协定》（以下或简称“双反”协定）覆盖范围之内，能否依据此“双反”协定解决人民币汇率问题；应对西方对人民币汇率指控的法律对策等。这些研究虽然对与汇率争端相关的国际法律制度进行了摸底和透视，从而可以为我们的研究提供一定的基础和铺垫，甚至一些研究结果和结论，如无论是当今的《IMF协定》，还是WTO的规则对汇率操纵、汇率倾销、汇率补贴无能为力，这些观点对中国在人民币国际化条件下制定汇率反倾销制度提供了一定的依据和预备，但这些研究本身是从应对西方对中国的汇率指控出发，集中于反驳以美国为首的西方国家对人民币汇率问题的指控，但对中国如何解决他国利用人民币国际化对中国从事不当的货币及贸易行为的法律问题则没有探究，更没有对“两战”之间各国汇率反倾销制度进行历史考察和提供借鉴。

当然，随着人民币国际化的日益发展，国内有的学者开始关注人民币国际化

① 尚明、张成虎：《中国支付系统的日间透支管理》，《经济管理》2005年第13期。
② 毛术文：《中国反洗钱法律制度存在的主要问题及完善建议》，《金融与法》2011年第4期。

实现后中国可能遭受他国针对中国采取的不公平货币及贸易行为的问题，如韩龙教授近期在《人民币国际化重大法律问题之解决构想》一文中，就提出在人民币国际化后，中国将不可避免地面临由他国不当货币行为以及不当货币行为所带来的不正当贸易行为——汇率倾销与汇率补贴的问题，并指出无论是 WTO 的“双反”协定或是《IMF 协定》均无法为中国遭受不正当货币行为以及由此派生的不正当贸易行为之害提供有效救济①，但也没有对“两战”之间各国汇率反倾销制度进行考察和评价，同时还缺乏对中国构建汇率反倾销制度的具体措施和具体建议。

（二）国外研究现状

1. 人民币国际化实施中的基础设施与法制建设：以 CIPS 为例

国外研究学者主要是从建立制度的必要性与制度设计的角度，探讨跨境支付系统法制的规则设置，但是在建立适合人民币跨境支付系统及其法制方面的研究成果仍相对较少。

学者 T.Kokkola 在文章中介绍了欧元系统、支付系统、证券、衍生品，并对欧元支付系统的地位与作用予以充分肯定。他认为支付系统不仅有助于欧元的跨境流动，提高欧元的国际化程度，还有助于促进其他货币在全球金融市场上的流通与使用。②纽约清算所银行为 CHIPS 的自我评估制定了一套完整的核心原则体系。这套核心原则体系不仅对 CHIPS 的内部自我评估与监控机制起到了调控作用，而且能很好地避免或防控因内部机制隐障产生的风险传到整个支付系统中，有效提高了 CHIPS 的安全性能。CIPS 法制的制定者可借鉴 CHIPS 的核心原则，以提高支付系统的风险防控与监管的能力。③日本银行通过设定新兴的支付系统及账户逐步完善境外日元支付系统的监管政策。这种监管政策不仅有助于加强日元支付系统对系统性风险的监控与防范，还有助于保障日元跨境流动的安全与效率。④CIPS 法制的制定者可借鉴日元跨境支付系统的法制经验，提高人民币跨境资金的流动效率与监管能力。学者 Alexis Grimm 和 Charu Sharma 认

---

① 参见韩龙：《人民币国际化重大法律问题之解决构想》，《法学》第 2016 年第 10 期。

② T.Kokkola，“The Payment System. Payments， Securities and Derivatives， and the Role of the Eurosystem” ECB（2010），pp.1-2.

③ Clearing Hous，“Self-Assessment of Compliance Core Principles for Systemically Important Payment Systems”（2010），pp.1-43. https：//wenku.baidu.com/view/adfe401dfad6195f312ba60c.html.

④ The Bank of Japan，“Policy on Oversight of Offshore Yen Payment Systems”（2010），pp.1-4.http：//www.boj.or.jp/en/announcements/release_2010/set1005c.pdf.

为，支付系统为跨境贸易提供金融服务，不仅有助于推进相关货币的国际化进程，也有助于完善相关跨境支付系统法制。他们认为完善的支付平台能够积极地反作用于跨境贸易业务的完成，并且相关配套法律制度对支付系统的安全保障是有效促进跨境贸易发展的原动力。这也敦促中国立法部门提高对 CIPS 法制建设的重视程度，完善 CIPS 法制，为跨境贸易等领域提供制度保障。①学者 Bryan Chan 在文章中认为，上海自贸区的建立对人民币国际化有着深远的影响，是助推人民币走向世界的重大进步。中国在上海自贸区内设立专门的人民币跨境支付平台与运营机构，可以有效推进人民币国际化的进程，促进人民币跨境业务数量的增加与规模的扩大。②

综上，从法律价值的角度探讨 CIPS 法制的完善有助于从根源上革除制度层面存在的弊病并确定完善方向。现阶段，将价值取向与 CIPS 相结合的研究成果较少，我们将竭力从价值取向的角度探求 CIPS 法制完善的依据与建议，为填补该领域的不足尽绵薄之力，也希望这一问题能够引起相关立法部门的重视。

2. 人民币国际化实施后中国面临之汇率倾销风险及其应对：以“二战”的相关经验教训为例

国外研究状况与国内类似，大致上也可以从两个方面进行阐述：对“两战”之间汇率反倾销制度本身的研究和与此相关的研究。

就前一方面而言，国外对“两战”之间汇率反倾销制度的研究亦十分稀缺。1934 年，美国联邦贸易委员会（Federal Trade Commission）编纂了《美国与外国反倾销和其他进口规制》（*Antidumping Legislation and Other Import Regulation in the United States and Foreign Countries*）及其附件，对当时美国和其他国家的反倾销制度，特别是汇率反倾销制度进行了素材性的描述和编纂，但并没有进行应有的研究、比较、提炼和总结。Jeffrey S. Beckington 和 Matthew R. Amon 2011 年合作发表于 *Journal of International Business and Law* 的 Competitive Currency Depreciation: The need For A More Effective International Legal Regime，虽然在文中第二部分对“两战”之间有关国家汇率反倾销制度进行了叙述，认为当下世界经济环境类似于 20 世纪 30 年代，经济萧条、汇率竞相贬值，并论述了“二战”后六十年（该文发表于 2011 年）来运行良好的 WTO-IMF-WB（世界银行）体系在实践中证

① Alexis Grimm and Charu Sharma, “Cross-Border Trade in 2012 and Services Supplied Through Affiliates in 2011”, U.S. International Services (2013), pp.1-5.

② Bryan Chan, “Internationalisation of the RMB in the Shanghai Free Trade Zone——A Step Forward”, Linklaters (2014), pp.1-3.

明了其并不足够强大，近年来愈发凸显出这一体系的缺陷，但叙述十分简约，且这一部分的叙述仅是为该文的宏旨——如何应对来自中国的汇率偏差和汇率操纵出谋划策[①]，并不是为中国在人民币国际化条件下如何应对他国的不当货币及贸易行为进行研究。

就后一方面的相关研究而言，国外有一定的研究成果，但与国内相关研究成果主要针对西方对人民币汇率指控而寻求应对之策不同，以西方学者为代表的国外研究则集中在如何在现有的国际货币及贸易制度框架内寻求解决所谓人民币汇率低估和操纵之道。这方面的成果如 Claus D. Zimmermann 2011 年在《美国国际法杂志》发表的《汇率失调和国际法》提到，考虑到在大多数情况下，汇率偏差对经济的影响十分复杂，加之这一问题又具有高度的政治敏感性，其得出结论认为：至少目前，现有的国际法，主要是 WTO 和 IMF 的现行规定无法帮助有效解决汇率偏差和经常账户失衡所带来的问题。[②]又如 Elizabeth L. Pettis 于 2011 年在《国际商法杂志》上发表的 Is China's Manipulation of its Currency an Actionable Violation of the IMF and/or the WTO Agreements 一文，对如何在《IMF 协定》项下和 WTO 规定项下解决所谓中国操纵汇率问题进行了探讨[③]，除了结论值得商榷之外，文中对现有制度进行的考察和审视亦十分简约，观点难以令人信服。

---

① See Jeffrey S. Beckington, Matthew R. Amon, "Competitive Currency Depreciation: The need For A More Effective International Legal Regime", Journal of International Business and Law (2011), pp. 214-218.

② See Claus D. Zimmermann, "Exchange Rate Misalignment and International Law", American Journal of International Law (2011), pp.424-454.

③ See Elizabeth L. Pettis., "Is China's Manipulation of its Currency an Actionable Violation of the IMF and/or the WTO Agreements", Journal of International Business and Law.

第一章
人民币国际化实施的法律问题概述

本章作为全书的总论部分，担纲基本概念阐述、结构与逻辑安排。具体内容包括：阐述人民币国际化的含义与意义，指出人民币国际化实施的条件、路线以及推动力，从金融学和法学角度对人民币国际化进行思考，对人民币实施中和实施后的法律问题加以梳理，从而为全书的框架进行奠基。最后以“一带一路”建设为例，对人民币国际化实施问题进行审视和说明。

第一节　人民币国际化的实施问题

一、人民币国际化的含义与意义

人民币国际化通常包含三个方面的内容：第一，是人民币现金在境外享有一定的流通度；第二，是以人民币计价的金融产品成为国际各主要金融机构包括中央银行的投资工具，为此，以人民币计价的金融市场规模不断上升；第三，是国际贸易中以人民币结算的交易要达到一定的比重。国际上对于货币的国际化有两类不同的理解 ：一种是将货币国际化界定为货币的跨境使用，另一种是将之定位于在世界经济和国际货币体系中具有突出地位和重要性。此两种理解实际上反映了货币国际化的两类不同程度——跨国化和全球化。跨国化反映的是货币国际化的初级水平，全球化则是货币国际化充分和发达的体现，只有极少数货币才能达到此种发展水平。[①]从人民币国际化的目标看，显然追求的是后一种，即全球充分意义上的国际化。从这个意义上，我们可以将人民币国际化定义

① 不是任何国家的货币都可以走向国际化的。货币国际化的实现需要满足一定的条件，如：（1）货币发行国综合国力，特别是以经济规模和对外贸易体现的经济实力，这是该货币获得国际社会信赖的基础。（2）货币发行国资本项目开放。（3）货币发行国具有富有深度、流动性且开放的金融市场。（4）货币发行国的汇率由市场供求关系决定。在以上诸因素中，一国货币能否成功地实现国际化不是任何一个单项因素决定的，相反其取决于诸项因素的综合。

为：人民币在国际社会充分发挥价值尺度、交换媒介和储藏价值的货币功能而被广泛用作贸易计价及结算货币、投资货币和储备货币的现象。

货币的国际化对货币发行国具有重要的战略意义。甚至可以说，谁掌握了货币，谁就掌握了世界，这已在19世纪英镑之于英国和20世纪美元之于美国的历史中得到了反复印证。在各国联系愈加密切的当今世界，这一命题显得越发分明。因此，人民币国际化既事关中华民族的复兴，又可以使中国摆脱美元主导的国际货币格局的弊端并改革国际秩序，构成了中国极为重要的国家战略。[①]人民币国际化对于中国和世界都具有深远影响。对中国经济的益处很多，例如：将在国际组织中拥有更大的影响力、更多的话语权、更大的规则制定权、享受更多的提款权等国际金融资源；人民币国际化程度的加深将带来人民币发行量的增长，央行将获得相当程度的铸币税收入；本币成为世界货币后将相应地降低国际收支的波动，使用人民币结算的企业得以降低汇率风险，等等。

二、人民币国际化实施的条件与路线

（一）人民币国际化的实施条件有哪些

人民币国际化的实施需要具备一定的条件。从宏观的角度看，一国的货币能否成为国际货币，需要考察如下几个方面：

第一，是看该国的经济规模。经济规模一般是指一国的国民总收入及对外贸易、投资的规模。经济规模大能够为货币的国际化提供更为扎实的基础，同时也能够有效地避免国际的金融风暴对本国经济的影响，就拿当前的世界货币美元来说，受到外界的干扰因素就较少。此外，一国的国际贸易和投资状况也是衡量货币国际化的重要标准，一国只有在同各国进行广泛的经济交往的过程中才能够发挥本国货币的国际支付、结算和储备的功能。据新华社报道，按不变价计算，2018年中国国内生产总值比1952年增长174倍，从2010年起就成为世界第二大经济体并保持至今，“中国奇迹”举世瞩目。近三年来，中国经济总量分别达到70万亿元、80万亿元、90万亿元，连续实现大跨越，当今的中国已成为世界第一大工业国、第一大货物贸易国、第一大外汇储备国、第二大外资流入

① 参见韩龙：《人民币国际化重大法律问题之解决构想》，《法学》2016年第10期。

国。因此，中国的经济规模在一定程度上能够保障人民币国际化进程。

第二，是看人民币的稳定程度。衡量货币稳定程度的主要指标为该货币的通胀率和通胀率变动程度，以及该货币名义汇率的长期稳定性。如果一国的货币长期不稳定，将带来信息成本和转化成本的增加，从而影响该货币的功能价值。纵观中国的人民币，一直保持着缓慢的增长过程，同时中国的外汇储备充沛、经济增长迅速，这些条件为人民币国际化提供了坚实的基础。

第三，是看中国金融市场的发展程度。就金融市场的开放程度来讲，人民币已经实现了经常项目下的可自由兑换，但是资本项目下的外汇交易仍然受到严格的控制。总体上来讲，中国的已经具备了人民币国际化的基础条件，但是要想真正地实现国际化仍然需要经济、金融和法律等方面的长期努力。

（二）人民币国际化的实施有无路线图

人民币国际化的实施，就是人民币在国际社会充分发挥价值尺度、交换媒介和储藏价值的货币功能而被广泛用作贸易计价及结算货币、投资货币和储备货币的轨迹和过程。从货币职能的发展轨迹看，货币以价值尺度和交换媒介为起点，然后以某种形式被其他国家用作确定其货币汇率的基准，最后对该货币需求的持续增长刺激对该货币的拥有，使其成为储藏价值的载体。从人民币国际化的发展进程看，从2009年开展跨境贸易人民币结算业务试点开始，至今已经走过了10年时间，货币职能已经由计价货币扩大到结算货币乃至储备货币。“一带一路”倡议下逐渐建立的中国-东盟经济圈、中国-中亚经济圈，使得人民币在该地区形成区域化。紧接着中国-非洲经济圈、中国-西亚经济圈、中国-欧洲经济圈的逐步建立，人民币国际化将会步入周边化阶段。随着各国经济的不断发展，以及对中国经济交互度和依存度的不断增加，人民币将逐步实现国际化。为人民币国际化的实施描绘路线图的话，在所使用的地域范围大致是“周边化—区域化—国际化”；从货币的功能上看则是“贸易币—投资币—储备币”的过程。当然，在货币国际化实施的初期阶段，路线图起到指导性作用，相对显得清晰；但随着时间的推移，以及国际经济交易的复杂性和关联性，路线图已越来越模糊。实际上，随着人民币国际化的步伐不断加快，人民币的使用范围和空间、被各国接受的程度一方面比以往有显著突破，另一方面针对具体的国家可能存在差异性，因此人民币国际化并不是机械地依据路线图来推行。

三、人民币国际化实施的推动力

人民币国际化的实施，推动力之一是国际市场力量。比如国际市场对人民币的认识程度和信任程度，将影响人民币的使用率、交易率和流通量。人民币国际化的实施，推动力之二是政府力量。政府作为国家战略的执行者，政府的治理能力、言行诚信度和政策的透明性稳定性等，都会在一定程度上影响国家的综合国力和国际形象，也会影响到人民币国际化的推行效果。人民币国际化的实施，推动力之三是法治力量。人民币国际化需要相适宜的法律制度为其提供支持和保障，否则，人民币国际化就无法实现。但对人民币国际化究竟要解决哪些主要的法律问题，且该如何研究解决的回答不仅考验着对人民币国际化所涉法律问题的洞悉和领悟，而且也体现出对解决人民币国际化法律问题的科学思量和尺度把握。

解决人民币国际化的法律问题是时代赋予当代法律人的重大使命。人民币国际化需要与之适应的法律制度为其提供支持和保障，我们应根据人民币国际化的需要对现有的法律制度进行全面审视，并对需要构建的法律制度进行系统地布局。应当看到中国制度是基于人民币国际化之前和之外的历史背景和因素出台的，与人民币国际化并不适应，随着人民币国际化的推进需要废止或修订。同时人民币国际化还需要建立新制度对此我们需要做好规划、设计，对法律制度体系进行补充。面对如此庞大的法律变革，我们需要有一个完整和清晰的蓝图，以便为解决人民币国际化法律问题所需要的顶层设计和总体布局提供指引。有些变革并不为早先阶段的人民币国际化所急需，若不分时机地将人民币国际化所需之法律变革都全盘推出，无异于对人民币国际化实行了休克疗法。尤其会对现阶段对人民币国际化尚不构成妨碍的政策目标造成不合理的过早冲击，加大人民币国际化的代价和难度。因此，根据人民币国际化的进程，依次动态地启动人民币国际化所需要的法律变革，无疑是代价最小、收益最大的法律变革路径。①

① 参见韩龙：《人民国际化重大法律问题之解决构想》，《法学》2016 年第 10 期。

第二节　人民币国际化的金融学和法学思考

人民币国际化的实施，是对人民币国际化战略的具体践行和现实推进。我们认为，研究人民币国际化实施的法律问题，有必要对人民币国际化的经济及法律现状有一个整体的把握，这既是人民币国际化实施的必然要求，又可以为人民币国际化的实施指引方向和提供启发。鉴于此，本节从金融学和法学角度，对人民币国际化的经济和法律现状进行梳理，同时承上启下。

一、人民币国际化的金融学思考

人民币国际化，首先是一个货币金融学问题，然后才涉及其他领域，包括法学领域。法律制度对人民币国际化的保驾护航作用，也必须经由对所保卫对象的基本了解而来，才不至于盲目和低效。我们为人民币国际化进行制度设计，必须首先了解人民币国际化的现状，而对人民币国际化的现状认识，主要来自经济金融学的基本原理和常识，以及国际市场不断波动的信息反馈。我们需要了解人民币国际化在现行的货币金融层面，到底包含哪些元素、需要哪些条件？这些元素和条件是否已为国际化做好了准备？如果没有，后续的方向是什么？法律属于上层建筑范畴，离开经济基础去设计法律制度将导致空中楼阁。因此，在给出任何法律建议之前，有必要先考察人民币国际化的原理与现状。

（一）货币自由兑换现状

货币国际化一个重要的条件就是要实现完全的自由兑换，但人民币的兑换目前仅限于经常项目，资本项目下人民币尚未实现自由兑换。这就使得人民币的使用范围受到极大的限制。在金融市场迅猛发展和国际贸易快速增长的当代，受到约束的人民币只能简单地作为计价结算之用，不能进一步地发挥储备货币的功能。因此，在人民币国际化问题上推进人民币的自由兑换是其中的一个关键点。同时，资本账户开放意味着资本市场、劳动力市场等要素市场要完全面对外部冲击，宏观经济政策也将受到全球经济周期的直接影响。要素市场是否有足够的弹性，企业部门是否适应外部的冲击，宏观经济当局是否有平衡外部均衡和内部均衡的能力，将直接决定资本账户开放成本与收益的均衡。因此，在推进人民币国际化的同时，作为还处在发展阶段的中国，必须审慎对待资本项目的开放问题，对资本项目开放进行理性的布局。

（二）宏观经济政策现状

人民币国际化需要中国内部的经济发展稳定、内部与外部经济平衡发展，这就对宏观经济政策提出了很高的要求，在保障经济发展的前提下，制定合理的货币政策，从而有力地促进人民币国际化。就如上述所言，中国的资本账户开放兑换问题一直是矛盾点，如果想要短期内实现完全兑换是不太现实的，基于中国较为薄弱的金融体系，如果匆忙实行人民币的完全兑换，大量的货币很可能被兑换成外币流出，这会对中国的金融体系造成巨大的打击，也会因此失去大量的铸币收入。因此，综合现有的因素首先是在中国境内实行有步骤、渐进式的资本账户下可兑换，同时充分利用中国香港地区的成熟金融市场的优势化解外资进入内地赌人民币升值的压力。充分发挥境内和境外的两个市场，在内地完善相关的政策法规，逐步改善中国的金融市场以实现人民币的完全兑换，在香港扩大人民币债券的规模，使之达到与欧元和美元证券市场相抗衡的格局。在具体的法律构建上，第一，对新出现的资本项目下交易方式及以前尚未作出规定的方面制定出新的法规或是在原有的法规中增加相应条款，将项目融资、远期信用证、可转换债券、浮息票据等纳入外债管理范围。第二，在条件成熟的情况下，可以考虑开放中国的居民对外投资控制，可规定每个居民每年可汇出金额上限，将对外投资纳入一个合理范围，严格限定对外投资用途，从对外直接投资入手放开口子，同时把控制个人或机构违法挟国有资金外逃作为放开后的重点监控目标。

（三）外汇储备管理现状

首先从外汇储备的功能来看，可以巩固货币汇率和平衡国际收支。具体来讲，保持适当和充足的外汇储备是抵御游资攻击的防线之一，同时在经常项目逆差时可以通过资本项目的顺差和外汇储备来弥补。目前中国的外汇储备的经营是由储备管理司负责，主要的经营方式包括资产管理、流动性资产管理、货币保值、海外机构经营和委托经营。就人民币国际化的角度看，外汇储备的多少直接关系其国际化的进程。可以说，货币供给的主要途径是外汇储备的变动，而对货币供给产生冲击的是影响外汇储备的贸易余额和资本流动，央行中占有一定比例的外汇储备资产具有高能货币的性质，通过乘数效应可以对货币供应产生成倍的放大作用。具体来讲，根据相关的研究表明，外汇储备与国际收支、通货膨胀、利率等内生变量之间存在显著的同期相关关系。国际收支顺差明显加大了通货膨胀压力，从而影响了人民币价值对内稳定；如果出口导向性发展战略不能够改变，国际收支的持续顺差将迫使人民币汇率重估以实现外部平衡，从而影响人民币价值的对外稳定。因此，国际收支的不平衡是造成人民币价值内外不稳定的重要根源，要想为人民币顺利走向国际化奠定稳定的宏观经济基本面必须转变出口导向的经济增长模式。通过上述分析可以看出，外汇储备的适度是推进人民币国际化的一个重要指标，只有通过外汇储备的调解改变经济的增长方式才能够从客观上稳定人民币币值和信心，防范金融危机起到至关重要的作用。但是，纵观中国关于外汇储备方面的法律制度的规定则少之又少，势必会引起规制引导方面的短板，同时当前的法律规定中国的人民币不能作为对外贸易的计价结算货币，更进一步地限制了人民币在对外贸易中的运用，不利于人民币国际化的长远发展。因此，相关外汇管理法规出台对人民币国际化提供法律的支持和保障是势在必行的。

二、人民币国际化的法学思考

人民币国际化水平的不断提高，不仅可以提升中国在国际市场竞争中的自信，而且也彰显了中国的综合国力。曾经，对汇率浮动的畏惧和持续的资本控制，严重阻碍了中国扮演更重要的国际角色。[①]而随着人民币国际化的推进，中国在汇率政策和制度上表现得更为大胆，底气十足。人民币国际化和相关法律制度的关系是相辅相成的：人民币国际化离不开法律手段的推进和保障，同时又为法律的制定提供实践基础。促进人民币国际化目标实现，需要外汇管理法、金融监管法等法律法规的跟进服务和提供保障。

---

① China at 70：Free of fear of floating，By Herbert Poenisch， International Committee， IMI， former senior economist， BIS.

（一）外汇管理法律制度的完善

在进一步完善《外汇管理条例》相关法规的同时，加快制定中国的外汇法，这是填补外汇管理法律缺失的需要。在中国因为相关外汇法律制度的缺失，使得监管当局在进行外汇管理的过程中常常会面临法律依据不足的局面，只有寻求相关国家的法律经验。金融法律体系就如同是一条连接线，将各个金融机构的金融活动连接起来，从而进行整体上的调控，随着其他相关法律的出台，一部单独的外汇法的出台将变得迫切。在具体的法律规定上应注意以下几点：

第一，需要更进一步地调整和明确在外汇管理制度方面的原则和政策，特别是在 IMF 改革下，根据国际上最新的规定和改革与时俱进的进行创新性法律的制定。

第二，在立法中规定外汇储备的经营管理原则，通过立法明确外汇储备的管理理念和方式、在具体运作过程中的法律性质和相关的程序以及整体上的管理体制，从而为外汇储备的经营管理提供法律支持和保障。

第三，在外汇管理制度与上位法的局限性的矛盾方面，需要突破成文法的保守性和僵硬性，尽量在提高法律位阶的前提下，严格地设置下位法突破上位法的条件，在保持法律权威性的同时能够有效地促使外汇管理制度方面的有效实施。同时，加强外汇管理还需要正确处理好外乎储备严格立法与适度投资的关系，因此，在投资方面要尽量地选择在投资环境较好的发达国家或是较为稳定的发展中国家，同时成立专门的投资机构来履行投资责任，投资管理制度的制定和实施将实现投资的法制化。

总之，外汇法律制度的完善能够为人民币的自由化扫清障碍，为国际化道路提供一个制度的保障，使其在相对完善的制度环境下进行发展。

（二）金融监管法律制度的完善

1.金融监管的现状

在金融领域中国实行分业监管的模式，分别由银保监会和证监会来进行监督和管理。因此，这种模式的出现意味着中国的金融监管和货币政策的分离，银监会和央行各司其职。在人民币国际化的问题上，责任的分离也可能意味着机构之间的冲突，相互信息的阻隔和审议时间的拖延，当需要迅速解决问题果断做出决策时可能会面临久拖不决的情况。在具体的法律制度上，中国的《银行业监督管理法》规定了银监会的具体监管对象，其包括吸收公共存款的金融机构、政策性的银行和在中国境内设立的金融资产管理公司、信托投资公司、财务公司、金融租赁公司。对比《中国人民银行法》则规定央行的具体职责是在国务院的领导下制定和执行货币政策，防范和化解金融风险，维护金融稳定。具体分析中国相关的法律规定可以得出，央行和银监会之间的协调机制仅仅是粗浅的规定为“具体办法由国务院规定”，因此遗憾地留下法律的空白。不得不说，央行要切实有效地维护金融稳定，必定会涉及银行、证券和保险等监管部门，因此就需要高水平的法律法规来进行协调，建立防范和化解金融风险的长效机制。

2.金融监管制度的完善

从中国现有的金融体制来看，相关的金融业的法律法规都需要进一步完善。在对外资的金融监管方面可以从外资的市场准入、资本标准、信息披露等方面进行监控。在央行现有的各种制裁调控手段基础上，遵循巴塞尔协议的规定，要在金融审慎监管原则前提下，构建一个金融监管体系，具体要求是以金融风险监管为核心，同时强调预防性管理存款保险制度和紧急救援行动，从而实现金融监管的效率化、制度化和国际化。同时，要重新确立央行在国际外汇市场的地位，要使其角色从被动转变为主动，成为公开市场业务的操纵者。因此，只有在上述的相关制度的完善前提下才能够建立一个高效、统一的货币市场，进一步的链接国际的轨道。

另一方面传统的局限于国内市场的人民币的监测体系也不能满足人民币境外市场的需要，从而会导致国内的货币政策缺乏完整的判断依据。因此，从法律制度方面构想可以有以下的相关制度建构：

第一，积极建构国际相关制度的法规从而尽快地建立与周边国家双边贸易结算的统一机制，促进人民币实现更活跃、有序地跨境流动，同时也有利于监测人民币的跨境流动对中国国际收支头寸的影响。

第二，在进行商业银行的改革中，要将人民币的跨境流通纳入其中最为一项基本的法律制度。银行体系的建立不仅可以将人民币的跨境流通和兑换从“地摊银行”等机制中纳入商业银行等合规的金融监测体系，而且为人民币的流出和回流提供了便捷安全、可监测的渠道。

第三，在海关领域的制度建设中，突出进出口贸易的统计量，这将有利于掌握人民币在相关国家的流量和存量，为金融监管和货币政策的制定提供参考的依据。

（三）双边货币互换协定的签署

根据《2017 年人民币国际化报告》提供的数据，2016 年人民币国际使用稳步推进，并在全球货币体系中保持稳定地位。2016 年 10 月 1 日，人民币正式纳入国际货币基金组织特别提款权（SDR）货币篮子，这是人民币国际化的重要里程碑。2016 年 12 月，人民币位居全球第 6 大支付货币。报告指出，人民币的国际使用稳步发展，国际合作成效显著。截至 2016 年末，共有 60 多个国家和地区将人民币纳入外汇储备，人民银行与 36 个国家和地区的中央银行或货币当局签署了双边本币互换协议，协议总规模超过 3.3 万亿元人民币；在 23 个国家和地区建立了人民币清算安排，覆盖东南亚、欧洲、中东、美洲、大洋洲和非洲等地，便利境外主体持有和使用人民币。

第三节　人民币国际化实施中和实施后的法律问题

正如有学者指出的那样，由于人民币国际化一如已国际化的货币那样存在一个由浅及深的发展进程，其所面临的法律问题也会随着这一进程的延展而渐次显现，从而在时间维度上存在一个由近及远、由浅及深的序次，因此，人民币国际化的法律问题，依循人民币国际化的发展进程，应当包括如下三大部分：一是实现人民币国际化亟待解决的法律问题；二是人民币国际化实现中和实现后共同面临的法律问题；三是人民币国际化实现后方彰显的法律问题。以时序为主线研究和解决人民币国际化法律问题，不仅能够有序、无遗地涵盖人民币国际化的所有重大法律问题，并为解决这些问题所需要的顶层设计和总体布局提供指引，而且能够实现法律变革的前瞻性与时序性的统一，特别是能够尽可能地避免因追求人民币国际化的政策目标而对其他政策目标造成不必要的过早冲击所付出的代价。①

人民币国际化是一个比较长的过程，而且这个过程由于国家间的利益冲突和某些国家的霸凌主义行为，注定不会一帆风顺，而是充满挑战的，因此将会涉

① 参见韩龙：《人民国际化重大法律问题之解决构想》，《法学》2016 年第 10 期。

及形形色色的法律问题。我们将人民币国际化实施的法律问题概分为两大类：人民币实施中的法律问题和人民币实施后的法律问题。前者是指人民币国际化在实施中需要解决的法律问题，我们本着务实的态度去寻求解决对策。后者是指人民币国际化实现以后将面临的法律问题，我们本着探索的态度去寻求对策。鉴于篇幅和能力所限，本书不打算面面俱到，仅在第一章概述部分做综合性阐述和举例说明，在后续章节将分别选择人民币国际化实施中和人民币国际化实施后的代表性问题加以研究，旨在以点带面、抛砖引玉。即：将CIPS系统及其法制建设作为人民币国际化实施中的代表性问题，将人民币汇率倾销风险之应对作为人民币国际化实施后的代表性问题。[①]

一、人民币国际化实施中的基础设施建设问题

人民币跨境支付系统（CIPS），是一种提供资金支付与结算服务的系统，支持的业务包括人民币跨境贸易结算、跨境资本项目结算、跨境金融机构与个人汇款支付结算等。[②]参与CIPS运行与管理的主体主要是CIPS运营机构、直接参与者与间接参与者。CIPS运营机构作为CIPS日常运行的管理机构，其主要职责是为直接参与者与间接参与者确立CIPS行号并管理参与者的准入与退出。CIPS直接参与者在CIPS中开立账户并能够直接获得CIPS提供的服务，如发送与接收金融信息。CIPS间接参与者需要委托直接参与者通过CIPS来办理人民币跨境支付等业务。除此之外，与CIPS有关的机构还包括CIPS监管机构以及CIPS法律文件的制定机构。这部分内容将在第二章和第三章详细展开。

（一）发展跨境人民币结算业务

建立人民币现钞跨境流通的集中管理中心。随着跨境贸易结算试点工作的推进，人民币现钞出入境规模和境外沉淀规模全面上升。利用机制的构建，完成人民币现金和人民币其他形式之间的转变，能够更好地保护人民币国际化的信誉，给相应的人员以人民币存储等较好的现金服务，能够更完善地达到让其他

① 需要指出的是，本书所说的人民币国际化实施中和实施后的法律问题，是根据所涉问题突出的阶段性表现并结合研究的便利性而做出的相对划分，不存在非黑即白的绝对界分，而且许多人民币国际化实施中的法律问题将在人民币国际化实现之后不同程度地继续存在。

② 人民币跨境支付系统的定义参见《人民币跨境支付系统参与者服务协议》。

国家顾客使用人民币现金的目的。人民币若想变成实际意义上的跨区域支付货币，完成现金和其他形式两者间的互相转变是关键性基础。同时，随着离岸人民币市场的不断发展，跨境资金管理的难度也在加大。因为中国现在的人民币现金流转层面并未完全放开，同时没有对应的机制来处理，大量人民币现金利用非正规途径进行流转，加大了资金监管部门的归纳以及搜集人民币现金事务资料的难度，对经济开放决策出现干扰，也会干扰增强对人民币现金事务的监控，防范洗钱等违法犯罪活动。所以，需把流转在非正规途径的人民币引入正规的机制内金融系统。

中国能够借鉴美元以及欧元跨区域流转的一致性监管方式，考虑到中国现实的独特状况，能够依照相应的基准组建人民币现金跨区域还有其他地区流转管控中心，也就是将其他地区人民币现金收入到最近的人民币发行库，但是管控单位能够借助互联网、资讯科技等技术办法统一对金融机构途径的流转现金进行一致性管控。

在威胁管控层面，时刻关注人民币现金跨区域还有其他国家流转体量的变动状况，依照自身对资金措施、经济开发措施等的干扰，构建相应的健全机制。

（二）建立人民币跨境支付清算中心

现在，国内的人民币跨区域付款结算途径业已有多点集中纳入和分散非直接性纳入两类途径。第一种具体为多个能够非间接地纳入大额付款体系的清算途径，其实是清算行方式。第二种为其他地方本国货币账户单位间接纳进大量实时付账体系，其实质为让国内金融机构给其他地区对应单位开立该国货币结算账户，让国内金融机构参加大量付账体系同时运作相应事务，这样就将跨区域的付账变成国内付账，其实为代理行的方式。

在目前的人民币跨境支付清算安排中，中银香港利用深圳组建聚集纳入的途径，上述途径仅可完成港区人民币的跨区域付款需求，但是不能适应和满足另外离岸人民币经济的快速成长还有将来世界范围内的人民币跨区域付款需要。从其他国家的发展趋势来看，组建专项的跨区域聚集结算组织能够提升结算成效，减少结算出现风险的比例。

另外，跨区域人民币清算总部的组建也能更好地促进当地资本经济设施的进一步健全。

（三）建立统一的跨境人民币结算规范体系

在法规条例方面，建立参与跨区域结算金融机构体系的基准对人民币支付结算系统而言是非常关键的。利用经济准入的制度，经营人民币业务的营利性金融机构需把离岸经济市场的人民币业务纳入相应的金融机构结算体系中，这能够更好地管控人民币的流转途径。通过制定并出台完善跨境人民币结算的一致规定，能够核查运作流程，降低金融机构运作的不规范性，提高真实核查成效，而后组建一个人民币付款结算系统。

二、人民币国际化实施中的风险及其防范问题

（一）人民币国际化的风险问题

1. 宏观政策方面

在宏观层面，可能冲击内地宏观调控的质量及给货币当局带来财务损失。因为离岸市场与在岸市场机制上存在差异，较多资金存在获利的机会，而市场深度以及其他层面的限制，极多资金存在获利的机会，而市场深度以及其他层面的限制，对其效果造成不小的破坏。目前实行的经济管控能够发挥部分功效，然而当两方机制间的差异慢慢缩小，资本账户的管控也会在将来完全开放，在此之前则需要尽可能地用最短的时间健全在岸市场，以处理离岸市场对中国经济造成的破坏。离岸人民币经济成长会干扰人民币资金决策、汇率措施，进而导致人民币定价权易受掌控。离岸金融市场发展起来后，一方面倒逼在岸市场的金融改革，但如果在岸市场改革进度不力也可能在离岸市场形成堰塞湖——海外人民币没有投资渠道却大量囤积，这些资金必然要寻找有利可图的去处。而分离的市场形成的价格差异违反了金融产品的一价律，必然形成套利机制，虽然进行资本账户的管制，但外汇流通的管理是很难的事，况且采用堵的方法终究不是长远之计。因此，离岸金融市场的发展是可能给在岸市场带来冲击和影响的。套利机制的存在对货币政策形成了潜在的威胁。

2. 微观市场方面

双轨制下的市场分割可能造成在岸金融市场的业务流失 ，加大了金融的竞

争。离岸市场依靠自身不太规范的管控条件以及不高的税赋，吸纳在岸的资金进行投资、融资，部分往离岸市场移动。跨区域资金大面积地流转，减弱大陆资金管控的相对成效，危害中国自身的资本经济。双轨制下的市场分割造成的套汇套利行为可能会破坏在岸市场。汇率与利率施行两种机制，会引发不同经济和差异市场的价格，在获益的驱使之下，获取暴利的事情会急剧增加。港区人民币离岸市场总部的组建一定会对国内的资本行业造成干扰，比如中国香港地区金融机构运作的人民币存储就会让国内金融机构存储额度资金出现短缺，但是假如准许香港地区金融机构运作人民币借贷业务就会让国内借贷市场的竞争更加残酷。

3. **流通障碍方面**

离岸市场的货币回流需要一个有足够广度和深度的在岸市场，人民币也不例外，需在其他经济体中有充足的使用途径以及流转范围，需创造更多的人民币投资方式。当前，人民币离岸与在岸市场的流转制度存在一定的障碍，包含现金回流等方式，因为国家对资本账户的买卖关键方、投资的目标方以及相应的资金量等都有管控，大多数资金依然只能用现金的方式流回内地。大部分的资本假如不能由正轨途径流回，或许会运用另外的途径回流。

4. **金融监管方面**

离岸市场一般不受货币发行国金融监管当局的管辖，又因为中国内地现在的利率依然受政府的管控，内地经济和离岸市场利率之间的差别或许会引发部分资本威胁。另外，人民币的跨区域流转会出现非常多的世界性人民币资本，这会让人民币的流转管控以及借贷体量管控的难度进一步提升，由此增加了监管的难度。

（二）人民币国际化风险的法律应对

1.加强对人民币兑换在法律层面的指引和管控

增加关于跨区域经济买卖的法规条例，主动指引债券市场以及个体资金项目；制定外汇紧急处理办法，处理随时会出现的国际风险，如对跨区域的资金流通征收赋税等，推动建立跨区域投资的流回制度。

2.使人民币自由兑换的风险与宏观调控、金融监管和市场承受能力相适应

对资本账户的最终项目与不可以开放的买卖项目进行严密管控，谨慎开放人民币市场等非长期资本账户。主动放开非间接性的投资，尤其是在对外直接投资（ODI）层面不用进账户。主动放开非间接性的投资，尤其是在 ODI 层面不用进需与其他的改革进行总体性协同推进，对其他地方的资金开放还需注重对国内资金的开放，人民币汇率和利率市场化不一定要先于人民币资本项目可兑换。

3.构建完善的全流程调控的宏观审慎管控制度

维持宏观市场不出现波动，预防中国自身市场还有资本运转出现大观市场不出现波动，预防中国自身市场还有资本运转出现大法律层面的措施，还有利率等相应手段，设立相应的法律机制来调控市场行为，提升宏观管控的相应作用。对可能发生的不同情况做好完备的前期准备工作，健全跨区域资金大量流进以及大量流出的相应处理措施。

（三）加强对人民币离岸金融市场的监管

1.健全针对人民币离岸金融市场的商业银行监控体系

（1）采取不断深入的成长方式。在离岸市场的金融机构业务里，需要从风险不太大的存储、兑换等业务着手，有一定经验之后，逐步运作至借贷等风险大的业务。刚开始的营利性金融机构业已由中国国内运作的 NRA（境内银行为境外机构开立的境内外汇账户）累积了前期经验，运作该项目的营利性金融机构仅能处理存储事务，对还未纳进金融机构间结算体系的人民币借贷事务，需利用和离岸管控部门的协作，对相应的运营活动开展有效的监管。

（2）人民银行需有对营利性金融机构的管控措施。即便离岸事务与在岸事务相比较更不受限制，然而现在离岸市场的人民币体量持续提升，部分投资人会运用拥有的人民币干扰国内的资金流转以及借贷体量，乃至或许会发生利用营

利性金融机构的结算系统大规模地投机人民币的状况。在上述条件下，央行需留有单独的管控手段，在经济条件不好以及对人民币进行投资比较严重的时候，利用对营利性金融机构的相应措施进行管控，减少经济投机对人民币的伤害。

（3）建立有效的监控指标以及警报体系，提前发现风险，预防营利性金融机构风险的大面积出现。监控的基准需包含但不仅仅是大量资金的流动状况等。建立管控基准之后，应设立威胁的基准，一旦触及威胁基准，资本管控单位需进行管控。只有组建健全的监控基准以及报警体系，才可以降低离岸经济事务对国内经济系统的非正常威胁性。

2.完善对开办人民币离岸市场业务的商业银行的监管措施

（1）对离岸市场的营利性金融机构进行准入管控。一是运用审批机制。为预防营利性机构由于破产等情况引发的经济风险，需在离岸市场的营利性金融机构的组建进程中设立严厉的准入机制。二是分类管理。离岸金融组织的管控单位可依照进行离岸事务以及组建离岸市场的金融机构分机构的运作者的类别规定它的资金是不是充足，信用是不是良好，运营有没有波动，自身威胁管控机制是不是完善，经营管控水准是不是高等基准，区分发放不同的资格，包含总体性事务资格、离岸事务资格、一定的事务资格、不全面的事务运营范畴，同时对相异资格类别的离岸金融组织做区分管控。

（2）对离岸市场的营利性金融机构日常事务进行监管。对离岸市场的营利性金融机构管控需表现在账户管控、结算和经济买卖进程中。

（3）参加多国协作，增强风险管控。依照有关国际性准则，对离岸金融机构的信誉威胁、经济威胁、运作威胁等不同威胁运作整体性的威胁管控，特别是注重流转性需要以及资金充足比例的需要。但在世界性协作层面，表现为与金融组织一起了解监控资料，吸纳其他国家对离岸金融机构监控的措施，之后提升离岸金融机构的监控水准，进行提前预防以及在最短的时间内处理离岸经济威胁。

（四）加强区域间的金融合作

加强区域间的金融合作，可以从以下方面着手：

1.自由贸易的协作

例如中国的中日韩三国自由贸易区等，还有在市场、资本等层面的深度协作以及成长。依照跨境非单一因子的影响，人民币跨区域不受限制进行流转就有对应的根基以及非主观实际性。此外，可在上海地区“一带一路”战略中的人民币离岸事务组建中心，促进“一带一路”倡议下人民币离岸市场的稳步成长。有关人士曾指出，中国的自贸区在促进人民币国际化方面正体现出非常好的功效。利用人民币两岸市场间的无缝隙连接，能够让人民币跨区域事务的商品革新更加便捷，用充足的经济市场来吸纳离岸人民币。

2.审慎监控金融组织

包含对资金量、利率、流通性、借贷以及外汇风险的管控措施严加要求等，让它高效地和其他国家的金融组织进行角逐，同时防止资本物价变动的干扰。另一方面，主动运作多方面的协作以及沟通，整体性地参加世界反洗钱协作，规避不利的赋税竞争。完善归纳监控制度，对不同的金融经济的运作情况做整体性的非静态的监控。在世界性协作中对两方货币兑换的需要进行主动运作，主动配合满足其他国家择取人民币当作储备资金的需求。

3.遵循国际准则并强化司法合作

遵循国际准则并强化司法合作，可以采取的措施有：第一，研发以及组建多个国家的法律资讯平台。给法律实施足够的数据支撑，按时互通法律方面的资料，克服以及清除因为语言以及文化的不同造成的法律机制以及法律运作层面的障碍，推动两方以及多方市场文化和法律层面的沟通。同时，借鉴吸收其他国家的较好措施，提升自己的管控水准，达到提前预防以及在最短的时间内处理经济风险的目的。整体性地提升经济资料的获取度以及无差错性，给系统性风险的监控、解析以及评测提供整体性的资料。世界性的金融监管组织和有关国家，正通过增强央行功能，完善法律构架，健全归纳机制等手段，增强资料获取度同时推动不同金融资料的共享以及协作。第二，遵守世界性原则，主动参加世界性协作。依照相关国际性准则，对离岸金融机构的信誉威胁、经济威胁、运作威胁等不同威胁进行整体性的管控，特别是关注流通性需要。可参考其他国家的司法实践以及处理矛盾制度的经验，依照其他国家的常用做法，建立能够使用的相应标准。

三、人民币国际化实施中入篮 SDR 的法律问题

人民币于 2016 年 10 月正式加入国际货币基金组织（IMF）的特别提款权，

成为 SDR 一篮子货币中的第三大货币。虽然人民币加入 SDR 篮子有助于提高人民币的国际地位，但是，由于 IMF 对 SDR 及篮子货币具有相应的制度和要求，因此，人民币入篮会对中国的资本项目管理制度、汇率制度以及利率制度提出挑战和法制变革的要求。

（一）人民币入篮需要中国资本项目管理制度进行变革

人民币入篮首先意味着中国须承担将其他成员国持有的 SDR 兑换为人民币的义务。SDR 与人民币之间的兑换是 IMF 成员国之间 发生的以 SDR 这种特殊国际储备兑换人民币的交易，本身就属于资本项目。其他成员国一旦将 SDR 兑换成人民币，就面临如何持有人民币资产的问题，因而顺理成章地要求中国开放金融市场，并在需要时进行进一步的交易和兑换。

（二）中国在人民币入篮后应该如何开放资本项目

首先，在数量上，除了确有必要保留管制的有限项目之外，其他的资本项目管制应一概取消。其次，在确有必要保留管制的项目的选择上，应根据保留管制的必要性与可行性作出判断。最后，在推行资本项目开放的方式上，中国的资本项目开放须在法治轨道上推进，唯其如此，才能获得强有力的法制保障，才能够满足 SDR 业务交易和人民币国际化的需要。

（三）人民币入篮与中国汇率制度变革

首先，人民币“一币双价”与《IMF 协定》等值原则的冲突。SDR 货币篮子中的其他货币只有一种汇率，但人民币却有两种汇率，即在岸汇率（CNY）与离岸汇率（CNH）。《IMF 协定》第 19 条第 7 节规定，SDR 参与国之间进行交易所采用汇率，应达到这样一个要求：使用 SDR 的参与国，不论兑换任何货币，也不论向哪个参与国兑换，应能取得同等价值（same value）。此即等值原则。SDR 的 IMF 成员国在在岸市场与离岸市场以两种不同汇率获得的人民币并不等值，《IMF 协定》第 22 条规定，各参与国应保证与 IMF 以及其他参与国合作，以促使 SDR 之有效实施。据此，中国在人民币入篮之后，在 SDR 的业务和交易中承担了与 IMF 和其他成员国合作，进行汇率制度改革，以使等值原则得到有效执行的义务。

那么，中国汇率制度该如何改革？改变人民币参考其他货币定值的做法，实行浮动汇率制，使人民币能够独立地发挥价值尺度职能，在官方领域作为他国货币汇率定值的标准。中国不再对外汇市场和汇率进行制度化的干预。自由浮动汇率制既然将汇率交给了市场，就不再需要央行对汇率实行制度化的干预，立法只保留在特殊情况下进行临时短期干预的备而待用的权力。

（四）人民币入篮 SDR 与中国利率制度变革

中国如何改革国债利率定价制度。首先应当改变国债定价参照银行存款利率的思维和做法，将收益与风险对等、市场化确立为国债利率定价的原则，改变国债利率与银行利率在利率水平和功能上倒挂的格局。其次，改革后的国债利率制度应废除储蓄式国债人为确定利率的做法，增加国债拍卖制度，形成市场化的国债利率，以更好地满足人民币入篮后开展 SDR 业务交易和推行人民币国际化的需要。再次，将国债交易的交易所市场与银行间市场合二为一，形成有代表性的利率。虽然 IMF 选定银行间市场 3 个月国债收益率作为人民币代表性利率，但两个市场的两种不同利率并存仍是影响利率代表性的一大症结，需要从市场结构上加以解决。最后，国债利率定价的改革，需要在法治的轨道上推进。中国过去和当下对于国债定价，无论是法律、法规，还是规章，都缺乏应有的规定。

四、人民币国际化实施后被他国汇率倾销的风险问题

“两战”之间汇率反倾销制度的考证对中国的启示，主要体现在对人民币国际化战略的启示。人民币国际化是人民币在国际社会充分发挥价值尺度、交换媒介和储藏价值的货币功能而被广泛用作贸易计价及结算货币、投资货币和储备货币的过程和现象。[①]人民币国际化存在一个实现的过程，而货币非国际化的其他国家（以下简称他国）借人民币国际化对中国采取不当货币及贸易行为，通常发生在人民币国际化完成之后，因为相关经济体只有手中拥有人民币外汇储备，才能够干预其外汇市场，影响其本币对人民币的汇率（这时人民币通常是对方货币的盯住货币），制造汇率操纵和偏差，进而将此转化为不当的贸易利益。他国拥有人民币作为外汇储备和人民币成为被盯住货币，标志着人民币已充分

① 参见韩龙：《资本项目制度改革流行模式不适合人民币国际化》，《法商研究》2018 年第 1 期。

国际化。那么，人民币国际化后他国为何能够对人民币采取不当货币及贸易行为？这些国家针对人民币可能会采取哪些不当货币及贸易行为？现有的国际法律制度能否对中国遭受的此等不当货币及贸易行为之害提供有效的法律救济？若答案是否定的，中国针对他国不当货币及贸易行为可采取什么法律对策？这些问题都是事关人民币国际化后中国经贸权益维护而不得不面对的重大问题。而如后文所述，应对人民币国际化后他国借人民币国际化对中国采取的不当货币及贸易行为，需要进行国际和/或国内法制的改革和构建。在人类远离应对借汇率从事不当货币及贸易行为的规则数十年之后，如何改革和构建相关的国际和/或国内法制呢？"两战"之间盛行的汇率反倾销制度虽有不少的糟粕，但却为我们提供了在扬弃基础上进行借鉴的素材和底板。

（一）其他可能面临的法律问题

其他可能面临的法律问题也很多，典型的有：

第一，西方对中国汇率指控问题研究，指责中国政府涉嫌操纵汇率，学界也非常关注。

问题涉及如汇率问题的管辖权是属于 IMF 还是 WTO？WTO 不具有管辖权，仅属于 IMF 管辖？WTO 有没有管辖权具有模糊性，但 IMF 对其有实质管辖权？WTO 在一定条件下对人民币汇率争议有管辖权？这类问题都需要作出正面回答。

自从 2002 年以来，人民币汇率问题成为国际社会所关注的焦点问题，以美国为首的西方国家指责中国的人民币汇率制度违背国际法相关制度并希望人民币迅速升值。从法律的层面来看，西方国家对人民币汇率制度的指责主要集中在两个方面：一是指责中国政府涉嫌操纵汇率；二是国际贸易法上的指控。

对于指控操纵汇率问题，主要是以美国为首，美国对中国人民币汇率的指控大致有以下几个阶段：1992 年到 1994 年间，美国曾 5 次将中国认定为"汇率操纵国"。此后尽管一直未付诸实际行动，但美国借以敲打他国的威胁声音始终未断。2001 年中国加入 WTO 后，对美贸易顺差持续攀升。2003 年开始，美国再次拿出"汇率操纵国"概念指摘中国。尤其在 2008 年金融危机后，美国对华贸易逆差逐渐拉大，重提这一概念的调门也越来越高。

美国认定"汇率操纵国"的量化标准有三个：一是某个国家对美贸易盈余超过 200 亿美元；二是该国经常性项目盈余占 GDP 的比例超过 3%；三是该国通过

买入外汇促使本国货币贬值的买入量超过其 GDP 的 2%。当一个国家同时满足这三项标准时，美国就会将其认定为“汇率操纵国”。现在，中国仅满足美国所谓的第一项标准。另一方面担忧中国进行报复，互相伤害。特朗普之所以一直恐吓要求将中国列为“汇率操纵国”，让人民币升值，一方面是美国国内经济形势也不好，要薅中国羊毛，第二个是他们有学者针对中国提出了新的汇率操纵定义标准，认为中国符合其国内法汇率操纵。但目前来说是没把中国列为“汇率操纵国”。

除国际金融法层面的指控外，还有国际贸易法层面的指控。以美国为代表的西方国家经常对人民币汇率制度进行指控，它们指出，人民币汇率的低估实际上构成了对中国的出口产品的补贴以及对出口产品的倾销。

对于是否违反补贴，主要从三个方面论证：首先，财政资助。补贴与反补贴措施（SCM）协议并没有对财政资助的含义进行十分明确的界定，只是采取了列举式的方式进行规定，主要应该满足四个条件：（1）涉及由政府进行的资金直接提供、潜在资金或债务的直接转移；（中国出口商将出口获得的美元按低估的汇率兑换为人民币，低估的汇率使进口商为此支付了更多的人民币，如同对进口的征税和对出口的补贴）；（2）政府放弃或者未征收在其他情况下应征收的税收；（3）政府提供的（购买）货物或服务属于非一般性基础设施；（4）政府向筹资机构付款或指示、委托私营机构履行前三个应属于政府的职能

第二，“汇率低估/汇率偏差”不构成资金的提供或转移。

衡量提供或转移资金的 WTO 判例中的传统方法是将其归于财政预算支出或财税减让。首先，各国从未将“汇率低估（偏差）”作为财政支出项目列支，财政收入或支出的形式也从未包含“汇率变化”，《SCM 协定》规定财政资助方式的第 1 条第 1 款也未提及货币币值低估或汇率低估。中国政府通过中央银行公布当日基准汇率，外汇银行参照国际外汇市、在当日基准汇率的指定浮动区间内、公布当日人民币挂牌汇率，这整个过程中不存在任何财政预算支出。其次，即便存在“汇率低估（偏差）”，也非针对特定企业，故不构成目标明确的财税减让。《SCM 协定》第 1 条将“汇率低估/汇率偏差”包含在其所列举的补贴措施中，人民币汇率低估/汇率偏差并不满足“资金直接或间接提供或转移”的条件。

不构成一般基础设施外的政府提供的服务。即便存在“汇率低估/汇率偏差”，也不构成政府提供的除一般基础设施之外的服务，首先，无论是发达国家

还是发展中国家都存在着对汇率和外汇市场的干预和管理，这是现阶段国际汇率体系下政府正常发挥其职能的一种表现。中国外汇市场是由中国政府建立、管理和维护的外汇交易平台和场所，属一般性基础设施，无论是央行发布人民币牌价还是实行结汇制度都是政府履行正常地对汇率进行管理的手段，而不提供基础设施以外服务。其次，中央银行进行对冲或其他市场操作也属正常的宏观货币政策调控，而不应被视为为其出口商提供财政资助。

不构成委托或指示商业银行履行政府职能。如前第 1、2 两项中论证的那样，人民币汇率既不构成政府直接或间接提供或转移资金，也非提供一般基础设施外的服务，因而也就不构成政府委托、指示商业银行履行政府职能。因此，中国的人民币汇率制度并没有构成对出口企业的财政资助。

关于利益授予。“利益授予”的衡量基准《SCM 协定》对“接受者”（recipient）是否通过补贴获利以及所获利益的多少，规定了指导原则，主要是以“市场”（marketplace）为基准来考察政府的商品或服务的提供或者购买，从而确定接受者是否处于比没有接受资助时更有利的地位。以“出口信贷”为例，若政府或任何公共机构与金融市场中的机构向企业提供贷款的条件相同，则不构成利益的授予。利益的衡量对于存在自由市场或该市场被认可时比较易行，反之当不存在自由市场或难以确定时，对利益的比较衡量就会比较麻烦，“美国—软木”案（US—Softwood Lumber）中的上诉机构指出，采用提供国之外的市场价格作为基准的条件是私营价格受政府主导的影响而产生了扭曲。

衡量人民币币值的基准只能是人民币现行汇率。比较人民币在自由市场中的价值和人民币汇率之间的差别是判断中国出口商是否通过人民币汇率而获得了利益。西方国家认为中国并不存在真正意义上的外汇交易市场，因为人民币汇率中间价是由外汇交易中心根据中国人民银行的授权确定并发布的，并试图以推断的人民币汇率来作为中国产品出口补贴的衡量基准。美国众议院 H.R. 2378《汇率改革促进贸易公平法案》就试图将“实际有效汇率”作为比较的基准对人民币的真实币值进行计算。

“美国—软木”案的上诉机构允许采用被控补贴国之外的市场作为基准，主要是因为被控国的价格存在扭曲，无法计算出财政资助所授予的利益。而人民币汇率是由市场供求关系决定的而不是中国政府，2006 年 1 月 4 日起，银行间即期外汇市场中询价交易方式（即“OTC 方式”）的引入使人民币汇率市场形成机制更为完善合理，人民币汇率更具市场价值。境外存在一个与被控补贴国现有市场的关联价格是上诉机构允许该案采用被诉补贴国之外的市场作为基准的先决条件。现有外汇市场及其汇率以外，中国并无其他独立的美元兑人民币的私营市场及其汇率，否则将构成国际汇率体系禁止的复汇率，因而，衡量人民币币值并没有境外价格作为参照系，无法进行直观的比较。

美国认为中国政府进行财政资助的行为已经在事实上授予了中国出口企业的利益，使得他们获得很多额外回报，具体则表现为企业利润增加、成本和费用的减少，使得中国产品比美国产品低很多，授予了中国出口企业“利益”。在WTO专家组看来，“利益”主要代表着交易之外的额外的好处，要确定是不是给予中国出口企业利益，要看这种好处是不是通过市场获得，要是获得的话就不存在所谓的利益。中国出口商是否通过人民币汇率而获得利益，主要比较人民币在自由市场中的价值和人民币汇率之间的差别，西方国家认为人民币汇率中间价是由外汇交易中心根据中国人民银行的授权确定并公布，存在政府操控。但是人民币汇率是由市场供求关系决定的，而不是中国政府可操控的，不存在对中国出口商授予“利益”。另外，美国及有关国家用自己市场的成本价格与中国相比来推定“利益”的存在是不具有说服力的。因为在两个市场中，除去汇率制度不同的因素，造成产品价格差异的因素还有很多种，尤其是劳动成本因素。中国的劳动力成本低廉是不可忽视的因素。综上所述，中国的人民币汇率制度不构成对中国出口企业授予利益。

关于专向性：《SCM 协定》第 2 条第 1 款对“专向性”进行了定义——政府的财政资助对某一企（产）业、指定地区的特定企（产）业而给予财政资助和授予利益。其中（a）、（b）项规定了法律上的专向性，（c）项规定了事实上的专向性，第 2 条第 2 款规定了地理上的专向性。

美国指责人民币汇率属于事实上的专向性，构成事实上的出口补贴。在WTO争端解决实践中，判断一项补贴是否具有事实上的专向性主要取决于出口实绩，上诉机构在审理加拿大“影响民用飞机出口措施”案时指出：“必须从总体上把握授予补贴的事实来判断补贴和出口实绩之间是否存在条件，某一特定案件中的单个事实并不具有决定性。”因而，并不能从仅有“出口企业取得外汇后按市场汇率兑换为人民币”的事实中就直接得出“补贴事实上取决于出口实绩”的论断。乌拉圭回合谈判对《SCM 协定》的第 3 条注释中也明确规定，不得视“补贴给与出口企业的事实”为本规定含义之内的“出口补贴”的原因。

人民币汇率制度即使符合前两个条件，即构成财政资助并授予中国的出口企业利益，但也不能构成出口补贴，因为缺少专向性这一必备条件。SCM 第 2 条第 1 款对补贴的专项性进行规定，是补贴针对的是某些企业，其中包括规定的专项性与事实上的专项性。明确地规定了专项性是具体针对特定的某些企业的，而不是针对全部企业。事实上的专向性主要是考虑到其他因素而对企业进行补贴。而以美国为首的西方国家指责中国的人民币汇率政策属于事实上的专项性。在 WTO 争端解决实例中，出口实绩是判断一项补贴是否具有专项性的重要依据。上诉机构在审理加拿大“影响民用飞机出口措施”案时指出，某一特定案件的单个事实不能准确地判断补贴和出口实绩之间有联系，必须要从整体上进行把握。所以，不能够光是通过出口企业取得外汇后把它们兑换成人民币这个单个事实就判断补贴的事实取决于出口实绩，这样看来未免有些太武断。在 SCM 第 3 条“禁止”的注释中也规定，仅认定补贴给予了出口企业，并不能构成该协定所要规范的出口补贴。此看来，人民币汇率制度并不构成补贴的专项性，进而并不构成出口补贴。

关于是否倾销。汇率倾销是指政府通过低估汇率的方式来取得出口商品竞争优势的行为。举个例子来说，人民币兑美元，由一比八变到一比二十，那么中国货物出口的美元价格就大为降低，在国际市场上形成巨大的优势，如果说这个汇率变化由八到二十，是市场因素导致的，那就不叫倾销，如果这个汇率变化是中国央行通过汇率操纵导致的，那就叫作汇率倾销。但是汇率倾销并没有纳入 WTO 及前身 GATT 的规范中。《反倾销协议》规定，当成员国出口到另一成员国的出口价格低于正常价格时，就能确认为倾销。协议对与如何确定出口价格和正常价格都进行了规定，这是很有必要的，只有这样才能对二者进行“公平比较”。《反倾销协定》第 2 条第 4 款规定，对出口价格和正常价格之间应该进行公平比较。在美国“关于计算倾销幅度的法律、法规和方法”一案中，上诉机构明确指出，《反倾销协定》第 2 条第 4 款所称的销售条件和条款、税收、贸易水平、数量、物理特征等因素都是典型的影响价格可比性的差异。通过分析上诉机构的观点，我们可以推论出如果汇率因素也包含这上述这些条件当中，也会影响价格可比性，进行推出符合倾销的条件。通过比较，可以得知汇率水平和贸易水平、数量、物理特征、税收等都没有包含于被包含的关系。但对人民币汇率的低估是否属于“其他能够证明影响价格可比性的差异”呢？在“美国不锈钢案”（DS179）中，专家组为了调整交易中可以预见而考虑到影响价格可比性差异。因此，出口企业不加以考虑的或者不合理的预计的差异，就不会构成上述的影响价格可比性的差异。在交易过程中，出口企业可预见汇率，并且影响价格可比性的差异和人民币汇率被低估的幅度都是不明确的，出口企业不会考虑复杂的人民币汇率问题，所以，从这个角度来看，并不违反协定中的有关规定。

对于汇率问题的管辖权是属于 IMF 还是 WTO 的问题，IMF 作为协调各国实行货币主权的国际组织，其宗旨和主要职能就是建立并维持稳定的国际汇率制度，并在防止国际金融危机和促进国际经济贸易的发展发挥着极其重要的作用。其中，IMF 协定中的第 1 条第 1 款就规定设立基金组织的目的，即促进各会员国在国际货币问题上进行更好地商讨与合作。另外，第 1 条第 3 款明确规定了基金的宗旨，即促进汇价的稳定，维持会员国稳定的汇率安排，并且避免外汇贬值。协定第 4 条“关于外汇安排的义务”明确了 IMF 的职能化及各个成员国的权利和义务。由此，人民币汇率争议属于汇率问题，毋庸置疑地归 IMF 管辖，是 IMF 所重点关注的核心问题。

对于 WTO 是否有管辖权，目前有不同的观点：WTO 不具有管辖权，仅属于 IMF 管辖。IMF 与 WTO 长期内渐渐形成自己的领域，这两大国际经济组织共同对世界的贸易和金融发挥影响，但是它们之间的分工界限是建立在政府措施的技术基础上的；而西方有关国家在对人民币汇率争议问题的指控中，并没有具体区分汇率安排和外汇措施，而是将它们二者混为一谈。而人民币汇率争议问题属于汇率安排问题，不属于外汇措施问题。西方国家对中国人民币汇率的指责主要停留在汇率安排上，然而汇率安排是 IMF 框架下的核心问题，因此，人民币汇率问题当然属于 IMF 管辖。其他意见如 WTO 有没有管辖权具有模糊性，但 IMF 对其有实质管辖权；WTO 对人民币汇率问题的管辖是比较模糊的，主要依据是 GATT 第 15 条第 2 款的规定，即 WTO 在有关货币储备、国际收支或外汇安排等相关问题应该与 IMF 进行充分的协商，会员国对 IMF 对上述问题的调查意见应该予以尊重。还有的认为 WTO 在一定条件下对人民币汇率争议有管辖权。我们比较倾向于第三种观点，在一定条件下有管辖权。GATT 第 15 条第 2 款，在缔约方全体被提请审议或处理有关货币储备、国际收支平衡或外汇安排的所有情况下，应当与 IMF 进行充分磋商。因此，虽然 IMF 对人民币汇率争议具有绝对的管辖权，但是并没有排除 WTO 争端解决机构对涉及对货币、外汇问题有关贸易争议的管辖权，只不过在程序上，WTO 在受理相关争议上对特定的货币、外汇问题应该与 IMF 进行磋商。如果一些国家想把人民币汇率争议的问题提交到 WTO 争端解决机制，则以人民币形成机制产生的贸易后果为由进行申诉，而不是违反 IMF 协定下的相关法律为标准。因此，WTO 争端解决机构在处理“与贸易有关的外汇措施”上可行使管辖权。其行使管辖权的落脚点在于这种争议不仅仅是汇率问题，而是与贸易有关的汇率问题。

五、以“一带一路”建设为例看人民币国际化的实施

人民币国际化的长期目标不可逆转，“一带一路”建设的实施，为人民币国际化推进提供了有利的条件，也提出了新的要求。有统计数据显示，中国已先后与 30 多个国家和地区签署了本币互换协议，其中有 22 个是“一带一路”沿线国家。在 23 个与中国实现货币直接交易的国家当中，有 8 个是“一带一路”沿线国家。在中国大力发展的人民币跨境支付系统中，众多的“一带一路”沿线国家金融机构均参与其中。此外，在内地及香港地区推行的“债券通”等金融工具，对推动沿线国家更多地使用人民币将起到积极作用。人民币的国际化，有望率先在沿线国家实现。

（一）“一带一路”建设为人民币国际化提供机遇

随着中国金融以及利率市场化改革的不断深入、汇率制度的不断完善，人民币会利用“一带一路”倡议在世界经济大环境中得到更多的成长机会，在大体量商品买卖、基础性设施建设等方面会有更多的发展机遇。“一带一路”倡议的推进会促进资金协作的不间断深化，更进一步地拓宽周边国家和市场间的人民币买卖结算等业务。这对人民币更好地走向世界，变革世界货币体系、探索新的成长途径也非常关键。

处于“一带一路”沿线国家的华人、华侨，他们对人民币有庞大需求。较保险、能兑换和较稳定这三个原因，让他们愿持有人民币。具体来说，在较保险方面，在不少“一带一路”沿线国家中，华人、华侨在该国经济上影响大，甚至占有主导地位，但在政治上的地位相对较低，如果他们的资产都是所在国货币，从安全方面考虑并非最佳选择，而增加海外资产配置（如人民币资产），则是对个人财产保障较保险的做法。如果可以善用海外数亿华人、华侨的力量，可增强人民币在国际上的影响力和地位。

在能兑换方面，在香港地区这个全球最大的人民币离岸市场，以及在众多

“一带一路”沿线国家，要兑换人民币，或将人民币兑换成其他货币，无论是官方还是民间的金融机构，手续并不复杂，这为华人、华侨货币兑换带来极大便利性。

最后，在较稳定方面，不少“一带一路”沿线国家货币汇率波幅较大，部分更严重贬值，相比之下，人民币汇率贬值幅度较小，相对稳定，这也是吸引沿线国家华人、华侨增持人民币的原因。既然华人、华侨对人民币有实质需求，那么就要擅用这一力量，从而推进人民币的国际化，这需要各相关部委通力合作，出台相关措施。此外，和海外华人、华侨联系非常紧密的高校、学术机构，也可考虑进行相关课题研究，以提供学术支持。相信只要措施得当，10 年左右，人民币占全球外汇储备有望从目前的 1.1% 大幅攀升到 5% 至 10%，中国在世界货币体系的崛起将得以推动。①

（二）“一带一路”建设为人民币国际化搭建平台

从其他国家货币国际化的进程来看，利用决策以及战略促进对其他国家的投资，对提高本国货币国际化有非常大的好处。中国提出的“一带一路”倡议也会给人民币国际化创造更好的机会。

1. 给人民币流转营造了环境

2015 年 3 月，国家发展改革委等多部门发布了《推动共建丝绸之路经济带和 21 世纪海上丝绸之路的愿景与行动》（以下简称《愿景与行动》），这代表着“一带一路”迈进了整体性的推动时期。在买卖无阻碍层面提出主动和周边国家以及区域组建自由贸易区；在对其他国家的投资层面，指出需进一步提升中国投资的便利，清除相关阻碍，开拓互相投资的局面，这给人民币流向其他国家营造了较好的环境。“一带一路”倡议的实施非常好地促进了中国和其他国家的买卖以及投资，也为人民币在其他国家的使用营造了良好的经济环境。

2. 给人民币国际化创造投融资环境

“一带一路”建设不仅能够为中国与沿路国家的商品流转和资本协作打造较好的基础性环境，同时也使得人民币国际化的进程进一步提升。人民币国际化是一个长时间的进程，需要多种手段的协作推动，不可以单单依赖和其他国家的结算等形式。“一带一路”倡议可以利用营造较好的投融资条件，促进人民币

---

① 梁海明：《中国崛起的三个条件之三：人民币国际化与一带一路》，“凤凰大参考”公众号，2017 年 10 月。

对其他国家非间接性的投资以及人民币跨区域使用的机会，提升人民币本身的相应水准，促进人民币国际化进程不断提速。人民币国际化还需有对应的改革来加以协助，特别是资本账户开放层面的改革。

3. 给人民币国际化营造较好的世界条件

经济危机破除了发达国家享受、发展中国家劳作的方式。世界市场结构的变动使东方生产面临更多的威胁。“一带一路”倡议可以推动世界范围内重新分配、分工协作的方式，助推中国优势的行业向“一带一路”周边国家转移，营造新的经济模式以及新的增长方式，给人民币国际化营造较好的世界分工条件。

4. 给人民币国际化营造较好的经济环境

亚投行是专门为亚洲组建的基础性设施投资类组织，该组织会对“一带一路”周边国家的基础性设施、行业协作以及经济协作等相应的工程给予资金扶持。中国是该组织的重要出资方，能够运用自身的优势促进该组织成为人民币国际化的关键媒介，激励使用人民币，加速人民币国际化进程，持续提高人民币在国际化进程中使用的体量以及影响力。

总之，“一带一路”建设与人民币国际化相互促进、相辅相成。“一带一路”倡议需完成政策交流、设施连接、贸易无阻碍、货币无阻碍、民众相联系等五个预期，说到底需增强周边所有国家的市场协作，不断组建跨越亚欧大陆、新型的区域合作新局面。人民币国际化能够促进周边所有国家间的资金流作新局面。人民币国际化能够促进周边所有国家间的资金流中国是周边其他地域最重要的交易伙伴，资金以及人民生活水平都处在前列。提升区域性使用人民币的比重，可以有效地预防区域性的经济威胁，提高区域内市场的总体实力以及协作成长，可以为周边的国家引入新型的风险管控制度，构建经济安全的避风港，为稳定区域市场以及推动经济的增长注入相应的力量。

第二章 人民币国际化实施中的基础设施与法制建设：以 CIPS 为例

人民币国际化实施中的一大代表性问题就是基础设施建设问题。本章以CIPS为例，对人民币跨境支付系统的设施以及法制建设展开分析。首先，通过将CIPS与大额实时支付系统（HVIPS）比较、与环球同业银行金融电信协会（SWIFT）比较，对CIPS的含义和性质加以认识；然后，对CIPS法制进行系统分析，阐述CIPS法制的内容、性质与价值取向，这为第三章洞悉CIPS法制的不足和寻求完善对策奠定了基础。

第一节　人民币国际化的实施应完善基础设施 CIPS

我们将选取与CIPS关系密切的两种系统，即HVPS与SWIFT，通过分析CIPS与HVPS的关联与区别以及CIPS与SWIFT的关系与异同，更好地厘清CIPS的含义与性质。我们选取HVPS来界定CIPS含义的原因在于CIPS与HVPS联系密切，CIPS在处理业务时必须与HVPS相互连通，同时，CIPS能够弥补HVPS在处理跨境业务时功能上的不足，由CIPS代替HVPS来处理人民币跨境支付业务是大势所趋。此外，我们选择SWIFT来明确CIPS含义的原因在于，SWIFT与CIPS联系紧密，CIPS在接收SWIFT为其提供的人民币跨境金融信息的同时，也无法规避信息传递过程中极易产生的附随效果的负面影响，比如SWIFT可能造成对全球同业银行金融信息的垄断。不同于CIPS能够同时处理支付业务与信息业务，SWIFT仅作为一种处理金融信息的通信设施。

一、CIPS的含义与性质

（一）CIPS的含义

人民币跨境支付系统（CIPS），是一种提供资金支付与结算服务的系统，支持的业务包括人民币跨境贸易结算、跨境资本项目结算、跨境金融机构与个人汇款支付结算等。[①]参与 CIPS 运行与管理的主体主要是 CIPS 运营机构、直接参与者与间接参与者。CIPS 运营机构作为 CIPS 日常运行的管理机构，其主要职责是为直接参与者与间接参与者确立 CIPS 行号并管理参与者的准入与退出。CIPS 直接参与者在 CIPS 中开立账户并能够直接获得 CIPS 提供的服务，如发送与接收金融信息。CIPS 间接参与者需要委托直接参与者通过 CIPS 来办理人民币跨境支付等业务。除此之外，与 CIPS 有关的机构还包括 CIPS 监管机构以及 CIPS 法律文件的制定机构。表 1-1 清晰地展示了与 CIPS 相关的五类机构。

表 1-1 与 CIPS 有关的机构[②]

与 CIPS 有关的机构				
CIPS 运营机构	CIPS 监管机构	CIPS 法律文件的制定机构	CIPS 直接参与者	CIPS 间接参与者
跨境银行间支付清算（上海）有限责任公司	中国人民银行、跨境银行间支付清算（上海）有限责任公司、支付清算协会	中国人民银行、跨境银行间支付清算（上海）有限责任公司	中华人民共和国境内依法设立的银行业金融机构和金融市场基础设施运营机构。 首批参与者共有 19 家，如工商银行、农业银行、中国银行、建设银行、交通银行、华夏银行、民生银行、招商银行、兴业银行、平安银行、浦发银行等。	境内或境外依法设立的银行业金融机构。 例如，招商银行股份有限公司新加坡分行、英商渣打银行股份有限公司台北分行、台湾土地银行、台北富邦商业银行股份有限公司、俄罗斯环球商业银行等。

CIPS 运营机构确定金融机构的参与者身份，有助于理顺 CIPS 清算流程，并推动 CIPS 高效且有序运行。CIPS 清算流程涉及 CIPS 运营机构、直接参与者与间接参与者三方。图 1-1 解释了 CIPS 的清算流程，X、Y 银行作为接受跨境人民币清算服务的 CIPS 间接参与者，分别委托 A、B 银行在 CIPS 中进行业务处理。A、B 银行作为 X、Y 银行的代理行，以直接参与者的身份直接接入 CIPS，并完成 X、Y 银行账户的清算。除此之外，CIPS 与 SWIFT 直接相连并接受 SWIFT 传入的金融信息，并且 CIPS 在处理人民币支付与清算业务时需要获取

① 人民币跨境支付系统的定义参见《人民币跨境支付系统参与者服务协议》。
② 与 CIPS 直接参与者与间接参与者相关的数据与银行类型，来源于跨境银行间支付清算（上海）有限责任公司官网。

HVPS 输出的金融服务与信息，来完成相应的资金流转。

在上述清算流程中，X 银行与 A 银行间以及 Y 银行与 B 银行间分别是委托代理关系，同时，A 银行与 CIPS 运营机构间以及 B 银行与 CIPS 运营机构间分别是基于《人民币跨境支付系统参与者服务协议》所形成的劳务关系。

（二）CIPS 的性质

从本质上看，CIPS 属于金融市场基础设施。金融市场基础设施（Financial Market Infrastructures，以下简称“FMIs”）是指参与机构（包括系统运营机构）用于清算、结算，或记录有关支付、证券、衍生品或其他金融交易的多边系统。金融市场基础设施通常包括为所有参与者、技术设施以及风险管理框架设置的一套通用规则与程序，并为参与者间的交易提供集中清算、结算以及相关记录，以提高效率并降低成本与风险。[①]金融市场基础设施在金融市场中发挥着基础性作用，旨在维护支付与结算账户并保障金融资产安全且高效地移转。尽管金融市场基础设施在不同国家有不同的具体组织形式，但一般包含以下五种职能与支撑机构，其基本内容为：其一，支付系统提供资金转账服务。其二，中央证券存管提供证券集中登记、托管、赎回等服务。其三，中央对手方介入交易，成为卖方的买方和买方的卖方，以降低交易双方的信用风险。中央对手方的设置是防范金融市场系统性风险的重要手段。其四，证券结算系统提供证券过户和结算服务。其五，为增强市场透明度，交易数据库集中收集、保存并向监管机构和公众披露各类交易数据。[②]

作为金融市场基础设施的重要支撑机构之一，支付系统的运行主要是基于参与者与系统运营机构之间的协议以及相关的操作安排。支付系统是有关系统参与者之间资金移转的金融平台、程序与规则的统一体，包含参与者与运营机构的操作安排。[③]CIPS 作为一种重要的支付系统，是与人民币跨境支付相关的资金流动设施、程序与规则的统一体，以 CIPS 法制的三部核心法律文件确定的制度与相关配套机制为法律依据，专门处理人民币跨境支付与结算业务，应属于金融市场基础设施的重要组成部分，具有金融市场基础设施所独有的性质。

---

① BIS，“Principles for financial market infrastructures”，p.7.https：//www.bis.org/cpmi/publ/d101a.pdf，2012-04.

② 参见周永林，《区块链与金融市场基础设施》，《金融市场研究》2016 年第 6 期。

③ BIS，“Principles for financial market infrastructures”，p.8. https：//www.bis.org/cpmi/publ/d101a.pdf，2012-04.

二、CIPS 与 HVPS 的关系

HVPS 是指大额实时支付系统，采用逐笔发送、实时结算的清算方式，对其系统内的清算账户无金额限制，HVPS 具有灵活的接入方式、清算方式以及较完善的流动性与风险管理功能。HVPS 主要面向中国国内金融市场，处理的范围主要包括国内的贷记支付业务、即时转账业务、中国人民银行营业部门发起涉及清算账户的业务、城市商业银行汇票资金移存和兑付业务以及其他资金清算业务。HVPS 作为人民币支付与结算领域资历最老的金融支付系统，它的出现标志着电子联行时代的结束。自 2002 年投产试运行到 2015 年 4 月在全国范围内推广，HVPS 历时 13 年最终完成了在金融市场正式运行并提供金融支付与结算服务的任务。①

就设立初衷而言，HVPS 旨在为中国国内金融市场提供货币支付与结算服务，而 CIPS 则专为人民币的跨境业务提供金融服务。尽管 CIPS 在处理人民币跨境业务时需要与 HVPS 互联互通，但获取人民币跨境信息以及处理跨境金融业务需要由 CIPS 完成。由 CIPS 代替 HVPS 来处理人民币跨境业务顺应中国金融发展的趋势。与此同时，CIPS 在运行时与 HVPS 存在以下两种关系。

（一）CIPS 与 HVPS 相互连通

CIPS 经中国人民银行批准后可在 HVPS 中开立清算账户。CIPS 在 HVPS 中开立的账户代表着 CIPS 所有直接参与者的共同权益，HVPS 账户内的资金属于所有 CIPS 直接参与者。CIPS 运营机构在直接参与者加入 CIPS 时同步为其开立 CIPS 账户，该账户不计息且不透支，并且直接参与者的账户余额于日终自动划回到 HVPS 账户且日终账户余额为零。这种账户设置规则也是 CIPS 的核心规则之一，它包含两层含义：其一，直接参与者在 CIPS 中开立的账户余额于日终清零，账户资金从 CIPS 账户自动划回到 CIPS 在 HVPS 中开立的清算账户；其二，CIPS 以特殊参与者身份在 HVPS 中开立清算账户的余额于日终清零。②此外，CIPS 直接参与者可利用注资、调增和调减的方式从 HVPS 账户中获得资金流

① 参见《“央行清算”大额支付系统》，《武汉金融》2017 年第 6 期。
② 参见天空蓝：《跨境支付助力人民币国际化》，《中国金融》2015 年第 11 期。

动性。①

（二）CIPS 在功能上独立于 HVPS

尽管 CIPS 在运行与处理资金流动业务时与 HVPS 互联互通，但是在功能上独立于 HVPS。CIPS 是完全独立于其他清算系统的人民币跨境支付与结算系统，专门用于处理跨境人民币支付业务。CIPS 参与者的所有支付业务与信息类业务均只由 CIPS 进行处理。立法者根据 CIPS 运行情况为其制定了有针对性的运行时序和报文处理规则，使 CIPS 区别于 HVPS。以 CIPS 为核心的清算体系独立于以 HVPS 为核心的中国现代化支付体系，使 CIPS 能够避免受到境内清算系统的影响。这有利于集中清算，提高效率，分散风险。

三、CIPS 与 SWIFT 的关系

SWIFT 是指环球同业银行金融电信协会，运行着全球金融电文网络。银行或其他金融机构可以通过 SWIFT 与同业交换电文以完成金融交易。SWIFT 函电所传递的信息采用标准化格式。统一的格式有利于识别与传送金融信息，自动处理金融交易并减少语言障碍。②SWIFT 的信息不对外公开，且 SWIFT 依据获取信息的不同紧急程度，收取不同的费用。中国银行作为中国的外汇专业银行，于 1983 年率先加入 SWIFT，成为其成员行。CIPS 与 SWIFT 系统均提供金融信息传递服务，然而不同于 CIPS 同时提供支付业务与信息业务两种服务，SWIFT 是一个纯粹处理信息的通信设施，而非一种结算设施。

CIPS 与 SWIFT 是一种互联互通的关系。CIPS 采用国际通用的报文设计与代码编码标准，有助于 SWIFT 更加顺畅地完成人民币跨境支付与结算信息的输送任务。SWIFT 会涉及 CIPS 信息传递的各个环节，即 SWIFT 的运行会影响 CIPS 与直接参与者之间的信息交换以及间接参与者与 CIPS 之间的信息交换（间接参与者通过委托直接参与者完成与 CIPS 之间的信息交换）。新上线的 CIPS 已革除原来 HVPS 与 SWIFT 报文转换的弊病，充分考虑现行通用的 SWIFT MT 报文转换标准与要求，由此实现了 CIPS 与 SWIFT 自动转换报文与金融信息的目

① 关于注资、调增与调减的名词解释见《人民币跨境支付系统业务规则》。
② 参见贺东、胡志清：《银行 SWIFT 函电特点分析》，《华中农业大学学报（社会科学版）》2006 年第 1 期。

标，完成了两种系统输入模式的兼容。

第二节　人民币国际化的实施应进行 CIPS 法制建设

建立规范 CIPS 业务行为与管理行为的配套法制，对保障 CIPS 高效运行与安全交易、维护资产流动安全以及提高资金移转速率均具有重要意义。当前虽然已经存在规范人民币境内支付行为的专门法律规范（如《大额支付系统业务处理办法》），然而由于 CIPS 法制的调整对象是国际支付关系，区别于人民币境内支付系统法律制度所调整的支付关系，故 CIPS 法制不能与国内支付系统的相关法制混用。我们分析 CIPS 法制的内容及性质，为 CIPS 法制的价值取向提供制度支持。

一、CIPS 法制的内容

CIPS 法制的内容以 CIPS 法律制度基础确立的制度与标准为基础，以 CIPS 法律文件确立的法律制度为核心，以金融消费者保护制度等配套制度为补充。具体来说，CIPS 法制的内容可以体现在以下三个方面。

（一）CIPS 法律制度基础确立的制度与标准

《人民币跨境支付系统业务操作指引》对“CIPS 法律制度基础”做出界定，即 CIPS 的法律制度基础包括但不限于《公司法》《电子签名法》《企业破产法》《中国人民银行法》《商业银行法》《中华人民共和国反洗钱法》《外资银行管理条例》《支付结算办法》《大额支付系统业务处理办法》。CIPS 法律制度基础确立的制度包括公司治理结构基本制度、公司投融资制度、电子认证服务市场准入制度、电子签名安全保障制度、企业破产制度、现代银行制度、反洗钱制度、支付结算制度等。

CIPS 法律制度基础还应涵盖《金融市场基础设施原则》。作为重要的国际惯例,《金融市场基础设施原则》是国际普遍接受并广泛使用的规则。这份国际文件确立了金融市场基础设施设立的24项原则与5项职责，为支付系统的建设提供了较为完善的监管标准，强调全面加强风险管理的要求，提高保证支付系统安全且高效运行的最低标准，是对支付系统风险管理经验的全面总结。《金融市场基础设施原则》确立的原则可适用于所有类型的金融市场基础设施。其中，除了专为中央证券存管、证券结算系统、中央对手以及交易数据库设计的原则以外，其他原则都可以适用于支付系统的构建与管理。《金融市场基础设施原则》主要从法律基础原则、风险管理原则、结算终局原则、净额结算规则、参与者违约规则与程序、准入与参与要求、分级参与安排、效率原则、通信程序与标准、信息披露以及监管职责的角度，为CIPS法制的建立与完善提供原则性的指导，有助于缩小乃至消弭原有国际标准之间的差异、弥补制度空白或修缮已有的相关制度。

（二）CIPS法律文件确立的法律制度

中国人民银行与CIPS运营机构制定的《人民币跨境支付系统业务规则》《人民币跨境支付系统参与者服务协议》《人民币跨境支付系统业务操作指引》，作为直接规范CIPS运行与管理行为的法律文件，其规定的内容是CIPS法制的核心。这三部法律文件规定了CIPS法制适用的主体范围，即CIPS运营机构、直接参与者与间接参与者，以及具体的制度规则，主要包括参与者管理机制、账户管理机制、业务处理机制、纠纷解决机制以及应急处置机制。

1.从CIPS参与者管理的角度看

CIPS法制规定CIPS参与者的具体权利与义务。CIPS运营机构与直接参与者具有平等且自愿订立参与者服务协议以及友好协商纠纷处理方式的权利，以明确协议双方的权利义务、赔偿责任并有效约束相关责任人。同时，双方具有声明并保证协议有效的义务、保证CIPS账户资金与账户数据安全的义务以及对相关业务资料及交易数据进行保密的义务。不仅如此，CIPS运营机构还有义务维护CIPS的平稳运行并完善风险防范措施，以保证直接参与者清算账户中的资金与数据安全，以及直接参与者应当搭建或更新符合CIPS相关规则要求的系统运行环境及配套通信设施，并接受CIPS运营机构为保障系统安全采取的管理措施与提出的要求。此外，直接参与者与间接参与者之间具有依据CIPS相关规则订立业务协议的权利以及有效履行业务协议的义务。CIPS法制还规定对CIPS参与者实行分级管理，为直接参与者与间接参与者申请进入或退出 CIPS 提供不同的标准。

2.从 CIPS 账户管理的角度看

CIPS 法制规定 CIPS 运营机构具有收取服务费用的权利以及为参与者开立账户、确立行号并提供账户信息的义务，参与者具有变更基础信息、查询账户信息的权利以及按照 CIPS 相关规则对账户进行注资、调增与调减以及支付服务费用的义务。

3.从 CIPS 结算机制与业务处理的角度看

CIPS 法制规定 CIPS 于日终自动将直接参与者的账户余额转至其在 HVPS 中开立的账户，CIPS 账户不能透支且日终余额为零，并且直接参与者有义务对两类账户的支付业务与资金调整信息进行核对以及在日间处理阶段及时向 CIPS 提交业务。除此之外，CIPS 法制还规定 CIPS 与 HVPS 的对账规则与试算平衡、CIPS 与直接参与者的对账规则；规定 CIPS 规则的制定者应参照 SWIFT 银行识别代码来编制规则并设置业务排队处理机制；规定 CIPS 采用混合结算模式来处理支付业务并进行清零操作。

4.从 CIPS 应急处置机制的角度看

CIPS 法制规定 CIPS 运营机构和直接参与者在面对突发事件时应各自建立突发事件应急处置领导小组并制定应急预案，分别对一般突发事件与严重突发事件制定相应的处理方法，以及建立联络人机制和健全的 CIPS 交易与金融信息备份系统。

5.从 CIPS 纠纷解决机制的角度看

立法者在《人民币跨境支付系统参与者服务协议》第 18 条规定了 CIPS 的争议解决方式，即协议中的甲乙双方可以通过协商、仲裁或起诉的方式解决有关金融纠纷。该条文还规定仲裁可提交中国国际经济贸易仲裁委员会上海分会，并依照中国国际经济贸易仲裁委员会现行有效的仲裁规则进行仲裁。立法者在 CIPS 法制中设置纠纷解决方式有助于促进协议各方行使权利并履行义务，落实 CIPS 法律规定，并促进 CIPS 业务的有序开展。

（三）金融消费者保护制度等相关配套制度

除了专门规范 CIPS 运行与管理行为的法律规则，CIPS 法制还涵盖相关配套制度，包括但不限于金融消费者保护制度、会计制度与定价机制。CIPS 法制应将金融消费者保护制度作为配套制度的原因在于，目前 CIPS 法制仅调整 CIPS 运营机构、直接参与者与间接参与者的权利与义务关系，尚未规定 CIPS 中其他主体（如金融消费者）的权利、义务及权益保护方式。CIPS 中的金融消费者作为人民币跨境业务的重要参加者，理应得到 CIPS 法制有针对性的保护。一方面，CIPS 法制应落实现有的金融消费者保护规则，明确金融消费者的权利与义务，以直接地保障金融消费者的法律权益；另一方面，立法者应从账户管理、业务处理、应急机制等角度完善 CIPS 监管法律制度，以监督 CIPS 运营机构与 CIPS 参与者的义务履行情况，间接地保障 CIPS 金融消费者的法律权益。此外，CIPS 法制在涉及专业性较强的问题时，可结合会计制度、定价机制等具体规范来处理相关问题。

二、CIPS 法制的性质

法律制度的性质可以从多重角度加以分析，我们着重从 CIPS 法制的调整对象以及金融市场基础设施层面理解 CIPS 法制的性质。一方面，我们将 CIPS 法制理解为具有国际金融法的性质并且与国际经济法其他分支具有融合性，旨在突显 CIPS 法制调整对象的国际性与金融性特征，为后文在对 CIPS 法制确立安全价值与效率价值进行理论分析时提供制度基础。另一方面，从金融市场基础设施的角度分析 CIPS 法制的性质，不仅有助于明确 CIPS 的性质，而且有助于发挥 CIPS 法制的保障功能，为制度完善提供思路导向，并使 CIPS 法制有效对接《金融市场基础设施原则》规定的国际标准。

（一）CIPS 法制是国际金融法的重要组成部分

国际金融法作为国际经济法的重要分支之一，其研究对象具有金融性和国际性两项特征。[①]传统的国际金融关系包括国际货币关系（主要涉及国际储备制度、国际支付制度、国际汇率制度和国际收支平衡制度）、国际间接融资关系（通过信用中介进行资金融通所产生的各种法律关系）、国际直接融资关系（主要是证券发行与交易法律关系）以及国际保险关系。从内容看，CIPS 法制涉及人民币跨境贸易与投融资的支付与结算，调整与人民币贸易或投融资有关的跨

① 参见韩龙：《国际金融法》，法律出版社 2007 年版，第 14 页。

境支付关系，属于国际支付制度的调整对象，是国际金融法的重要组成部分；同时，CIPS 法制的调整对象本身就具有金融性与国际性，与国际金融法的调整对象具有相同的特征。可见，CIPS 法制是国际金融法的重要组成。

（二）CIPS 法制与国际经济法其他分支具有一定的融合性

这里的融合性主要是指 CIPS 法制与国际贸易法、国际投资法以及国际融资法在内容与价值选择上具有重合性。从资金跨境流动的角度看，不仅中国国内的金融市场在处理人民币跨境支付业务时需要使用 CIPS，而且国际金融市场也需要通过 CIPS 完成国际贸易与国际投融资领域中的人民币跨境支付业务。在规范 CIPS 中的业务行为与管理行为时，CIPS 法制会与国际贸易法等法制产生一定的联系与制约。CIPS 只有逐步融入国际投融资等领域，深度参与国际投融资领域中的金融交易与货币结算活动，才能不断丰富 CIPS 法制的内容。鉴于此，我们认为 CIPS 法制与国际经济法相关分支具有一定的融合性。

（三）CIPS 法制是金融市场基础设施的重要组成部分

对金融市场基础设施的理解，学界主要分两个派系，即狭义论派与广义论派。狭义论者认为金融市场基础设施仅包含支付清算系统、交易平台、数据信息库等硬件设施，而不应包括软件设施；广义论者认为金融市场基础设施除了应包含前述具体的金融硬件设施以外，还应包含金融法律环境、会计准则、信用环境体系、定价机制以及各种贸易保护制度（如金融监管制度、投资者保护制度）等软件设施。我们持广义的金融市场基础设施理论观点。

CIPS 作为重要的支付系统，不仅是一种重要的金融市场基础设施，还应包含相应的法律制度（CIPS 法制）。我们坚持将 CIPS 法制纳入金融市场基础设施的原因主要在于以下两点。其一，从《金融市场基础设施原则》可知，金融市场基础设施通常包括为所有参与者、技术设施以及风险管理框架设置的一套通用规则与程序，并为参与者间的交易提供集中清算、结算以及相关记录。[①]这与广义金融市场基础设施的涵盖范围不谋而合。将以 CIPS 法律制度为核心的人民币支付与清算法律环境作为广义金融市场基础设施的重要组成部分，有助于优化 CIPS 的运行环境。其二，CIPS 法制能够高效保障金融市场基础设施功能的实

① BIS，"Principles for financial market infrastructures"，p.7. https：//www.bis.org/cpmi/publ/d101a.pdf，（2012-4）

现，提高金融交易的效率，防范金融风险，促进国际金融中心体系的建设。

具体来说，CIPS法制的保障功能如何实现？首先，金融市场基础设施作为提高金融市场交易效率的重要渠道，需要立法者在配套法制中确定低成本、低风险的交易规则，以助推资金的周转与集散，保障各类金融产品组合业务的发展。其次，金融市场基础设施作为防范金融风险的平台，需要借助法律手段来规避金融风险，将风险处置工具及手段上升至法律层面，更能保障金融交易的安全与高效。最后，金融市场基础设施的构建是建立国际金融中心体系的重要内容。移动技术进步、消费需求的变化推动了电子支付方式的变革，使得支付与结算系统的地位在国际金融中心体系中愈加重要，反过来也推动了以支付系统为重要组成的金融市场基础设施的发展。相关配套法制作为金融市场基础设施建设的安全网，能够为其提供更好的内部运行环境与外部制度环境，从而促进国际金融中心体系的发展与完善。可见，CIPS法制不仅能够将合理的金融手段法制化，提高交易效率、防范金融风险，而且能够为国际金融中心体系的建设提供稳定的法律环境，最终高效发挥金融市场基础设施的功能，实现安全与效率并轨的目标。

第三节　人民币跨境支付系统法制的价值取向

价值取向对于法律制度的构建具有重要的意义，是立法者为实现某种目的或达到某种社会效果而进行的价值取舍与价值选择。价值取向反映了各国立法的根本目的，也是解释、执行和研究法律的出发点和根本归宿。正如卓泽渊教授所言，法律上的大量问题，首先便是价值问题；法律上的失误首要的就是价值上的失误。[①]价值取向对于法律制度的制定与执行具有指导作用，体现着人们对法律的需求。由于不同法律制度的调整对象与需要保护的法益存在差异，所以立法者在构建法律制度时会选取相应的法律价值，以完成立法目标。法律价值强调的是法律能够满足适用主体的某种需求并为主体带来某种法律功效，选择适

① 卓泽渊：《法的价值论》，法律出版社2006年版，第34页。

当的法律价值对合理设计法律制度具有导向意义。[①]如何从众多法律价值中选取应然的法律价值来构建法律制度是立法者应该重视的问题。确定某种法律价值除了应考虑其立法目的，还应结合时代背景。相同的法律制度在不同的历史条件下会有不同的法律目标与价值取向。我们通过分析 CIPS 法制的立法目标与其所处的时代背景，论证 CIPS 法制应选取的法律价值，即安全与效率，并指出相应的理论依据。

一、法制价值取向的含义与选择

立法的价值取向主要包含两层含义，其一是指各国在制定法律时希望通过立法欲达到的目的或追求的社会效果，其二是指当法律所追求的多个价值目标出现时的最终价值目标选择。价值取向主要涉及价值界定、价值判断和价值选择。价值取向首先涉及价值界定和价值判断问题。价值选择主要通过两种方式来实现：一是应然的法律价值是否为立法者所接受和接纳，以及价值本身的优化；二是当存在多重价值目标时的价值取舍和价值目标重要性的排序。任何法律的制定都应当有明确的目的性，都应当有自己的价值目标与价值取向。[②]

第一，CIPS 法制的价值取向应符合中国在对 CIPS 相关问题进行立法时欲达到的目的。应然的法律价值需要能够反映社会关系的性质、状况与规律。[③]现阶段，法律制度的价值种类主要包括法的安全价值、效率价值、文明价值、自由价值、正义价值、公平价值、人本价值以及和谐价值。面对不同的法律价值甚至是价值冲突，立法者应根据立法目的或追求的社会效果，选择不同的法律价值，以确定法律制度的价值目标与法律效力。从《金融市场基础设施原则》对金融市场基础设施（在此指 CIPS）的功能设置看，金融市场基础设施应为参与者提供集中清算、结算以及记录相关金融交易的服务，以提高效率并降低成本与风险；同时，应能够辅助落实央行的货币政策并维持金融稳定。[④]CIPS 作为重要的金融市场基础设施，理应满足金融市场基础设施国际标准所确立的立法目标。CIPS 欲达到的功能目标也为 CIPS 法制的构建与完善确立了基本法律价值与立法基调，

---

① 参见公丕祥：《法理学》，复旦大学出版社 2002 年版，第 38 页。

② 赵万一：《商法基本问题研究》，法律出版社 2002 年版，第 84 页。

③ 参见李步云：《法的应然与实然》，《法学研究》第 1997 年第 5 期。

④ BIS，“Principles for financial market infrastructures”，p.7. https：//www.bis.org/cpmi/publ/d101a.pdf，2012-04.

即安全与效率。为实现系统的上述功能，CIPS法制应达到促进人民币跨境支付与结算业务的高效且有序开展、防范并控制金融风险带来的负面影响、辅助人民币的跨境传输、维持金融市场的稳定与安全、有效推进人民币国际化以及国际金融秩序重构的进程的立法目的及社会效果。

第二，立法者为构建CIPS法制，应结合时代背景并在众多法律价值中进行最终的价值选择。CIPS及其法制追求的立法目标与金融全球化追求的“安全与效率”目标不谋而合。当前，随着金融全球化趋势的加强，金融国际化、金融自由化、金融监管规则统一化、金融政策协调国际化、金融市场一体化、金融资本虚拟化以及金融信息全球化的特征日益突显，在很多领域影响着人民币跨境支付活动的进行以及CIPS法制的构建与完善。金融全球化要求参与全球金融活动的国家，在维护国内金融秩序稳定的同时积极地为金融市场化、国际化创造条件，并且维护的国内金融秩序稳定绝不是仅仅为了安全和形式上的有序，而是要追求动态发展中的有序、安全与高效率。[①]由于人民币跨境支付关系与相关经济行为极易受到国际经济形势的影响，所以立法者需要正确认识CIPS法制所处的时代背景并正确看待金融全球化给中国带来的影响，既要抓住金融全球化为金融发展创造的机遇，也要合理规避随之而来的风险。我们认为金融全球化背景下的CIPS法制应将安全与效率作为价值目标。

（一）CIPS法制在金融全球化背景下应注重安全

金融全球化背景下的金融开放是大势所趋，并且国内、国际金融市场的激烈竞争和科学技术的日新月异是引发金融创新的重要原因。由于金融开放与金融创新在使一国金融机构获得增加融通国际资本的渠道和增强竞争力并从中获益的同时，还增加了数倍的金融风险，威胁着国内和国际金融系统的安全。国际金融环境正面临着“一荣俱荣、一损俱损”的全球化局面。从当前的局面我们很容易了解到：一国的金融立法需要在金融开放和金融创新与金融安全和金融效率的相互关系中寻找社会整体利益的平衡点，不能盲目地对外开放并使用金融创新产品与工具，立法者在立法时不仅应满足国内外市场参与者对金融市场高效率运作的需求，还需要加强对参与者金融安全的保障，以巩固金融安全并增强公众参与金融活动的信心。

---

① 参见曾筱清：《金融全球化与金融监管立法研究》，北京大学出版社2005年版，第12页。

安全价值追求一种安定的状态，立法者在法律制度中确立与实现安全价值具有维护个人安全、社会安全乃至国家安全的法律效果。安全价值是法律固有的价值，任何法律在设立之初都是为了保障相关权利与义务的实现。在金融全球化的背景下，一方面，CIPS 应加强金融开放的程度，推进参与者扩容并扩展交易范围，使直接参与者与间接参与者数量大幅增长并使金融业务覆盖全球各时区的国家与地区；与此同时，CIPS 应不断探索金融交易工具、风险控件等金融创新工具，促进并提高系统的稳定性与竞争能力。另一方面，在推进金融开放与金融创新时，由于探索过程中的金融活动具有不确定性、不可预知性与复杂性且风险传导具有交叉性与感染性，使得 CIPS 法制在保障与 CIPS 相关的法律关系顺利实现时会面临各种风险以及不稳定的金融状况，所以立法者为 CIPS 法制建立科学且严密的规范体系并加强对高风险行业的监管势在必行。鉴于所有与 CIPS 运行有关的环节都会触及安全问题，立法者应在 CIPS 法制中确立并实现安全价值，以保障金融交易安全并维护金融系统的稳健运行。

（二）CIPS 法制在金融全球化背景下应注重效率

金融全球化能够促进全球金融业提高自身效率。一是金融全球化通过金融机构之间的竞争使流通费用减少，降低交易成本；二是为使金融资本的有效配置和运行效率得到提升，投资者可以在全球范围内寻找高利润的项目和资源配置，由此实现在全球范围内选择成本最低的最佳投资组合以实现高收益的投资目标；三是金融全球化可以使金融机构先进的经营理念、经验、服务、竞争机制以及金融创新成果在全球范围内得到传播和普及，促进全球各国金融业的服务质量、金融的体制改革、结构的合理调整及管理水平的提高，增强金融机构的竞争能力和金融发展能力。①

鉴于金融全球化对经济效率带来的积极影响，作为金融安全网的相关法律制度应以实现资源优化配置为主要目标，并促进金融全球化功能的发挥、金融市场的高效运作以及金融业务的顺利开展，以充分发挥法律制度的保障作用。不论从时间层面还是法律效力层面来讲，法律制度在调整国际金融关系时对效率价值均有着较高的要求。众所周知，效率是衡量金融法律制度能否有效促进资金流转与融通的重要标准。倘若金融法律制度的实施效率低下，那么该金融

① 韩忠亮：《全球化背景下金融监管的博弈研究》，北京大学出版社 2013 年版，第 39~40 页。

法制不仅会造成资金流动缓慢或是流通不畅，而且会引发相关金融风险（如流动性风险），并影响资金在规定期限内的收付；倘若金融法律制度的实施效率高，那么其有助于提高资金流通效率，并保障金融市场基础设施以及金融市场的高效运作。

在金融全球化的背景下，不论经济实力如何，大部分国家都将金融效率的提高作为金融立法与改革的重要目标，例如美国1933年《格拉斯-斯蒂格尔法》被《金融服务现代化法》所替代，其中《金融服务现代化法》重点确立的便是效率价值。美国高度重视在其金融法制中确立效率价值，《金融服务现代化法》的出台也便利了相关金融活动的开展。不仅如此，在考察了国际金融统一法后，我们得出结论，无论是WTO倡导的金融服务多边自由化，还是北美自由贸易区推进的金融服务区域一体化，均强调在其法律制度中确立效率价值。这是因为立法者在长期的金融发展过程中认识到了在金融法制中确立效率价值的重要性以及在相关法制中制定措施，例如拆除各种阻碍贸易、投融资等交易进行的壁垒与限制，来提高经济运行效率的重要性。立法者在金融法制中将效率价值作为价值目标，有助于提高市场参与者在金融市场中的竞争能力并保障金融市场的高效运行。

效率价值同安全价值一样在CIPS法制中不可或缺。作为调整跨境支付关系的法制，CIPS法制会涉及与金融支付、清算、结算与记录有关的所有环节。CIPS法制与资金的流转与融通密不可分，并且CIPS法制一旦涉及资金融通，则必然会影响资金的流动效率，从而影响整个人民币跨境支付体系的运作，所以CIPS法制处理问题效率的高低很大程度上能够决定其对人民币跨境业务是起推动作用还是阻滞作用，进而影响整个金融市场的运作效率。因此，以人民币跨境支付关系为调整对象的CIPS法制应具有科学性、概括性与现实性。CIPS法制的制定者在进行价值选择时，应充分考虑市场交易与结算的便利性，在CIPS法制中确立效率价值；应重视法律实践过程中的成本—效益的比较，制定高效率的措施，以提高法律的运行效益与社会效益，并给予新兴金融关系（如金融开放与金融创新）的发育成长提供广阔的制度空间。

在金融全球化的深远影响下，CIPS法制的发展要兼顾风险防范与金融发展两方面。只有这样，CIPS法制才能够有效防范与化解风险，并保障人民币跨境业务有序且高效地开展；也才能够保障人民币跨境交易与结算的安全与效率，使CIPS在全球竞争中受益。

二、CIPS 法制安全价值的含义与要求

安全是指没有受到威胁、危险与危害并规避了不可接受的损害风险，以及安定与受到保护的状态。从法律价值的角度看，法的安全价值是指法律力求实现的、社会系统基于其要素的合理结构而形成的安定状态，以及主体对这种状态的主观体验、认知和评价。[①]

安全价值有两个重要的方面，即人身安全与财产安全。CIPS 法制中的安全价值应当属于财产安全。CIPS 法制中的安全价值是指与人民币跨境支付相关的金融体系诸要素不被破坏和威胁、国内和国际金融资源供给得到有效保障的状态。CIPS 法制中安全价值涉及的范围广泛，主要包括维持 CIPS 及相关金融机构正常运转，避免破产倒闭、挤兑、出现流动性危机等支付不能的发生；实现 CIPS 内部的交易安全，敦促参与者与 CIPS 运营机构实现权利并履行义务，保障账户管理与业务处理的有序进行，加大金融消费者保护力度；构建健全的风险防控机制并实现有效监管，有效减少各类金融风险的冲击并提高整体性抵御危机的能力，防范金融衰退与金融危机的发生。

不仅如此，CIPS 法制关注的安全价值已经不再局限于金融市场主体的个别财产保障与风险防范，而是更多地涉及区域的、主权国家范围的甚至是超越一国领域的、蕴含着多层次要素的综合性范畴。尤其是在全球化开放经济的条件下，国家不仅应注重防范金融系统中的风险，而且应防止整体经济因外部冲击引发市场动荡并导致国民财富的大量损失与经济衰退。[②]结合 CIPS 的设立结构与运作机制，CIPS 法制的安全价值还应包括充分实现 CIPS 跨境金融信息交换的功能，摆脱 SWIFT 的制约，建立独立自主的 CIPS 法制并助推国际金融新秩序的构建。

三、CIPS 法制安全价值的理论依据

在任何社会中，维护社会主体的安全都是维持该社会秩序的首要任务。英国

---

① 参见安东：《论法律的安全价值》，《法学评论》2012 年第 30（3）期。

② 参见盛学军：《全球化背景下的金融监管法律问题研究》，法律出版社 2008 年版，第 74 页。

哲学家霍布斯认为，保护生命、财产和契约的安全，构成了法律有序化最重要的任务，而自由和平等应当服从安全的需要。[①]实现安全价值是实现其他法律价值的基础。倘若缺失安全价值，那么社会的稳定、效率、发展、公平等便无从谈起。我们从交易安全、国家经济主权独立以及人类命运共同体的角度，分别探讨在CIPS法制中确立安全价值对实现CIPS内部的交易安全、制定独立自主的CIPS法制以及重塑国际金融新秩序的重大意义。

（一）实现交易安全原则

交易安全原则是商法的基本原则，在公司法、证券法、破产法、票据法、保险法等与商事活动相关的法律中均能得到体现。在商法中确定交易安全原则的原因在于商事活动具有营利性。基于经济发展的规律，参与商事活动的市场主体都会追求最大的投资回报与最低的投资成本以实现对等的交易价值。实现交易安全原则意在合理分配交易方之间的风险以实现利益平衡，这种平衡既可以体现为交易方与其他交易方之间的利益平衡，还可以体现为交易方与社会之间的利益平衡。不论是正当竞争还是不正当竞争，以营利为目的的商事活动都会给经济市场带来风险，尤其是市场主体为谋取利益扰乱市场带来的风险。为防范商事活动中的不正当竞争等逐利行为，商法要求通过正当的交易方式与合法的交易渠道来追求利润并获取利益。可见，交易安全原则要求相关制度确立安全价值，旨在加强对商事安全的保护、保障商事主体实现其营利性目标、避免商业社会陷入混乱与无序。

交易安全原则在金融领域体现为实现金融交易的安全。金融活动离不开金融机构的参与，作为重要的参与主体，金融机构的经营原则之一就是稳健运行与交易安全。金融交易从某种意义上说是一种信息与观念的交易，相较于实体交易而言，具有风险传导速度快且不易监控等特征。此外，金融资本来源于投资大众和存款人，由于货币乘数原理，存款转化为贷款，贷款又转化为存款，整个社会被银行信用紧密地联系在一起，牵一发而动全身，一家银行的倒闭会引起一连串银行的倒闭，甚至是一连串大型企业的倒闭。可见，在促进金融自由竞争的同时，立法者还应考虑如何保证金融机构稳健且安全地经营，并在相关金融法律制度（如金融交易制度与金融监管制度）中将安全价值确定为价值目标。

---

① 高岚君:《国际法的价值论》，武汉大学出版社2006年版，第61页。

交易安全是金融交易得以持续进行的基本保障。在具体的金融法律制度中，交易安全原则要求的安全价值包括三方面的含义：第一，在金融交易中，双方具有相互说明、协助、通知、保护的义务，以减少或避免交易风险；第二，涉及第三人或公众的金融交易，交易方负有信息披露或交易揭示义务，使第三方或公众知情，进而对风险进行合理选择；第三，通过制定强制性规范，禁止不正当竞争，采取行为外观主义、公示主义，实行严格责任甚至追究相关责任人的行政责任以及刑事责任，将交易风险控制在最小范围。①

为实现交易安全原则要求的安全价值，立法者应明确金融活动的主体、行为以及法律责任。首先，立法者应对金融活动的主体范围与性质进行界定，明确市场主体的表现形式（自然人、法人或国家）、金融主体申请进入与退出金融市场的标准、金融主体获取准入市场资质的特定程序。其次，立法者应对相关金融行为进行规范，即通过制定强行法或确立诚实守信与平等互利的原则加以规范。最后，立法者应通过健全监管法律制度并规定金融活动违法者的法律责任，以维护金融交易的安全。

CIPS 法制规定 CIPS 运营机构与直接参与者之间以及直接参与者与其客户或间接参与者之间在开展业务前需要订立服务协议，并且规定 CIPS 运营机构有收取费用的权利与提供服务的义务、直接参与者具有获取金融服务的权利与支付费用的义务以及依照相关协议确定参与者之间的权利与义务。可见，CIPS 运营机构或参与者提供的金融服务具有营利性，并且提供与接受金融服务的双方处于平等的交易地位，所以 CIPS 运营机构与直接参与者之间以及参与者之间开展的金融业务应遵循交易安全原则。与此同时，在 CIPS 中开展的金融交易所具有的高度电子化与信息化特征，在使 CIPS 高效完成交易的同时，也使相关交易容易受到金融风险的波及乃至破坏。因此，CIPS 法制亟须建立一道安全屏障以抵御风险、维护金融交易的顺利完成。此外，为实现交易安全原则确立的安全价值，立法者应确定准入与退出 CIPS 的标准与主体类型，防止不合要求的参与者扰乱市场秩序、带来资金风险，并应制定强行法以明确市场主体的权利、义务以及法律责任，保障交易顺利且有序进行。

CIPS 作为重要的人民币跨境支付与结算系统，在运行过程中最重要的任务是保障金融交易的安全、清算账户与业务处理的安全以及系统内资金流动的安

---

① 参见李平：《商法基本理论问题研究》，四川大学出版社 2007 年版，第 19 页。

全。为此，立法者应在 CIPS 法制中确立安全价值，以实现交易安全原则。

（二）实现国家经济主权独立

国家经济主权独立要求重视安全的原因在于金融全球化背景下经济安全问题频发。经济安全问题具有三大显著特征，一是具有普遍性与表现方式的多样性，二是具有紧迫性，三是存在后果和效应的严重性。国际经济组织对国家经济主权的干扰、威胁、侵袭是产生上述经济安全问题的重要诱因。它不仅对国家经济发展产生较大的风险，还影响国家的政治独立和主权能力。在相关法制中确立安全价值有助于为法律制度创建一个有关法律概念、法律技术与法律规范的自主体，防范与控制经济风险，减小外来经济势力威胁与侵袭，提高自身经济竞争力并降低金融风险与危机发生的几率。

一种关于建立自主法律的观点认为，法律的制定与执行不得受到其他外力（如政治压力）的影响，并且应避免受到波动性大的经济情势的干扰以及变幻无常的社会趋向的冲击，以保障法律的稳定性与强制力。除此之外，立法者需要采取保障措施以杜绝司法不一致或是司法偏见所产生的危险。①这个观点意在说明法律的立法目标是保障预期权利的实现并免受外力干扰。这些外力常以保护各种公益或私营的形式出现，能够削弱法律结构的完整性。为了避免这种情况的发生，立法者在制定法律时必须能够抵挡住各种压力（如政治压力与经济压力）的冲击，避免这些压力把强权变成公理。

联合国通过的《各国经济权利与义务宪章》对本国经济事务的自主权做出了明确规定。该宪章在第一章第一节开宗明义地写道，每个国家有依照其人民的意志选择经济制度以及政治、社会、文化制度的不可剥夺的主权权利，不容任何形式的外来干涉、强迫和威胁。②国家对本国经济事务的自主权，是指各国对本国内部以及外部涉及本国的一切经济事务，享有完全、充分以及独立自主的决定权，排斥任何外来干涉。这既是国家主权在经济主权方面的基本内涵，也是国际经济主权原则的总体体现。从权力行使的角度看，经济自主权是指一国有权独立自主地选择本国的经济制度并决定经济事务的最高权力。它包含两方面的内容，一是独立自主地制定各种国内的和涉外的经济政策和经济立法；二是独

① 参见[美]E.博登海默：《法理学、法律哲学与法律方法》，中国政法大学出版社 1999 年版，第 240 页。
② 王铁崖、田如萱：《国际法资料选编》，法律出版社 1982 年版，第 797 页。

立自主地对外缔结或参加各种涉及国际经济事务的国际条约。[①]可见，建立独立自主的经济立法与相关法律制度是国家经济主权独立的重要内容。

通常来说，一国的经济主权权力的外部限制来自两个方面，一是国际经济条约，二是国际经济组织本身。基于权利与义务并存的国际通行准则，签署国际经济条约或加入国际经济组织的国家的经济主权与相关权利会在一定范围和一定程度内受到某种限制、影响或约束。然而，现代国际组织数量的急剧增加并不当然构成对国家经济主权的损害。问题的关键在于，如果一个国际经济组织在行使超越其章程规定的职权时，各国必须对损害或威胁国际经济主权的行为做出反应，并且对违反国际法的行为进行制裁。这是国际经济组织与国家经济主权产生冲突和矛盾的主要方面。在通常情况下，国际经济组织会受到经济大国的干扰与操控，即经济大国在国际经济组织中通常拥有较大的事务决策权。这容易导致国际经济组织在对某一问题进行决策时，很难实现所有国家达成一致意见的状态。况且国际经济组织的规模越大，这种一致就越难实现，所以国际经济组织也具有局限性。如果经济大国在处理某小国的安全问题时存在与小国意见相左的情况，即便此小国处于集体安全体系之中，这些经济水平较低的国家也不能够平等地行使经济权利并进行经济决策，进而威胁或损害其经济主权安全。

SWIFT 就明显带有国家经济组织的上述特性。从表面上看，SWIFT 有利于全球金融信息的交流与货币跨境支付业务的开展，但实质上各国早已不能平等地在 SWIFT 中利用金融信息以获取利益，而是发达国家在 SWIFT 内进行操控。有些国家（通常是经济发展水平不高的国家）不仅未能受惠于这种集体安全，还经常在采取行动时受制于大国霸权，这些国家若不遵守决议将招致制裁且无申诉之地。倘若 CIPS 十分依赖 SWIFT 提供的跨境金融信息，那么处于国际经济组织中的中国无疑也会受到 SWIFT 的监管与制约。历史上美国在利用 SWIFT 对朝鲜进行制裁时对中国经济造成的负面影响就是对此结论的一个印证。

反观 CIPS 及其法制的发展现状，为实现中国经济主权的独立，立法者需要帮助 CIPS 摆脱国际经济组织的桎梏，摆脱 SWIFT 所形成的集体安全体系，防止 SWIFT 对全世界金融信息的垄断以及对中国金融信息的监控，并为 CIPS 建立独立自主的法制。在独立自主的 CIPS 法制中确立安全价值，有助于保证 CIPS 稳

① 参见徐泉：《国家经济主权论》，人民出版社 2006 年版，第 16 页。

定运行且不受其他力量的干预与威胁、提高法制的竞争能力与主权能力，以实现国家经济主权的独立。CIPS 是国内外资金流动的重要管道，如果 CIPS 法制不能确立并实现安全价值，那么将不利于顺利完成人民币支付业务、提高中国金融的实力、推进人民币国际化进程以及重塑国际金融秩序。

（三）建立人类命运共同体

“命运共同体”一词最早出现在《中国的和平发展》白皮书中，即不同制度、不同类型、不同发展阶段的国家相互依存、利益交融，形成“你中有我、我中有你”的命运共同体。①当前国际形势呈现出多极化与全球化的特征，全球非传统安全问题层出不穷，例如粮食安全、资源短缺、气候变化、网络攻击、人口爆炸、环境污染、疾病流行、跨国犯罪等。这些问题严重威胁国际秩序与人类生存。全世界的人们不论国籍、地域、信仰、教育条件以及经济状况，都面临着共同的挑战，因而处于同一命运体中。为应对人类共同的挑战，“人类命运共同体”这一种全球价值观开始形成，并逐步得到国际社会的认可。“人类命运共同体”包含相互依存的国际权力观、共同利益观、可持续发展观和全球治理观四个方面。

建立“人类命运共同体”对推动中国的法制建设意义非凡。一方面，共同利益观表明，人类既然处在同一命运共同体中，那么命运共同体中的各种利益（经济、政治以及军事利益等）与每个个体的命运紧密相连且息息相关。如果一个国家做出的行为有利于全球利益，那么也就等同于为自身利益服务。党的十八大报告指出，中国应坚持把中国人民的利益同各国人民的共同利益相结合，积极参与国际事务，发挥负责任大国的作用，共同应对全球性挑战。②按照这个思路，共同利益观一旦被吸收到中国的相关法律中，那么它在相关法制中将会体现为要求平等地对待各国主体，尊重各国的市场主体地位，摒弃大国的霸权做法。这将在促进中国自主发展的同时促进与他国的合作与发展，逐步实现共同发展并最终构建国际新秩序。各国对国际经济事务的平等参与和决策的权利，是国际经济新秩序得以建立的重要保障。构建国际新秩序的理念顺应当今世界要和平、促发展、求合作的时代潮流，亦是国际社会共同追求的当代国际法精

① 中华人民共和国中央人民政府：《国务院新闻办发表〈中国的和平发展〉白皮书》，http：//www.gov.cn/jrzg/2011-09/06/content_1941204.htm，2011-09-06.

② 参见中国民主促进会：《中国共产党十八大报告》，http：//www.mj.org.cn/zsjs/wsxy/201211/t20121126_145927.htm，2012-11-08.

神。另一方面，“人类命运共同体”这一价值观能够促使更多的国际主体自愿接受与采纳中国法律。这有助于提高中国法律的法制实力、推动中国参与全球治理，使全球治理向更加公平合理、包容发展与权责共担的方向发展。中国坚持全球治理观的理念不仅能够促进其为世界提供服务并做出贡献，还能够促进中国的国内改革，使中国在全球治理过程中获得更多的发展机遇，实现中国与世界的共赢。

共同利益观与全球治理观要求在相关法制中确立安全价值的原因在于需要提升规范经济行为的法制实力。CIPS 法制作为调整国际金融关系的法律制度，应以维护参与者的共同利益为根本目的，以推动国际秩序和国际体系朝着公正合理的方向发展为追求目标。立法者为实现这个目标，势必要在 CIPS 法制中确立安全价值。这种安全价值在 CIPS 法制中不仅能够体现为尊重各国平等的经济地位并反对有关国家垄断国际金融市场的行为，还能够体现为国际社会中有更多的参与者自觉遵守 CIPS 法制，以提高 CIPS 法制的国际影响力。这不仅有助于 CIPS 法制和谐地处理好多元主体间的复杂问题，而且有助于使 CIPS 避免受到他国法制或有关国际规则的制约与管控、助推国际金融新秩序的构建。

在提升相关法制实力的过程中，借鉴相关国际规则、标准以及域外法制，成为补充或修缮法律制度的重要途径与方式。然而，立法者在积极对接国际标准与汲取域外法制经验的同时，还需要避免域外规则或标准给中国相关领域的发展带来负面影响。现阶段，CIPS 法制水平较低，CIPS 在人民币跨境支付与清算的部分领域仍适用国际组织或其他国家制定的、普遍适用于国际金融市场的规则，例如 SWIFT 规则。一方面，CIPS 法制应积极汲取 SWIFT 规则的标准与经验，因其能够适应经济发展的趋势，使金融市场和睦、平等、公正、开放、有序地运行，推动全球金融发展。这值得倡导。另一方面，SWIFT 规则有助于 SWIFT 监视并垄断 CIPS 在金融交易与运行过程中产生的金融信息，对 CIPS 的发展以及 CIPS 法制的完善产生一定的消极影响。

为避免 CIPS 受其他支付系统或法制的影响或干预，立法者必须在 CIPS 法制中确立安全价值，以提高 CIPS 法制实力、将 CIPS 法制运用于全球金融治理的相关环节，并为更多市场参与者带来实体与程序上的保障，使 CIPS 法制得到更多市场主体的采纳与遵守。唯其如此，才能够提升 CIPS 的系统运行实力以及 CIPS 法制的竞争力，维护参与者平等的主体地位，提高全球金融治理水平，促进国际金融新秩序的建立，并有效实现人类命运共同体所倡导的共同利益观与全球治理观。

四、CIPS 法制效率价值的含义与要求

效率体现为投入与产出或成本与收益之间的关系。法的效率价值是指法能够使社会或个人以较少或较小的投入获得较多或较大的产出，以满足人们对效率的需要。CIPS 法制的效率价值包括竞争效率与监管效率两部分，其含义是指人民币跨境支付关系的主体为实现金融竞争的目标或在金融监管的过程中，消耗的经营成本与金融效益的比较或评价，包含金融活动个体的效率和金融业整体运行的效率。CIPS 法制的效率价值主要涉及提高系统信息记录与传递效率，提高资金结算效率，扫清资金流转的障碍，提高账户流动性管理能力，快速实现参与者的实体性利益与程序性利益，提高金融机构快速应对风险的能力，以促进 CIPS 高效运行。

安全价值与效率价值作为 CIPS 法制的两大价值目标，在 CIPS 法制中同等重要。两种价值对立统一且相辅相成，立法者在完善 CIPS 法制时不可偏废任何一方。

（一）CIPS 法制中的安全价值与效率价值是对立统一的关系

1.两者的对立体现在价值取向上的不同

CIPS 法制中的安全价值首要追求的是金融业的稳定发展，它要求对任何可能危及安全的因素加以排斥，包括金融创新等，而效率价值更注重金融资源配置的最优化，这种最优化在通常情况下表现为创造最大的经济价值。追求安全就可能放弃一部分潜含着危机因素的效率增长，而追求效率又不得不为上述具有风险却通常是最具效率的价值舍弃一些安全方面的考虑。其二，两种价值在 CIPS 法制中的本质目的都是为实现金融资源的合理运用、服务于资金融通、满足社会整体经济对资金融通的需求，这是两者的共性。在此基础上，我们认为，一方面，建构于安全基础上的金融效率，才能够实现金融资源的最优化配置；失却了安全保障的效率纵使再高，也难以逃脱在危机之中倾覆的厄运。另一方面，能够包容效率的金融安全，才是真正富于生机的安全，才可能服务于资金融通的目标，一潭死水式的安全绝非金融业真正需要的安全。

2.CIPS 法制中的安全价值与效率价值是相辅相成的关系

实现安全价值是实现效率价值的基本前提，安全价值的缺失不利于效率价值的实现；同时，实现效率价值也是实现安全价值的保障。这种关系在金融市场中体现得更为明显。纯粹为了安全而安全，并因此牺牲金融效率的立法观念，最终会因为金融业的无效率而成为“空中楼阁”，使不能持久的金融安全最终化为乌有。同时，金融市场的风险防控机制与监管机制运行效果差、金融风险的破坏力进一步释放，会使得市场内的金融机构陷入被动经营，降低金融业务的完成效率，阻滞金融市场的发展。此外，金融市场的低效率运行或停滞不前会导致金融市场甚至整个国家经济体系出现危机。

立法者在 CIPS 法制中确立与实现安全价值有助于保障效率价值的实现，并促进金融发展。CIPS 法制中的安全价值主要体现在金融监管制度中，具体体现为制定维护市场安全、弥补金融市场缺陷的政府行为规则。这些规则是保障高效率措施顺利实施的基石，有助于保障效率价值的实现。由于金融市场本身缺乏稳定性，立法者如果不在 CIPS 法制中确立安全价值，不仅不利于遏制金融风险及市场失灵，而且不利于提升金融效率。

立法者在 CIPS 法制中确立与实现效率价值有助于加速安全价值的实现，并加强金融安全。金融市场的运行越高效，金融机构进行货币调控的能力就越强。这有利于敦促金融机构提高竞争能力与创新能力，提高 CIPS 评价风险、分散风险及转移风险的能力，使金融资产的流通更加安全、金融机构的运行更加稳定。

可见，CIPS 法制中的安全价值与效率价值相互促进与补充，缺一不可。任何一种价值的缺失或其功能不能完全发挥，都会影响或阻滞另一种价值功能的实现。立法者既需要在 CIPS 法制中确定安全价值，以防范系统运行带来的风险、提高金融机构应对风险的能力以及维护 CIPS 运作环节与环境的安全；同时，也需要在 CIPS 法制中确立效率价值，以保障 CIPS 运作效率的提升，促进人民币跨境支付与结算的便利与高效。

五、CIPS 法制效率价值的理论依据

法学与经济学追求的价值目标存在一定的差别。法学旨在追求公平，强调更加公正合理地分配资源；而经济学追求效率，强调最大化地增加或获得资源。随

着法学调整的内容不断扩展到社会生活中的各个方面，效率逐渐成为法学愈加重视的价值目标。我们从商法中的交易便捷原则、经济学中的优化资源配置理论与理性经济人假设的视角，分别探讨在CIPS法制中确立效率价值对提高CIPS内部交易效率、加速资金流动效率以及提高金融机构抗风险能力的重大意义。

（一）实现交易便捷原则

交易便捷原则作为商法的一项根本原则，要求相关商事制度确立效率价值，旨在高效率地实现商事主体的营利目的，减少商事行为的实施环节，并缩短商事活动的交易周期。商事行为的营利性决定了商事活动追求效率，效率的本质要求又决定了商事主体在营利性财产关系中重视流转。交易便捷原则追求的高效率交易是交易安全原则出现的条件之一。

商法对效率价值的追求表现为：第一，采取定型化交易方式，如票据、提单、格式条款等交易方式，以减少合意成本并简化交易程序；第二，采用短期时效，促使当事人及时行使权利，以保障交易快捷；第三，采取行为外观主义，通过客观行为对法律效果进行判断，以减少探求交易主体真意的时间和成本。[①]为实现交易便捷原则，立法者可以从交易主体便捷与交易行为便捷两方面制定规则。从交易主体便捷的角度看，交易便捷原则可以体现在登记程序中，即在设立、变更与终止商事主体资格的过程中实现交易便捷。从交易行为便捷的角度看，交易便捷原则可以体现在交易形态、交易对象以及交易时效中。

立法者应在CIPS法制中确立效率价值。经济交易的逐利性决定了市场主体具有快速实现经济交易的需求。CIPS作为重要的支付系统，理应满足金融市场对高效服务的需求，以提前交易完成的时间并缩短交易周期。基于《人民币跨境支付系统参与者服务协议》，CIPS运营机构以公司的形式有偿为CIPS参与者提供金融服务，具有营利性的目的，CIPS运营机构与直接参与者之间的业务活动符合商事交易的特征，CIPS运营机构与直接参与者应遵守商事交易的相关原则。为实现交易便捷原则，立法者应在CIPS法制中确定效率价值，以提高CIPS参与者申请、变更或退出CIPS的程序效率；辅助推进交易方式、交易客体与交易形态的简化与便利化，减少业务活动中烦琐的中间环节，节约交易时间；明确交易时效，推进金融服务交易的快速完成。

---

① 参见李平：《商法基本理论问题研究》，四川大学出版社2007年版，第17页。

（二）优化资源配置

优化资源配置是经济学的理念之一，从金融资源配置的角度理解效率价值是对金融市场竞争与市场有效性最本质的认识。我们认为“资源”除了传统的自然资源，还应包含金融资源。从广义上说，金融资源不仅包含货币或货币资金，还应包括服务于货币和货币资金交易的经济资源，如金融机构及其从业人员、金融制度安排等。从广义的金融资源的角度看，金融效率包括三个层次：一是金融机构内部有效产出大于有效投入的状态，即金融机构的效率；二是通过金融机构配置的货币与货币资金在全社会流动的效率，即资金融通效率；三是金融体系，特别是金融制度，即在协调金融机构自身运作效率和资金融通效率过程中所起的良性平衡引导的效率。[①]可见，金融效率也体现为相关制度的实施效率。

优化资源配置是指资源的稀缺性决定了任何一种社会都必须以一定的形式把有限的资源合理分配到社会的各个领域，以实现资源的最佳利用，即用最少的资源生产出最实用的商品和劳务以获取最大的效益。资源的优化配置可以解决资源原始分配不均及资源浪费等问题，并且良好的配套保障措施对于更好地实现资源优化配置至关重要。[②]在经济发展过程中，资源的有效利用与合理配置需要法律制度为其保驾护航。法的效率价值不仅要求法律能够公平地分配社会总量这块“蛋糕”，还要求把“蛋糕”做大。这体现为立法者在制定规则时总是朝着最佳的立法方向前进，并同时追求法律效益的最大化。优化资源配置要求立法者在法律制度中确立效率价值，社会在分配资源时需要法律为其创造高效的分配方式与手段，并且社会资源的分配需要法律强制力来保障其实现与落实。作为衡量社会生命力的重要指标，效率在金融立法领域中已经成为立法追求的重要价值。为实现资源的优化配置，提高资源的分配效率，部分学者认为法律应确立效率价值并完成以下三项任务：第一，法律应将个别主体行为置于社会整体利益之中加以认识；第二，法律应该为有利于资源优化使用和配置的行为提供便利；第三，法律应能够引导或促使人们按照最有效的方式使用资源。[③]

CIPS 作为重要的支付系统，在人民币跨境支付领域中发挥着不可替代的作

---

① 曾筱清、杨益：《金融安全网法律制度研究》，中国经济出版社 2005 年版，第 50 页。

② 参见张曦文：《论资源优化配置的经济法保障机制——以财政转移支付制度为视角》，《学术论坛》2016 年第 9 期。

③ 参见万光侠：《效率与公平——法律价值的人学分析》，人民出版社 2000 年版，第 100 页。

用。从资源的有限性角度看，CIPS 的高效运行对金融信息的传递速度及资本的流转速率均有着较高的要求，并且金融信息的快速传递与资本的高效流转需要立法者在 CIPS 法制中制定高效的措施。在人民币跨境支付市场中，优化对资本等资源的配置需要立法者在制定 CIPS 法制时确立效率价值，并最大化地实现 CIPS 的效率功能。为实现 CIPS 的高效运行，立法者在构建 CIPS 法制时需要注意以下内容。

1.立法者应将与 CIPS 有关的所有法律关系纳入 CIPS 法制并加以考虑

例如 CIPS 运营机构与参与者之间、不同参与者之间、参加者与监管者之间、CIPS 运营机构与监管者之间以及参与者与金融消费者之间的关系。CIPS 法制应对这些法律关系进行调整，以合理分配法律权益并实现法律资源的优化配置。

2.CIPS 法制应给予能够提高资源利用率的措施更多法律上的便利

尤其是金融交易领域中的措施。我们认为 CIPS 法制的制定者应对能够提高 CIPS 运行效率的功能（如自动质押融资功能与日间透支功能）予以承认并加以运用。资金流动效率的高低很大程度上能够反映 CIPS 的运行效率，上述两种功能有助于提高 CIPS 的资金流动效率，然而尚未被规定在 CIPS 法制中。从国际经济法相关领域的交易便利看，CIPS 法制应给予能够提高效率的措施以法律上同样的便利。CIPS 法制应借鉴相关国际文件的经验，例如《贸易便利化协定》，并制定高效率的措施。这一文件旨在解决贸易障碍、提高贸易效率，并且协定从透明度、程序简化及海关合作三个方面促进贸易便利化。[①]对中国而言，作为世界第一大货物贸易国，一方面实现贸易便利化与简化程序有助于进一步提高货物流动、放行和结关速度，提高中国产品竞争力并改善外资环境；另一方面，《贸易便利化协定》的实施还将普遍提高中国贸易伙伴的贸易便利化水平，为产品出口营造便捷的通关环境。[②]《贸易便利化协定》不仅能够有效实现国际贸易领域的便利化，提高相关贸易的业务处理效率，而且能够使其他领域的交易活动因此受益。

3.立法者只有在 CIPS 法制中设置更高效的操作方式与解决方式，才能吸引参与者主动采用 CIPS 清算模式，而不继续选择使用代理行模式或是境外清算行

① 参见宋亚鹏：《〈贸易便利化协定〉分析及中国进路选择》，《海关与经贸研究》2016 年第 37（6）期。

② 《世贸组织〈贸易便利化协定〉正式生效——助力全球贸易与经济增长》，http://finance.people.com.cn/n1/2017/0224/c1004-29105161.html，2017-02-24.

模式。只有让参与者看到 CIPS 法制的优势，参与者在权衡之后才会更加广泛且深入地适用 CIPS 法制，进而促进 CIPS 法制优化配置相关的法律资源。

上述内容实质上都属于资源优化配置的要求，这些要求均能通过在 CIPS 法制中确立效率价值加以满足。在 CIPS 法制中确立效率价值，有助于立法者制定符合中国经济现状的高效率措施。这对于保障 CIPS 的高效运行、快速协调主体间的利益冲突、提高金融机构应对风险的能力以及制定更高效的纠纷解决程序与金融消费者保护程序至关重要。

（三）理性经济人假设

西方主流经济学将理性经济人假设视作庞大经济学体系的重心和支点，并用这个假设来解释人类的经济行为。尽管学界对理性经济人假设理论的有效性存在争议，但将这项理论与人类其他的行为模式理论相比，理性经济人假设或许是解释人类行为最普遍、有效且成功的理论工具。[①]所谓“经济人”是指会计算、有创造性、能寻求自身利益最大化的人。“人的理性”是指人的行为具有趋利性，即大家都追逐利好的事物而回避可能带来风险或危害的事物；或是每个人在实施行为时都会比较成本与收益的大小关系，基于理性，人类会选择最优的发展机会、追求目标以及实施手段。

理性经济人假设中的理性主体特质使经济主体在对已知状态下的各种可选择方案进行着最优选择，这种最优选择当然是以效率为基准的行为方式。[②]从某种意义上看，这种动力机制是在市场经济条件下普遍发生的，并能使整个社会的经济运行趋于合理化的一种内在力量。自由市场能够实现经济效益，正是在于它把个体充分调动起来，让个体基于利己心进行成本收益分析，做出效益最大化的决策，进而基于个体最优实现社会整体最优的结果。我们认为立法者在制定法律来处理相关经济问题时，大都假定经济活动的参与主体能够做出利己的行为且高效完成经济目标，由此实现经济利益的最大化。由于理性经济人假设中的参与主体在实施行为时会进行经济核算，即选取利润最大且成本最低的路径以完成目标，所以这会促使市场参与者选择高效且经济成本低的法律规则，以实现法律权益的最大化。

---

① 参见李树：《经济理性与法律效率——法经济学的基本理论逻辑，《南京社会科学》2010 年第 8 期。

② 参见郝淑芹：《重提“经济人”的理性情结——兼论中国市场经济建设的主体素质基础》，《济宁学院学报》2009 第 30（5）期。

为保证法律生产与供给行为的高效性，立法者需要运用效率价值对法律的制定和实施状况进行检验与评价。根据制度经济学家的观点，最佳的制度安排应有助于减少交易成本，以最小的交易成本获取最大的经济利益。市场经济的最高原则是效率，任何一个市场主体都力图以最小的代价取得最大的利润。实现理性经济人假设中的效率价值有助于实现金融市场的效率原则。理性经济人假设要求法律具有高效便捷的特性，主要体现为确立效率价值并规定高效的行为规则。同理，金融法律制度的设计与安排需要体现效率理念，因其直接影响着金融市场效率原则的实现。CIPS 法制作为重要的金融法律制度，也需要确立效率价值。立法者在 CIPS 法制中确立效率价值并制定相应的高效率制度与规则，有助于市场主体快速且低成本地实现其经济目标。依据理性经济人假设，与 CIPS 运行有关的所有参与主体，包括直接参与者、间接参与者、金融消费者以及其他人员，都应被视为理性的经济参与者。他们都能够对其行为负责，均具有利己的目的以及实现利益最大化的目标。这些参与者在进行经济活动时都会选择适用高效且便捷的法律，以快速且安全地实现法律权益。立法者只有在 CIPS 法制中确立效率价值，设置高效的资金流动机制、信息与业务处理机制以及纠纷解决机制等，以高效且便捷地处理经济问题，人民币跨境支付领域的市场参与者才会自愿且普遍遵守 CIPS 法制的规定，进而推进 CIPS 法制的遵守与执行。

第三章
人民币跨境支付系统法制的不足与完善

为完善法律制度，立法者不仅需要从学理角度分析其制度基础，而且需要从法律制度的实践状况分析其能否被很好地执行与遵守以及是否偏离立法本意。我们通过梳理两种价值在CIPS法制实现过程中存在的问题，结合《金融市场基础设施原则》中可适用于CIPS的相关原则与职责，分析CIPS法制仍需完善的领域，为CIPS法制的完善提供现实依据。

第一节　人民币跨境支付系统法制的主要缺陷

CIPS在人民币跨境支付与结算领域发挥着积极的作用，但CIPS法制中体现安全价值的规则在实施效果上存在较大差距，有些规则能够较好地实现安全价值，有些规制却尚未发挥安全价值的功能。CIPS法制中有关信息转换与纠纷解决的规定有效实现了安全价值，具体体现在：其一，CIPS法制规定CIPS采用国际通用的ISO20022报文标准和统一的中文商用代码编码标准。相比HVPS与SWIFT之间的报文转换现状，CIPS与SWIFT在对接时减少了报文转换时的人工处理环节，实现了参与者跨境金融信息的自动转换，并解决了过去HVPS与SWIFT报文不相容的问题。[①]这有助于防止因人员错误操作所产生的安全问题，进而避免泄露个人秘密、商业秘密甚至是国家秘密；同时，有助于满足跨境业务直通处理的需求。其二，立法者在CIPS法制中规定的纠纷解决机制，能够有效保障CIPS运营机构、直接参与者及间接参与者的法律权益，同时也能够弥补HVPS法制中纠纷解决机制的空白。然而，我们着重分析CIPS法制在实现安全价值时存在的问题，主要体现在以下诸方面。

① 跨境银行间支付清算（上海）有限公司：《功能特点》，http：//www.cips.com.cn/cips/_2664/_2708/index.html，2015-10-08.

一、规则的效率位阶低

CIPS 法律文件的效力位阶低，容易导致法律文件的实施效果不明确，不能够较好地实现《金融市场基础设施原则》中确定的法律基础原则、风险管理原则、结算终局原则、净额结算规则、参与者违约规则与程序、准入与参与要求、分级参与安排、通信程序与标准、信息披露以及监管职责，不利于 CIPS 法制中安全价值的实现。现阶段，正在发生法律效力的三部 CIPS 法律文件都是规则、协议、指引或通知，属于规范性法律文件。这会使 CIPS 法律文件仅被视作一种原则性的指导与标准，各地银行或有权制定 CIPS 规则的机构可依据各地经济实况制定符合自身状况的实施细则。

假如存在效力位阶更高的法律法规对 CIPS 法制中的某个问题做出有区别甚至是相悖的规定，那么基于上位法优于下位法的适用原则，CIPS 相关规则将得不到适用，由此便失去了它应有的法律效果。各地金融机构根据各地经济状况的不同需要对 CIPS 文件进行细化，这极易造成不同地区的 CIPS 实施细则内容差别较大，所以不同参与者在适用相关实施细则时，可能会产生适用相互矛盾的法律规定的情况，进而引发纠纷。同时，不同地区的法院也可能做出有差别的裁判结果，使得 CIPS 法制丧失确定性与稳定性，无法保证参与者的经济安全。此外，尽管 CIPS 法制对接了《金融市场基础设施原则》的国际标准，但对接的结果仅以部门内部通知等形式呈现。上述情况都会导致 CIPS 法制的强制力、约束力以及国际公信力不足。

二、监管制度不完善

现如今，立法者在 CIPS 法制中尚未建立完整的 CIPS 监管法律制度，CIPS 的监管规则只是散见在各项法律文件中。在处理与 CIPS 相关的监管问题时，监管机构多适用《中国人民银行支付系统参与者监督管理办法》，但 CIPS 在适用该办法时也会出现相应的问题，不利于对交易流程、参与者准入与退出、金融消费者保护以及金融风险的防范与控制等进行有效的监督与管理，不利于实现 CIPS 法制的安全价值。第一，《中国人民银行支付系统参与者监督管理办法》本身效力位阶低、法律效力弱，并且未明确央行的职责与核心监管地位。这容易阻碍中国人民银行对 CIPS 进行整体且全面的监管，不利于央行落实该办法中的相关措施。第二，该办法的适用对象，如大额支付系统、小额支付系统、网上支付跨行清算系统、全国支票影像交换系统和境内外币支付系统，都是面向国内金融市场且为国内金融交易提供服务的金融市场基础设施。由于 CIPS 作为提供人民币跨境支付与结算业务的系统，其调整的金融关系具有国际性、复杂性与多样性，所以 CIPS 的监管规定需要能够有效处理更特殊且复杂的问题，并满足人民币跨境业务的特殊监管需求，而不能与国内支付系统的监管规定混用。

尽管国务院办公厅在 2017 年 9 月发布了《国务院办公厅关于完善反洗钱、反恐怖融资、反逃税监管体制机制的意见》，旨在结合时代特征对健全监管机制提出新要求，且反洗钱已经成为国家“十三五”规划的明确要求，但是中国相关法律尚未对 CIPS 中的洗钱行为进行专门的规定，由此导致 CIPS 法制在面对监管问题时缺乏专门的监管依据。[①]监管部门在处理相关的洗钱问题时，适用通行的金融机构反洗钱规定还是参照适用国外支付系统的监管规定，尚未有明确的法律解释。

三、金融消费者保护机制不健全

金融消费者是指购买、使用金融机构提供的金融产品和服务的自然人。尽管《中国人民银行金融消费者权益保护实施办法》规定了金融机构行为规范、个人金融信息保护以及投诉受理与处理机制，但是对于金融消费者的保护力度仍然不足，不利于 CIPS 法制安全价值的实现。具体表现为：其一，《中国人民银行金融消费者权益保护实施办法》以规范性法律文件的形式对金融消费者进行保护，其规则的效力位阶低且法律效力较弱。其二，《中国人民银行金融消费者权益保护实施办法》规定金融消费者与金融机构（在此指办理人民币业务的 CIPS 直接参与者与间接参与者）发生纠纷时，原则上应先向金融机构投诉，只有在金融机构不予处理或无法解决时再向央行有关分支机构投诉。金融机构对投诉的处理本质上属于商业银行内部的自行消化，惩罚力度较小，无法保证投诉渠道

---

① 中国人民银行：《〈国务院办公厅关于完善反洗钱、反恐怖融资、反逃税监管体制机制的意见〉答记者问》，http://www.pbc.gov.cn/goutongjiaoliu/113456/113469/3391759/index.html，2017-09-29.

最终能够公平地保护金融消费者权益。其三，尽管《人民币跨境支付系统参与者服务协议》第 18 条对争议解决的内容进行了规定，即运营机构和参与者之间若发生纠纷，可通过调解、仲裁或起诉的渠道解决，但并未规定金融消费者与金融机构之间的纠纷解决方式。参与 CIPS 业务处理的金融消费者能否通过适用 CIPS 法律规范，有效维护自身的实体与程序利益，尚待考证。

四、结算终局规则缺失

依据《金融市场基础设施原则》，结算终局的法律效果是不可撤销且无条件地转让资产或金融工具，或由金融市场基础设施或其参与者根据合同的基本条款履行义务。结算终局是指金融市场基础设施依照特定的规则与程序，完成支付指令、转移指令或其他义务所形成的结算结果，应在预定的日期得到最终确定。这个日期是指支付指令、转移指令或其他义务的到期日，并且有关的资金和证券通常应能够在到期之前供接收方使用。在到期日之前完成终局结算意义重大，因为将最终结算推迟至下一个工作日会对金融市场基础设施的参与者和其他利益相关者造成信用压力与流动性压力，并且这些压力极易成为系统性风险的来源。在必要或适当的情况下，金融市场基础设施应提供日间结算终局或实时结算终局的服务，以减少结算风险。

一般来说，结算终结性程度越低，银行因无力支付而产生的风险所辐射的范围越大，撤销支付影响的范围也越广；反之，结算终结性程度越高，银行因无力支付而产生的风险所辐射的范围也越小，撤销支付影响的范围也越窄。[①]立法者未在 CIPS 法制中确定结算终局不利于稳定人民币跨境业务的结算结果、实现金融交易与账户的安全以及实现 CIPS 法制的安全价值。现阶段，尽管《大额支付系统业务处理办法》规定了结算终局的内容，并且 CIPS 法制的制定者可以在尚未对此做出规定的情况下借鉴上述规则，但由于 CIPS 与 HVPS 在功能与适用主体方面存在差异，仅参照 HVPS 的结算终局规则而不制定 CIPS 结算终局规则，同样会使 CIPS 法制出现不能有效保障清算账户结算终局的情况。可见，CIPS 法制的制定者仍需在 CIPS 法制中确定结算终局的规则。

① 参见刘颖：《电子资金划拨法律问题研究》，法律出版社 2001 年版，第 406 页。

五、恢复与有序关闭规则缺失

CIPS 法制中体现效率价值的规则在实施效果上同样存在较大差距，有些规则能够较好地实现效率价值，有些规制却尚未发挥效率价值的功能。CIPS 法律制度通过设置全额实时结算方式、通用的报文与代码标准以及参与者一点接入或专线接入 CIPS 的接入方式，实现了效率价值。其一，CIPS 的全额实时结算方式旨在没有迟延地快速满足资金流动需求，有助于提高 CIPS 的支付效率，并解决短期资金流动性不足的问题。其二，CIPS 法律制度设置通用的报文与代码，可以有效缩短业务处理时间，降低业务处理成本，使人民币跨境支付与结算业务在经济和时间上都能实现高效。其三，CIPS 法制规定各直接参与者一点接入、为境内直接参与者提供专线接入以及为境外直接参与者提供专线或其他接入的方式，均能提升 CIPS 的运行效率、集中清算业务、减少中间不必要的业务环节，从而节约资金的流动性。

CIPS 法制的效力层级低，不仅不利于实现安全价值，也不利于实现效率价值。前文已经对 CIPS 法制效力层级低可能产生法律约束力与国际公信力不足的问题进行了论述，此处不再赘述。我们将在论述 CIPS 法制中效率价值在实现中存在的其他问题。

《金融市场基础设施原则》规定，通过分析风险并考虑国内立法可能强加的任何限制，相关法律制度应为金融市场基础设施确定潜在的、能够防止金融市场基础设施中断其核心操作与服务的方案。该方案应包含“恢复与有序关闭”系统的实质性策略、识别金融市场基础设施的关键操作和服务以及说明执行关键战略所需采取的措施。这些方案可作为持续关注、评估与“恢复与有序关闭”有关的规则有效性的手段，并应将金融市场基础设施所暴露的各种独立或相互联系的风险纳入考虑范围。此外，金融市场基础设施应该能够识别并向相关金融机构提供所需的信息，以保证在紧急情况下能够及时实施上述方案（这些方案应得到定期进行审查和更新），并且应为有关当局提供该信息，包括解决方案的制定目的以及战略与情景分析。

作为重要的法律问题，支付系统的“恢复与有序关闭”影响着参与各方的权利与义务。[①]从发达国家的经验来看，将支付系统的有序关闭和恢复确定在相关法律制度中是完善支付系统法制的重要环节。对存在问题的重要支付系统实行有序关闭，能够减少或防止因支付系统运行机构破产或核心服务中断带来的损失。同时，对已经消除相关安全隐患的重要支付系统进行恢复，能够为金融市场提供高效且安全的支付平台。可见，CIPS 法制缺失“恢复与有序关闭”的方案与规则，不利于避免因金融机构的异常关闭或不正常恢复产生的 CIPS 不可控的风险与情况，不利于有效实现 CIPS 的安全运行与管理以及 CIPS 法制的安全价值。然而，从当前的情况来看，立法机构不仅尚未制定有序关闭与恢复支付系统的规则，而且尚未出台规范金融机构（此处指 CIPS 运营机构）破产的法律法规。

六、自动质押融资与日间透支的规则缺失

自动质押融资可用于解决银行（在此指 CIPS 参与者）出现暂时性资金短缺的问题。出现短期资金流动性困难的 CIPS 参与者可以向中国人民银行质押债券以融入资金并弥补资金不足，待 CIPS 参与者向央行归还资金后再从央行拿回质押的债券。CIPS 法制缺失自动质押融资规则，不利于落实央行的货币政策、提高银行对资金的运用效率、有效配置资金的流动性以及实现效率价值。

中国人民银行发布的《中国人民银行自动质押融资业务管理办法》代替了《中国人民银行自动质押融资业务管理暂行办法》。新文件旨在提高清算效率，防止融资余额上限、融资利率、合格质押品、成员机构资质等方面的规定严重滞后于社会经济发展，有利于扩大成员机构的融资空间，统一自动质押融资利率以及扩大质押债券范围。因此，我们仍将自动质押融资视为 CIPS 法制尚未完全解决的问题。

日间透支与自动质押融资发挥的作用相似，起到系统润滑剂的作用。缺失日间透支规则不利于有效解决资金流动效率不足的问题、提高 CIPS 的运行效率以及实现 CIPS 法制的效率价值。[②]《人民币跨境支付系统业务规则》第 15 条和第 17 条规定，不论是直接在 CIPS 中开立的清算账户还是央行为 CIPS 在 HVPS 中

---

① 参见潘拥军：《论美元跨境支付系统的适用规则对中国的启示》，《国际经贸探索》2016 年第 32（10）期。

② 参见范进义：《支付系统日间透支及其风险管控——美联储支付系统风险政策的解读和分析》，《国际金融》2016 年第 4 期。

开立的清算账户，均不得透支且日终余额为零。这并未完全解决 HVPS 法制中日间透支功能被雪藏的问题，也使得 CIPS 希望借此功能来提高资金流动性的愿望落空。从域外支付系统法制的经验来看，隐藏日间透支功能不利于支付系统运行效率的提升。我们认为相关机构尚未有效启用日间透支功能的原因在于日间透支的监管难度大，尤其是在 CIPS 的发展初期。可见，现阶段 CIPS 法制尚未能实现日间透支功能。

第二节　人民币跨境支付系统法制的完善路径

金融全球化在促进全球金融市场基础设施建设的同时，还在一定程度上敦促了配套法制的融合与完善。当前，CIPS 法制仍处于探索发展的初期，从上一章安全价值与效率价值的实现效果看，CIPS 法制具有较大的完善空间。金融全球化趋势的加强，不仅能够促进 CIPS 法制向国际标准靠拢，制定完善和归纳整合国内相关的法律法规；而且推动 CIPS 法制既考虑现代金融服务全球化的经济发展趋势、体现各国法律的融合性，从而使法律的立法初衷切合大势所趋，又在现有立法经验基础上结合本国参与金融全球化的能力和条件、体现立法中的民族性，从而使法律的实施效果同时符合本国国情。我们将从国际标准与域外法制经验两方面，探讨制度完善与价值实现的路径。一方面，对接国际标准有助于统一支付系统法制的制定标准，缩小法制差距，明确实现 CIPS 法制中的价值内容，提升 CIPS 法制的国际化程度，为 CIPS 法制的价值实现提供原则性的建议。另一方面，借鉴代表性国家和地区的法制经验有助于立法者从具体规则中吸收经验，为 CIPS 法制的价值实现提供具体化、可操作化的建议。

一、对接《金融市场基础设施原则》的国际标准

2008 年金融危机爆发后，国际社会对构建高效、透明、规范、完整的金融市场基础设施十分重视并达成广泛共识。2012 年，在吸收金融危机的教训、汲

取现有重要支付系统国际标准执行经验的基础上，支付结算体系委员会和国际证监会组织技术委员会联合发布了《金融市场基础设施原则》。作为重要的国际惯例，《金融市场基础设施原则》是国际普遍接受并广泛使用的规则。这部文件为全球金融市场基础设施的建设提供了较为完善的监管标准，缩小乃至消弭了原有国际标准之间的差异，强调全面加强风险管理的要求，提高了各类金融市场基础设施安全且高效运行的最低标准，是对金融市场基础设施风险管理经验的全面总结，有助于提高金融市场基础设施的系统竞争力与法制竞争力，适用各类金融市场基础设施。

《金融市场基础设施原则》的颁布，对于实现安全价值与效率价值具有内在必然性。因为金融市场基础设施及其参与者并非承担与支付、清算及结算相关的所有风险和费用，导致相关参与者与机构不可能完全实现审慎且高效的交易与管理，例如部分参与者可能不会考虑其行为对其他参与者的影响（如延迟支付或延迟结算产生的潜在风险与费用）。仅靠市场力量无法确保充分实现安全和效率的公共政策目标，所以必须设立相关规则予以辅助实现。总体来看，如果金融市场基础设施及其参与者未充分规避、控制其风险，那么极易给整个金融体系和实体经济带来更加巨大的外部风险，这为《金融市场基础设施原则》的颁布提供了辅助实现安全与效率的外在需求。

（一）应对接《金融市场基础设施原则》国际标准的内容

一方面，中国金融市场正处于面向国际市场开放的发展阶段，国内外支付系统、证券结算系统、中央交易对手等金融市场基础设施之间的依赖程度不断加深。在此形势下，落实《金融市场基础设施原则》有助于推动中国金融市场基础设施的建设，建立更加完善的支付与结算法律制度和协同相关的监督管理政策。另一方面，中国作为支付结算体系委员会（CPSS）和国际证监会组织（IOSCO）的正式成员，理应执行《金融市场基础设施原则》制定的原则与职责，并将其落实到位。CIPS 作为新上线的支付系统，是一种重要的金融市场基础设施，应该遵循《金融市场基础设施原则》的国际标准。这部国际文件规定了 24 项原则与 5 项监管职责，但为着重体现 CIPS 法制中的安全价值与效率价值，CIPS 法制的制定者在对接《金融市场基础设施原则》中的原则与监管职责时亦应当有所侧重，具体表现在以下方面。

1.确立安全价值的国际标准

《金融市场基础设施原则》规定，为保障交易安全、促进金融稳定，金融市场基础设施需要管理相关金融风险。金融市场基础设施首先应能够识别并理解其内在产生并传导的风险类型，再确定这些风险的来源。在适当评估这些风险后，金融市场基础设施的规则制定机构应制定适当且有效的法律制度来监测和管理此风险。《金融市场基础设施原则》所述的这些风险包括（但不限于）法律、信贷、流动资金、一般业务、保管、投资和经营风险。此外，《金融市场基础设施原则》为金融市场基础设施和有关当局提供了关于识别、监测、规避、削弱和管理这些风险的指导原则。

为实现 CIPS 法制的安全价值，立法者应当遵循《金融市场基础设施原则》中的法律基础原则、结算最终性原则、净额结算原则、风险管理原则（包括应对信用风险、流动性风险、运行风险及一般业务风险的原则）、参与者违约的规则与程序、准入与参与要求、分级参与安排原则、披露原则以及有关当局对金融市场基础设施、权力与资源承担的监管职责。CIPS 法制对接上述原则与职责，旨在减少 CIPS 运行过程中的风险、全面加强风险管理、提高金融市场基础设施风险防控的最低标准、加大监管力度，以维护人民币跨境支付市场的秩序与安全。

第一，CIPS 法制在遵守并实现《金融市场基础设施原则》中的法律基础原则时应注意以下几点。①

其一，在所有与金融市场基础设施相关的司法管辖区中建立位阶高且效力稳定的法律依据（在此指 CIPS 法制）。这对于确保 CIPS 整体稳健运行至关重要。CIPS 法制需要清晰地界定 CIPS、CIPS 参与者或其他各方（如参与者的客户、保管人、结算银行和服务提供者）的权利与义务，或为相关主体确定权利与义务提供法律基础。由于大多数风险管理制度都是建立在金融市场基础设施中的相关权利与义务的产生方式与产生时间明晰且可被公众知晓的基础上，所以如果风险管理机制健全有效，那么与金融市场基础设施及其风险管理有关的权利与义务在立法与执行中应体现高度确定性。因此，如果与 CIPS 业务运行有关的法律基础不充分、不确定或不透明，那么 CIPS、CIPS 参与者及其客户可能会面临无法预料的、无法确定的或无法管理的信用风险或流动性风险，由此可能引发或放大系统性风险。

① BIS，“Principles for financial market infrastructures”，pp.21–25. https：//www.bis.org/cpmi/publ/d101a.pdf，2012–04.

其二，法律依据（即 CIPS 法制）应为金融市场基础设施在所有与其相关的司法管辖区中的活动提供高度确定的指导原则或规则。法律依据应包括法律框架以及相关的规则、程序和合同。CIPS 法律框架应包括一般法律法规，管理（包括但不限于）财产、合同、破产、公司、证券、银行、担保权益和责任，在某些情况下，还会涉及竞争管理、消费者与投资者保护问题。规范 CIPS 具体活动的法律法规应包括对相关授权的管理与监督、金融工具的权益、结算终局、净额结算、抵押品安排（包括保证金安排）、参与者违约的规则与程序。此外，CIPS 的规则制定者应考虑是否在其规则、程序和合同中明确与金融市场基础设施、参与者和其他缔约方权利与义务相关的行业标准和市场协议。

其三，金融市场基础设施应能够以一种明确且易懂的方式，阐明其活动的法律依据。相关机构可通过提供法律意见或确认在切实可行的范围内 CIPS 规则和程序的可执行性，为其提供合理的支持结论。为提高 CIPS 中参与者之间的信任度和透明度，CIPS 法制应规定 CIPS 具有分享上述法律意见或分析的义务。此外，CIPS 应确保其活动符合所有相关司法管辖区的法律法规，这些司法管辖区的管辖范围包括 CIPS 正在进行的业务，参加者为参与目的合并、分立或以其他方式进行的业务，涉及抵押品的业务以及合同列举的其他业务。

其四，法律依据应清晰地界定并保护金融市场基础设施、参与者以及参与者的客户对于有关金融资产（如现金和证券）的权利和利益。CIPS 法制应明确规定，CIPS 在抵押品方面的权益、使用和处置抵押品的权利、转让所有权或财产权益授权的权利以及做出并接受支付的权利。

其五，与金融市场基础设施操作有关的规则、程序和合同应在所有相关司法管辖区内具有可执行性。一方面，CIPS 法制应保证原则 13 中“参与者违约规则与程序”的可执行性。CIPS 应适用该项原则，以处理违约或资不抵债的参与者在 CIPS 中开展的相关业务。CIPS 应在处理业务时保持最高的决定权（决定终局性），以保证遵守相关法律规则与程序的行为不能够被逆转或撤销（包括参与者决议制度）。执行程序的模糊性会延迟甚至阻碍 CIPS 采取行动来履行其对非违约参与者的义务或减少非违约参与者的潜在损失。即便参与者已经违约或开始破产程序，CIPS 仍可以采取措施隔离风险，并在支付之前保留或使用抵押品与现金。另一方面，CIPS 法制应保证与“恢复与有序关闭”的规则、程序及合同的可执行性。CIPS 法制应能够解决并控制由以下事项引发的风险：(1) 由 CIPS 与其他金融市场基础设施之间的跨境参与和联通引发的风险；(2) 由正在关闭的

CIPS 对外国参与者引发的风险。具有歧义的规则或程序会延迟并阻碍金融市场基础设施及有关当局采取恰当的行动，由此会增加关闭金融市场基础设施并中断其核心服务所带来的风险。CIPS 法制应确保 CIPS 采取行动所遵循的规则与程序不被撤销与逆转。如果 CIPS 被异常关闭，CIPS 法制应能够继续支持 CIPS 对终止、关闭后结算、移转现金与证券资产、移转全部或部分权利与义务等问题做出决策并采取行动。

其六，法律依据应解决与金融市场基础设施有关的法律冲突问题。如果 CIPS 受制于不同司法管辖区的法律，例如参与者在多个司法管辖区内设立机构、在多个司法管辖区内存有资产或在多个司法管辖区内开展业务，那么可能产生法律冲突风险。在这种情况下，CIPS 应该能够识别并分析潜在的法律冲突问题，并适用相应的规则和程序，以削弱甚至消弭此风险带来的不利影响。CIPS 的参与者也需要在不同司法管辖区适用不同规则的前提下，理性地分析相关法律的局限性，并选择相应的法律规则。

第二，CIPS 法制应遵守并实现《金融市场基础设施原则》中的结算终局原则。[①]

立法者为确定 CIPS 内风险的转移时间（包括不可撤销的交易时间点），应对 CIPS 何时结算终局的问题，制定明确的法律依据。结算终局原则是风险管理系统的重要构成（也参见原则 8）。终局结算关系到 CIPS 在参与者破产时需要采取的行动，因为破产参与者的交易是能够得到最终确认，还是被清算人及有关当局视为无效或被撤销，将产生截然不同的结果。举例来说，一些国家的破产法中规定“零点规则”可以产生冲销已在支付系统中完成结算的支付结果，但“零点规则”的适用很可能产生信用风险和流动性风险，所以应废除会破坏结算终局结果的“零点规则”。此外，CIPS 法制还应鼓励 CIPS 与其参与者、结算银行在结算终局时订立法律协议。

第三，CIPS 法制在遵循《金融市场基础设施原则》的风险管理原则时应注意以下几点。[②]

其一，金融市场基础设施的法律制度应当全面确立风险管理机制，包括金融市场基础设施对参与者及其客户承担或施加的风险以及对其他实体（如其他金融市场基础设施、结算银行、流动性提供者）承担或施加的风险。CIPS 法制应

---

① BIS：“Principles for financial market infrastructures”，p.23. https：//www.bis.org/cpmi/publ/d101a.pdf，2012-04.

② BIS：“Principles for financial market infrastructures”，pp.32-35. https：//www.bis.org/cpmi/publ/d101a.pdf，2012-04.

考虑各种风险相互关联与作用的方式，构建一个健全的风险管理框架（包括政策、程序和制度），使 CIPS 能够有效地识别、测量、监视和管理由其产生或承担的风险。CIPS 的风险管理框架不仅应包括对风险的识别与管理，还应提供适当的激励机制并为其参与者和其他实体提供相关信息以管理与监控金融风险。

其二，为建立健全的风险管理框架，首先应确定风险范围，以及直接承担风险或构成风险来源的参与者、参与者客户和其他实体。CIPS 法制应该对潜在的且能够对 CIPS 的执行能力或 CIPS 预期服务的提供能力产生重大影响的风险进行确认。这些风险通常包括法律风险、信用风险、流动性风险和操作风险。此外，CIPS 法制还应该考虑与之相关的风险，如市场（价格）风险、一般业务风险。这些风险可能对 CIPS 的市场影响力造成重大的负面影响，可能会破坏其财务安全以及更加广泛的金融市场的稳定性。在确定风险时，CIPS 法制应考虑更加全面且复杂的法律关系，识别其他实体的种类（如其他金融市场基础设施、结算银行、流动性提供商、服务提供商）与其承担的风险，以及任何可能导致 CIPS 无法正常提供服务的情形。

其三，金融市场基础设施运营机构的董事会和高级管理层最终负责管理其风险（参见关于治理的原则 2）。董事会应确定客观、合理的宏观风险容忍限度以及金融市场基础设施的容量。董事会和高级管理人员应建立与 CIPS 风险承受力和运行能力相符的政策、程序与控件。CIPS 的政策、程序和控件作为识别、测量、监测和管理 CIPS 风险的基础，应包含常规事件与非常规事件的处理规则，包括 CIPS 或其参与者可能无法履行义务的潜在情况。CIPS 的政策、程序与控件应能够解决所有风险，包括法律、信用、流动性、一般业务和运营等方面的风险。这些政策、程序与控制手段应是风险管理框架的重要部分，应得到定期的审查和更新，并共享至有关管理部门。

其四，金融市场基础设施的法律制度应设立稳健的信息与风险控制系统，以提高金融市场基础设施提供金融信息的及时率，且落实风险管理的政策与程序。这种信息与风险控制系统应能够准确且及时地测量发生在金融市场基础设施中的风险敞口，管理独立的风险敞口以及敞口之间的依存关系，并评估可能对金融市场基础设施造成的金融冲击。此外，该系统还应保证金融市场基础设施能够监测其信用敞口和流动性敞口、信用额度上限和流动性限制以及这些风险与限制之间的关系。在适当情况下，信息与风险控制系统还应向其参与者及其参与者的客户提供相关信息，以管理并控制其信用风险和流动性风险。

其五，金融市场基础设施应该定期审查其所承受以及对其他实体（如其他信息系统、结算银行、流动性提供商或服务提供商）施加的金融风险，并开发适当的风险管理工具以防控风险（也参见原则20）。CIPS的风险管理框架应该设置有效管理所有系统风险（包括法律、信用、流动资金、一般业务和操作等方面的风险）的金融工具（包括业务连续性安排），以限制CIPS对上述实体（甚至是金融市场）相关金融活动造成的负面影响（如金融活动中断造成的损失），或限制上述实体（甚至是金融市场）造成CIPS相关活动中断的消极影响。上述金融工具应能够在操作中断（参见原则17关于操作风险）、流动性风险管理（参见原则7）以及“恢复或有序关闭”规则不可行时，快速恢复关键的金融操作与服务。由于系统间的风险相互依存，CIPS应确保其危机管理安排能够有效地在受影响的实体之间进行协调。

其六，金融市场基础设施的法律制度应构建全面的内部程序，以辅助董事会和高级管理层监控并评估金融市场基础设施风险运行与管理的政策、程序与控件的充分性和有效性。尽管业务管理可视作CIPS风险防控的“第一道防线”，能够通过独立的方案与审计对防控机制实施的推进面与落实效果进行评估，但是强大的内部审计功能能够对CIPS的风险管理和控制程序的有效性进行独立的评估。强调高级管理层和董事会以及内部审计的充分控制，有助于构建与平衡商业利益高于风险防控的商业管理文化。

第四，CIPS法制在遵循并实践《金融市场基础设施原则》的参与者违约规则与程序时应注意以下几点。①

其一，参与者违约规则与程序有助于使金融市场基础设施在参与者未能履行其义务的情况下亦能保持持续运作。这些规则和程序有助于减轻因参与者无法正常完成交易活动，给其他参与者以及金融市场基础设施带来的潜在负面影响。参与者违约规则与程序的主要目标应包括：（1）确保及时完成结算，即使在极端但看似合理的市场条件下；（2）尽量减少对金融市场基础设施和非违约参与者造成的损失；（3）防止或控制金融市场的业务中断；（4）确定明确的监管框架，制定准入金融市场基础设施资金流动环节的标准；（5）管理并关闭违约参与者的头寸，并以审慎有序的方式结清任何使用的抵押品。

其二，为金融市场基础设施设置参与者违约规则与程序，使金融市场基础设

① BIS：“Principles for financial market infrastructures”，pp.78–81. https：//www.bis.org/cpmi/publ/d101a.pdf，2012–04.

施在参与者违约的情况下继续履行对非违约参与者的义务。CIPS 法制应在参与者违约规则与程序中，明确定义何种情况能够构成参与者违约，并解决财务问题与操作过程中的违约问题。参与者违约规则应确定识别参与者违约的方法，具体而言，规则应当说明违约申报权是自动获得还是依申请获得，以及在依申请获得的情况下具备何种条件的个人或团体拥有申请的权利。立法者在设计 CIPS 法制中的参与者规则和程序时需要考虑的关键点包括：（1）在申请参与者违约时，金融市场基础设施可以采取的行动种类；（2）金融市场基础设施自动或酌情采取相应行动的程度；（3）如果在极端情况下必须对正常的结算方式做出改变才能够确保及时结算，那么需要此结算方式做出相应的调整或改变；（4）对不同阶段的交易活动进行管理；（5）给予专有客户的交易与账户预期同等的待遇；（6）对可能采取的行动的优先顺序进行排序；（7）各缔约方（包括非违约参与者）的作用、义务和责任；（8）其他可能引发参与者违约的机制。

其三，参与者违约规则与程序应使金融市场基础设施能够及时（在参与者违约点之前、之时或之后）采取行动，以控制损失与流动性压力（也参见关于信用风险的原则 4 和关于流动性风险的原则 7）。具体来说，CIPS 法制中的参与者违约规则与程序，应允许 CIPS 迅速使用其所拥有的金融资源以及资金流动设施，以弥补损失并缓解流动性压力。参与者违约规则应确定不同类型资源的优先使用顺序，使参与者能够评估其在使用 CIPS 服务时具有的潜在风险。通常 CIPS 应首先使用违约参与者提供的资产，如保证金或其他抵押品，以激励参与者谨慎管理风险，特别是违约参与者对 CIPS 造成的信用风险。在参与者违约之后，参与者违约规则还应确定可靠且明确的计划，使 CIPS 在适当的时间范围内补充资源，使其能够继续以安全且有效的方式运作。简单来说，参与者违约的规则和程序应明确违约参与者的义务，以补充在违约期间耗尽的金融资源。

其四，金融市场基础设施应能够执行参与者违约规则与程序。管理部门应确保 CIPS 具备业务能力，拥有数量充足且训练有素的操作人员来及时执行相关程序。参与者违约规则与程序应尽量规避任何存在潜在利益冲突的安排。管理层还应制订相关的内部计划，以明确违约处理的作用和责任，并且为工作人员提供与程序执行方式有关的培训和指导。此外，CIPS 需要与利益相关者进行及时的沟通。在允许的范围内，CIPS 应清楚地向利益相关者提供信息，辅助其管理自身的风险。每年或在对 CIPS 的相关安排做出重大调整或改动后，内部计划应由管理层和董事会进行审查决议。

其五，为保障金融市场基础设施在违约事件中可能采取的措施具有确定性和可预见性，相关法制应公开披露参与者违约规则与程序的核心内容。这包括：（1）金融市场基础设施可能采取行动的情况；（2）有权采取行动的主体；（3）可采取的行动范围，包括对专有客户的头寸、资金以及其他资产的处理；（4）辅助履行金融市场基础设施对非违约参与者义务的机制；（5）在与参与者的客户存在直接关系的情况下，辅助违约参与者继续履行对其客户相关义务的机制。参与者违约规则与程序具有较高的透明度，有助于促进对违约行为的有序处理，使参与者能够及时了解金融市场基础设施及其客户的有关义务，且有助于向其他市场参与者提供必要的信息，使其能够对参与的市场活动做出谨慎的决定。CIPS 应确保参与者、参与者的客户以及公众能够接触以及查阅参与者违约规则和程序，并促进上述主体对此规则与程序的理解与适用，以增强其在出现参与者违约情况时对金融市场的信心。

其六，参与者违约规则与程序应允许参与者及其他利益相关者检测并审查参与者违约程序，包括任何系统的关闭程序。此类检测与审查应于每年至少进行一次或在对规则和程序进行重大修改之后进行，以确保规则的可行性与有效性。对参与者违约程序进行定期测试和审查，对于帮助金融市场基础设施及其参与者充分理解该程序并减少规则和程序中的不明确表述意义重大。此类测试应包括可能涉及违约程序的所有关联方，如适当的董事会成员、参与者、相互联系或依存的金融市场基础设施、有关当局以及任何相关的服务提供者。测试和审查的结果应与金融市场基础设施的董事会、风险委员会和有关当局共享。

第五，CIPS 法制在遵循《金融市场基础设施原则》的准入与参与要求时应注意以下几点。①

其一，准入是指访问金融市场基础设施的资格，包含直接参与者、其他金融市场基础设施、以及其他相关的服务提供者对金融市场基础设施的直接访问，在某些情况下也包含间接参与者的访问。CIPS 应为参与者提供公平且开放的金融服务，并应在其提供的服务中为参与行为确立有区别的风险控制标准，以控制可能对参与者产生影响的相关风险。CIPS 法制应确保参与者与其他相关的金融市场基础设施具有必要的业务能力、金融资源、法律权利以及风险管理能力，防止出现 CIPS 以及其他参与者无法解决的风险敞口。CIPS 法制需明确说明且公

① BIS，“Principles for financial market infrastructures”，pp.101-104. https：//www.bis.org/cpmi/publ/d101a.pdf，2012-04.

开 CIPS 的参与要求，以消除规则的不确定性并提高规则的透明度。

其二，公平且开放地参与金融市场基础设施的相关活动，有助于鼓励金融主体参与市场竞争，并促进高效且低耗的支付、清算和结算。由于金融市场基础设施通常受制于经济规模，所以特定市场通常只有一个或少量的金融市场基础设施。CIPS 法制应避免限制市场主体参与 CIPS 活动，促进市场参与者之间形成正向竞争状态，避免不正当竞争或垄断，保护部分市场参与者（及其客户）、其他金融市场基础设施以及无法参与金融市场基础设施活动的服务提供者的市场参与利益。此外，准入 CIPS 对于制定市场计划与政策意义重大，相关的市场计划与政策应包括设置具有安全且高效完成清算功能的金融工具以及确定提高市场有效性的方式与措施。CIPS 法制应依据不同的风险等级制定合理的参与要求，并在所有与 CIPS 活动相关的司法管辖区内准许公平与开放的系统准入。

其三，金融市场基础设施的相关法制应重视实际的或潜在的参与者对金融市场基础设施与其他参与者可能造成的风险。CIPS 法制应确定与风险相关的参与要求，以确保参与者满足适当的业务、财务及法律要求，使其能够及时履行对 CIPS 以及其他参与者的义务。如果直接参与者为其他实体（如间接参加者）处理相关业务，那么 CIPS 法制需要制定额外的参与要求，以确保直接参加者具备相应的能力（另见分层参与安排的原则 19）。业务要求应包含参与者使用 CIPS 服务的能力标准。财务要求应包含与风险相关的合理资本标准、融资违约安排以及适当的信用指标。法律要求应包含开展相关活动的许可与授权，以及证明潜在的法律冲突不会妨碍申请人履行对 CIPS 的相关义务的法律意见或其他安排。

其四，金融市场基础设施的参与要求应根据金融市场基础设施运行的安全和效率、服务的金融市场状况以及金融市场基础设施实际存在或潜在的具体风险进行调整，并予以公开披露。CIPS 的参与要求应保持客观，且不应歧视特定种类的参与者，以避免造成竞争扭曲。在适当的风险控制标准下，CIPS 法制应确定对准入产生最低限制性影响的要求。这些限制标准会受到司法管辖区内法律与政策的影响，所以相关的限制性标准应基于合理的风险标准加以确定。

其五，为消弭开放准入与规避风险之间的矛盾，金融市场基础设施的法制应通过使用风险管理机制、风险分担安排和其他操作安排（对准入与竞争产生最低限制性影响）来管理与参与者相关的风险。例如，CIPS 法制可以利用信用额度或抵押品标准来辅助管理特定参与者的信用敞口风险。对于资产状况不同的参与者，CIPS 法制允许其参与的程度也会存在差异。在其他因素相同的情况下，持有更高等级资产状况的参与者被要求达到的风险标准相对更低，或被允许参与到 CIPS 更多的活动中。此外，CIPS 法制还应规定 CIPS 需要为成本不同且复杂程度存在差异的准入提供不同级别的服务。例如，CIPS 可能会限制部分实体的直接参与权利以及为其他参与者提供的间接参与服务。CIPS 法制的准入与参与要求应基于参与者可能会给 CIPS 以及其他参与者带来的不同风险，制定不同的标准。

其六，金融市场基础设施应通过接收及时且准确的信息，监测相关规则设置的参与要求与对正在发生效力的参与标准的一致性。参与者有义务向 CIPS 报告任何可能影响其遵守参与要求的情况与变化。在确定参与者对 CIPS 会构成更高风险的情况下，CIPS 有权对参与者施加更严格的限制或其他风险控制手段。例如，如果参与者的信用度下降，那么 CIPS 应要求参与者提供额外的抵押品或降低参与者的信用额度。此外，CIPS 应对 CIPS 监管范围外的金融机构施加额外的参与要求，并明确和公开披露程序，使违反或不再符合 CIPS 参与要求的参与者暂停活动并有序退出。

第六，CIPS 法制在遵守并实现《金融市场基础设施原则》的分级参与安排原则时应注意以下几点：①

其一，分级参与安排发生在间接参与者依赖直接参与者在金融市场基础设施内进行相关金融业务的支付、清算、结算与记录的情况下。分级安排固有的依赖关系和风险敞口（包括信用、流动性和操作风险）可能会给金融市场基础设施、参与者以及更广泛的金融市场带来风险。例如，如果 CIPS 只有少量的直接参与者且绝大多数的交易量是由间接参与者贡献，那么这些金融交易的完成很可能取决于少量的直接参与者。这将使得违约或操作中断的直接参与者对 CIPS 造成的负面影响力扩大化。分级安排中的信用风险也会影响 CIPS 的运行安全及稳定程度。如果间接参与者的交易价值远超过直接参与者管理风险的能力，那么可能会增加直接参与者的违约风险。此外，间接参与者的责任以及直接参与者在违约情况下处理交易结果的不确定性，将会在 CIPS 中产生法律风险或操作风险。在实践中，CIPS 能够监测或影响直接参与者与客户之间商业关系的程度有限。然而，CIPS 通常可以获得代理间接参与者开展业务的交易信息，并可确

① BIS："Principles for financial market infrastructures"，pp.105-108. https：//www.bis.org/cpmi/publ/d101a.pdf，2012-04.

定直接参与的要求，所以 CIPS 应确定分级参与可能产生的风险类型，监测此类风险的集中程度，全方位地降低 CIPS 运行与管理的风险。

其二，金融市场基础设施应能够通过系统本身获取有关分级参与的信息，或通过直接参与者收集数据。CIPS 法制应确保其程序、规则以及与直接参与者订立的协议能够保障 CIPS 获取与间接参与者有关的基本信息，以识别、监视和管理因分级参与对 CIPS 可能造成的任何重大风险。这些信息应使 CIPS 能够确定:（1）直接参与者代表间接参与者进行活动的比例;（2）直接参与者代表间接参与者开展业务的数量;（3）系统中交易金额大或交易量大的间接参与者;（4）超过直接参与者在金融市场基础设施中完成的交易数额或交易量的间接参与者。

其三，金融市场基础设施应能够识别影响其运行的直接参与者与间接参与者间的重要依存关系。间接参与者通常会在一定程度上依赖直接参与者以开展相关业务。当 CIPS 中出现直接参与者数量较少但间接参与者数量较多的情况时，CIPS 中的大部分交易会依赖其中少量的直接参与者来完成。无论是基于业务原因还是参与者违约，直接参与者业务的中断都会增加整个系统无法平稳运行的风险指数。因此，CIPS 法制应制定措施以识别与监测间接参与者对直接参与者的依赖程度，使 CIPS 能够获取关于特定直接参与者对重要的间接参与者造成消极影响的一手资料。同时，当一个业务规模较大的间接参与者通过规模相对较小的直接参与者访问 CIPS 时，间接参与者出现问题很可能会影响 CIPS 的正常运作。重要的间接参与者有诸如未能如期履行义务（如相关支付义务）或对其他间接参与者造成压力（如导致他人延迟向间接参与方支付）的情形，都会影响直接参与者对 CIPS 履行义务的能力。因此，CIPS 法制应采取措施以确定并监测直接参加者对间接参与者的物质依赖程度，使 CIPS 能够第一时间获取参与者将对其产生的积极或消极影响的相关信息。

其四，分级参与安排通常会导致直接参与者与间接参与者之间产生信用风险敞口和流动性敞口。管理风险敞口是参与者的责任，并应在适当情况下接受监管机构的监督。尽管 CIPS 可能在与直接参与者达成协议的情况下使用信用限额或头寸限制，但不会管理直接参与者与间接参与者之间的信用敞口和流动性敞口。CIPS 应能够获得可能影响其分级参与安排的风险信息，以有效识别和监测其中的风险，从而确定对风险敞口负责的参与者。

其五，鼓励直接参与金融市场基础设施。直接参与 CIPS 通常会产生一些间接参与不具备的优势，例如进行实时全额结算、价值交换结算或中央银行的资金结算。此外，倘若直接参与者违约或拒绝维持与间接参与者的业务关系，那么间接参与者访问 CIPS、支付与接受支付以及承担与结算相关责任的能力都会面临着丧失的风险。在此情况下，若间接参与者在 CIPS 中开展的业务数量较多或价值较大，则会影响 CIPS 的平稳运行。

其六，金融市场基础设施的法律制度应制定措施以定期处理因实施分级参与安排所暴露的风险。如果风险指数较高，那么 CIPS 应在适当的时候采取缓释措施。审查的结果应向董事会报告，并在对 CIPS 规则进行实质性修改后予以定期更新。

第七，CIPS 法制应遵循《金融市场基础设施原则》的披露原则。①

CIPS 法制应当制定明确、全面、且向参与者与公众充分披露的规则和程序。CIPS 法制应对系统的设计与操作、CIPS 与参与者的权利与义务做出清晰的界定，使参与者能够自行正确评估其将承担的风险。此外，CIPS 法制应规定由 CIPS 提供所有必要的说明资料，以促进参与者充分理解 CIPS 的业务处理规则和程序以及将面临的风险；公开披露相关收费水平与折扣政策，并对金融服务的定价机制进行说明；定期公开对于 CPSS 与 IOSCO 要求确立的金融市场基础设施披露框架的完成情况，包括与交易数量和交易额有关的基本数据。

第八，CIPS 法制应确定并实现《金融市场基础设施原则》中规定的监管职责。②

（1）CIPS 应接受中央银行、市场监管者或其他有关管理部门的监管，并且有关监管当局应清晰地界定并披露 CIPS 接受监督与管理的标准。（2）监管当局应具有与其责任对等的权力或授权（包括及时获取信息的权力、更改错误操作的权力以及强制执行正确操作的权力）。同时，监管当局应具备足够的资源来履行其监管职责。（3）有关当局应明确说明并披露 CIPS 的政策内容，包括政策的制定目标、作用以及相关规则。（4）监管当局应对同一管辖区内、不同管辖区之间以及跨境管辖区之间的支付系统落实《金融市场基础设施原则》的状况予以监督，以确保相关的原则得到有效适用。（5）相关管理部门应加强国内与国际层面上的监管合作，促进安全且有效的沟通与协作，并督促其他管理部门对 CIPS 的责任履行。这种监管合作应具有充分的灵活性，使相关监管部门能够在金融

① BIS，“Principles for financial market infrastructures”，pp.124–125. https：//www.bis.org/cpmi/publ/d101a.pdf，2012–04.
② BIS：“Principles for financial market infrastructures”，pp.126–137. https：//www.bis.org/cpmi/publ/d101a.pdf，2012–04.

市场出现压力与危机、金融系统恢复与有序关闭等情况下进行有效的沟通与协商。合作的形式、跨度以及强度不仅应能够推进监管进程，而且应与监管当局的职责性质与范畴保持一致，并应符合 CIPS 的系统重要性特征。与此同时，在所有监管当局中应至少确定一个管理部门来承担组织与促进合作的责任。在国际合作安排中，若无其他机关接受此职责，推定为在 CIPS 管辖权方面负有主要责任的管理部门接受这一责任。此外，CIPS 法制应确定一个主管机构定期评估 CIPS 落实《金融市场基础设施原则》中国际标准的情况，并在制作这些评估报告时与其他管理当局进行协商。监管部门之间的合作安排不能损害任何参与机构法定或授权的权利，且不能以任何方式限制管理部门履行其法定或立法授权的职责。

2. 确立效率价值的国际标准

《金融市场基础设施原则》认为效率是指金融市场基础设施及其参与者在履行义务时资源如何高效使用的问题。高效的金融市场基础设施有助于推动金融市场的良好运作，而运行效率低下的金融市场基础设施则可能会扭曲金融交易与市场结构，对金融市场基础设施的参与者及其客户均产生负面影响。这些负面影响可能导致效率的总体水平降低以及金融体系内的交易风险增加。

为实现 CIPS 法制的效率价值，立法者应该遵守法律基础原则、净额结算原则、效率与效力原则以及通信程序与标准原则。CIPS 法制对接上述原则有助于提高金融账户的支付、清算、结算与记录效率，以满足参与者对 CIPS 高效运行的需求。为实现安全价值与效率价值，立法者在制定 CIPS 法制时需要遵循《金融市场基础设施原则》中的法律基础原则与净额结算原则。前文已对法律基础原则进行了论述，此处不再赘述。基于文章篇幅的考量，我们将在此处对净额结算规则的确认与遵守进行阐述。

第一，CIPS 法制应遵守并实现《金融市场基础设施原则》的净额结算原则。

净额结算制度是指结算机构对相关金融机构（结算参与者）买入和卖出的交易余额进行轧差，利用轧差得出交易净额并组织结算参与者进行交收的制度。作为净额结算制度的核心，轧差对结算结果能够起到决定性作用。依据内容的不同，轧差可以分成为结算轧差和违约轧差，前者发生在交易结算后，后者发生在一方违约时。CIPS 法制缺失的净额结算方式中的轧差是指结算轧差，其设置目的在于减少结算风险。结算轧差是指金融交易结束后，交易各方在结算之前先轧净同种类的债务债权，防止交易一方支付后，对方在支付之前破产。结算轧差不仅能够预防结算风险、避免更多的金融交易关系影响清算的法律后果以及因债务人自身的原因使得债务不能清偿所带来的信用风险与系统性风险；而且能够减少支付业务的数量、节约 CIPS 的资金流动性，提高 CIPS 的清算效率。这有助于维护交易与账户安全与高效，并实现 CIPS 法制的安全价值与效率价值。

依据《金融市场基础设施原则》，净额结算的安排与可执行性应具有健全和透明的法律依据。一般而言，净额结算能够抵消净额结算安排中双方或多方参与者之间的支付义务，从而减少结算同一交易所需支付的数量与金额。净额结算能够减少参与者在遭遇违约时的潜在损失，并降低参与者违约的可能性。净额结算安排应得到法律明确的承认与支持，并且应对金融市场基础设施及其破产参与者具有强制执行力。如果没有相关的法律基础，净额结算义务可能会在司法或行政破产程序中受到质疑。倘若净额结算规则在某一程序中得不到承认，且相关程序判定金融市场基础设施以及破产参与者负担全部的清算责任，那么相关主体担负的责任数额将会是净额结算义务的数倍。

第二，CIPS 法制应从以下几点遵循《金融市场基础设施原则》的效率与效力原则。①

其一，《金融市场基础设施原则》中的效率会涉及金融市场基础设施选择做什么、如何做以及需要何种资源。CIPS 的效率在一定程度上取决于清算与结算安排（例如全额结算、净额结算与混合结算；实时处理与批量处理；创新与担保），运营结构（例如与多个交易场所或服务提供商相互连接），清除、结算或记录的产品范围以及使用的技术与程序（例如通信程序和标准）。由于 CIPS 的效率最终将影响参与者、参与者的客户及相关实体使用 CIPS 的能力和稳健管理风险的能力，所以在设计高效的制度时，立法者应着重考虑参与者、客户和其他相关方（包括其他金融市场基础设施和服务提供商）的实用性与成本。此外，CIPS 的技术安排在应对不断变化的需求和新技术时应具有足够的灵活性。

其二，效率应包括成本控制。CIPS 的制度设计不仅能够对参与者所承担的流动性成本产生重大影响，而且会影响 CIPS 的运行成本和风险。CIPS 法制应建立相关机制，定期审查 CIPS 业务处理与运行管理的效率，包括成本和定价结构。CIPS 法制确立的制度不仅应能够控制 CIPS 的直接成本，如交易处理、资金

① BIS，“Principles for financial market infrastructures”，pp.116-117. https：//www.bis.org/cpmi/publ/d101a.pdf，2012-04.

结算、结算准备和执行等产生的成本；而且应考虑和控制其间接成本，如基础设施建设、与管理和操作 CIPS 相关的其他类型的成本。部分间接成本比较隐蔽且不易发现。例如，CIPS 法制可能需要考虑参与者的流动性成本，其中包括参与者为完成支付，必须向 CIPS 或其他缔约方提供的现金或其他金融工具的成本以及提供这些资产的机会成本。成本标准应始终与《金融市场基础设施原则》中所确立的安全适当标准保持协调与平衡。

第三，CIPS 法制应从以下几点遵循并实践《金融市场基础设施原则》的通信程序与标准原则：①

其一，参与者以及时、可靠且准确的方式保持与金融市场基础设施的信息交换是实现有效支付、清算、结算和记录的关键。CIPS 应使用或最低限度地接受国际公认的通信程序和标准，以确保 CIPS 与其参与者、客户及其他连接到金融市场基础设施的实体之间的信息传递效率。CIPS 采用国际公认的通信程序和标准，有助于消弭清算和结算处理阶段的人工干预、降低风险与交易成本、提高效率以及减少进入市场的障碍。标准化的通信程序与标准为信息交换系统提供了一套通用的规则，使得该系统在处理事务时能够减少干预并降低技术方面的复杂程度。这不仅有助于减少错误信息的数量、避免信息丢失，而且能够提高资源的利用率并最终减少 CIPS 及参与者在数据处理时所需的资源总量。《金融市场基础设施原则》鼓励但不要求将国际公认的通信程序和标准适用于纯国内金融交易。

其二，金融市场基础设施应使用或在最低限度上接受国际通行的通信标准，如标准化信息格式以及用于识别金融工具和交易对手的参考数据标准。采用国际公认的信息格式与数据标准，通常能够提高金融交易清算与结算的质量和效率。如果 CIPS 不使用国际公认的通信标准，那么其需要将数据从国际标准翻译或转换为国内类似金融系统所能接受的信息与数据。这显然不利于提高信息转换速率，反之亦然。

其三，处理跨国界的支付、清算、结算或记录业务的金融市场基础设施，应使用国际公认的通信程序和标准，例如通信程序、信息传递标准以及与识别交易对手和证券编号有关的参考数据标准。需要对接其他多个金融市场基础设施来处理金融交易的金融市场基础设施，或向多个管辖区内的用户提供服务的金

① BIS：“Principles for financial market infrastructures”，pp.119–120. https：//www.bis.org/cpmi/publ/d101a.pdf，2012–04.

融市场基础设施，应考虑使用国际公认的通信程序和标准来实现跨境资金的高效流转。此外，采用统一的通信程序与标准有助于提高不同司法管辖区内信息系统的可操作性，使市场参与者能够同时获得对多个信息系统的访问权利，而无需面临技术障碍（如网络设置存在差异）。

（二）对接《金融市场基础设施原则》国际标准的现状

支付和市场基础设施委员会与国际证监会组织委员会在《金融市场基础设施原则》公布后，专门成立了常务工作小组来负责设计、组织与执行监测评估的工作。评估与监测结果包括三级，即对国际标准落实状况的监测、对国内法律是否以成文法的形式将国际标准予以呈现的监测以及对实施结果与《金融市场基础设施原则》框架结果一致性的监测。从国际评估结果看，CIPS 法制在执行与落实《金融市场基础设施原则》的国际标准方面存有较大的提升空间。一级评估主要是看《金融市场基础设施原则》中的相关原则和职责是否被明确地规定在 CIPS 法制中。CIPS 法制对接《金融市场基础设施原则》国际标准的现状主要体现在以下五个方面。

1.中国在落实《金融市场基础设施原则》的过程中，仍以发布通知的形式体现相关国际标准落实的最新进展

这些通知属于规范性法律文件，效力层级较低。立法者尚未颁布高位阶的法律法规来推动《金融市场基础设施原则》国际标准的贯彻与落实，使得 CIPS 法制以及与金融市场基础设施国际标准相关的法律基础仍较为薄弱。这与《金融市场基础设施原则》的要求存在较大差距。[①]

2.CIPS 法制包含有关参与者管理的内容，但尚未明确参与者违约的处理规则与程序

参与者违约规则与程序缺失不利于 CIPS 运营机构及时采取措施来控制损失并减少流动性压力，使得相关机构与公众无法从 CIPS 法制中清晰地得知参与者违约规则与程序所应达到的目标以及违约情况下 CIPS 义务与责任的执行程序。然而，立法者在 CIPS 法制中确定参与者准入与退出标准以及分级管理市场参与者的规则，有利于识别、监测与管理因分级参与安排产生的实质性风险，提高 CIPS 的安全性能。

① 参见杨涛、李鑫：《国际金融市场基础设施监管改革》，《金融监管研究》2015 年第 8 期。

3.CIPS 法制确定了混合结算模式与净额结算方式，但未明确终局结算规则

2018 年 4 月 4 日颁布的《人民币跨境支付系统业务规则》对净额结算方式做出了明确的规定。其第五章（结算机制）明确指出 CIPS 应支持混合结算模式以满足不同支付业务的需求（对直接参与者批量发起的支付业务进行定时净额结算）；CIPS 定时净额结算的支付业务，一经轧差不得撤销；以及直接参与者申请开通定时净额结算报文权限的，应当符合运营机构的风险管理要求。将净额结算方式纳入 CIPS 法制，有助于提高 CIPS 相关金融业务的清算效率、节约资金流动性以及降低支付与结算风险。CIPS 法制应有效结合净额结算方式与实时结算方式，以发挥最优的结算效果并更好地实现 CIPS 法制中的安全价值与效率价值。然而，CIPS 法制尚未规定金融交易的结算终局时间点及该时间点的具体确定方式。这不利于保障 CIPS 交易结果的终局效力，且易使交易结果受到其他因素的影响或其他法律法规的追溯。

4.尽管 CIPS 法制包含故障处理与应急处置机制，但没有建立起十分完备的风险防控机制

从《金融市场基础设施原则》中的全面风险监管框架要求看，立法者尚未在 CIPS 法制中规定专门用于度量、监测和管理法律风险、信用风险、流动性风险、运行风险以及其他风险的手段与措施，例如抵押品与保证金；尚未规定 CIPS 运营机构的董事会与高级管理层的职责以及控制风险的政策、程序与控件；尚未建立起完善的评估与定期审查制度；尚未确定信息披露与监管合作的相关规定，不利于保障监管部门与公众获取信息的时效性与准确性以及监督相关政策的落实状况。

5.立法者为 CIPS 设置了国际通行的通信标准，确立了与 SWIFT 相兼容的报文标准与程序

这有助于提高 CIPS 通信、支付、结算与记录的效率，符合《金融市场基础设施原则》中的通信程序与标准原则。然而，对于效率与效益原则中强调的成本机制与竞争机制，CIPS 法制尚未做出明确规定，且尚未制定提高资金流动效率的自动质押融资及日间透支等具体规则，不利于满足参与者、服务市场对金融高效率的要求。

由上可知，一方面，CIPS 法制的制定者正积极对接《金融市场基础设施原则》的国际标准，在应急机制、参与者管理、净额结算、CIPS 信息转换的报文设计方面有效落实了原则的要求。这有助于加速实现 CIPS 法制中的安全价值与

效率价值。另一方面，CIPS 法制在风险监管、结算终局、信息披露、监管合作、参与者违约处理、提高资金流动效率方面还存在立法空白或不足。这些问题将阻碍安全价值与效率价值的实现，影响 CIPS 的运行与管理。可见，CIPS 法制在加强风险监管力度、促进监管合作、完善信息披露制度、明确参与者违约处理程序与方式以及采取措施以提高资金流动效率等方面仍有较大的提升空间。

（三）对接《金融市场基础设施原则》国际标准应注意的问题

立法者在为 CIPS 制定相关法律制度时应该严格遵守《金融市场基础设施原则》的原则与职责，充分落实《金融市场基础设施原则》的国际标准。

为使 CIPS 法制符合《金融市场基础设施原则》国际标准的要求，CIPS 法制的制定者应该解决以下问题：其一，制定规则以保障金融市场基础设施之间的安全对接，加强国内外金融市场基础设施之间的连接；其二，加快推进金融市场基础设施的相关法律法规建设进程，提高 CIPS 法制的效力位阶，从法律层面落实《金融市场基础设施原则》的国际标准，逐步完善市场化的风险防控机制，促使风险管理框架或措施愈加精细化；其三，采取措施以推动国内金融市场基础设施参与跨境合作，积极落实《金融市场基础设施原则》并接受国际机构评估，逐步得到国际社会的广泛认可；其四，采取措施以鼓励支付系统运营机构对金融市场基础设施进行市场化及新业务模式的探索，并促使有关机构在更加复杂的金融环境中形成合理分工，从整体上提升中国人民币支付与结算的安全与效率。

二、借鉴代表性国家和地区的法制经验

现阶段，美国、日本与欧盟已经形成了比较健全的跨境支付系统法制，在提高支付系统运行效率以及维护系统及业务安全方面有较为完善的规定。我们通过对这些国家和地区的法律规定进行介绍与比对，总结代表性国家和地区在法制的效力位阶、风险防控机制、监管法律制度、结算终局性以及提高效率与保障安全的其他措施方面的经验，探求 CIPS 法制的完善方向与具体建议。

（一）借鉴美日欧实现安全价值的法制经验

1. 提升支付系统法制的效力位阶

美国纽约州法律和联邦法律为纽约清算所银行同业支付系统（CHIPS）构建全面且完备的法律框架。这符合《金融市场基础设施原则》中“良好法律基础”原则的要求。[①]与CHIPS相关的法律制度涵盖多位阶的法律规范，包括法律、法规、规章以及自律规则等，例如《统一商法典》《1991年联邦储蓄保险公司改进法案》《美国电子资金划拨法》《联邦破产法》《加速资金到位法案》《应对支付系统风险的美联储政策》。

美国《统一商法典》第4A编规定了支付系统的资金划拨问题。其一，美国《统一商法典》第4A编为CHIPS界定了资金划拨的内涵与外延，即通过银行系统进行的、指示无条件支付固定或可确定货币金额的、由发送人直接将指令传递给接受银行的贷记划拨。其二，美国《统一商法典》第4A编规定了发端人、发端人银行、受益人、受益人银行以及中间银行的权利与义务。其三，美国《统一商法典》第4A编解决了支付命令的认证与欺诈损失分担问题、支付命令存在错误的问题、间接损害赔偿的问题、银行是否有义务接受支付命令和银行是否应拒绝支付命令的问题、接受银行无力支付的损失分担问题以及资金划拨的终结性与受益人银行的保护问题。

不同于美国为CHIPS构建全面且完备的法律框架，日本并未制定一部专门适用于金融领域的商法典，而是为各个金融领域制定单行法，建立起完整的支付清算系统法律环境。《预付卡法》《资本金认定法》《银行法》《邮政储蓄法》《邮政资金转账法》和《邮政汇票法》六部法律共同构成了日本的跨境支付法律体系；《公司和其他债务证券的簿记转账法》则主要面向证券类金融结算系统；《金融机构参与的特定金融交易的抛售轧差法》则对支付轧差的结算行为进行规范。尽管日本相关法律并未像美国《统一商法典》设置完全一致的支付标准，但相关法律的相互配合可以有效促进日元跨境支付系统高效且有序地运行。

2. 建立风险防控机制

在控制风险方面，美元跨境支付系统法制为CHIPS建立起风险共担机制。风险共担机制是指如果一家或多家银行同时出现清偿不能的问题，并且CHIPS

---

① 纽约清算所银行同业支付系统（简称CHIPS），是处理美元跨境支付业务的最重要的支付系统。

于同一天无法找到代替问题银行完成结算业务的银行，那么这些问题银行将被视作已经倒闭，因清偿不能而造成的损失由其他各个会员行分担，以保证CHIPS每天业务的结算终结，从而维护账户安全。除此之外，美国《统一商法典》还规定指令出现错误时的处理方式，其中包括误述的错误、错误的支付指令以及支付指令的错误执行。这有助于减小支付指令可能造成的危害，最大限度地降低系统性风险并维护系统有序且稳定运行。

3. 制定监管措施

为降低信用风险，CHIPS的监管者通过设置账户余额监控模块并建立风险管理信息系统对参与者的行为进行实时监控，并要求直接参与者接受定期审计，以避免境外风险传导给境内银行和支付系统。同时，CHIPS法制还确定了在线管理报告规则，即系统参与者可以就支付指令中的交易各方以及结算的完成情况进行监督与自查。除此之外，为防止电子资金划拨过程中出现欺诈，美国《统一商法典》第4A编规定，一般情况下受拨人银行应该对划拨人客户承担责任，且只有在支付命令是未经授权指令的情况下才由客户承担损失。

欧元跨境支付系统法制为交易双方提供实时监控并赋予交易双方在结算完成前修改与支付结算相关的重要数据的权利。此举能很好地控制与监督支付流程与结算状态，使欧元跨境支付系统始终处于最佳的支付状态。[①]

4. 确定结算的终局性

欧盟的《关于支付与证券结算系统最终性的指令》规定了结算终局性，即不得任意撤回或解除轧差的效力，破产等相关法律不得追溯到破产前的交易结果，支付指令具有不可撤销性。

美国《联邦破产法》规定，无论CHIPS的参与者选择使用何种清偿机制，都不得出现其他规则使CHIPS参与者的系统支付信息自动无效的情况。因欺诈完成的转让交易或因非法动机完成的破产法人交易均可作废且可要求受让人返还支付金额，但这不影响结算最终性的效力。除此之外，美国《统一商法典》也规定了相应的“接收人终结规则”来体现结算的终局性。“接收人终结规则”是指，如果受益人银行已支付受益人，那么支付已终结，受益人银行不能重新得到已支付的款项。受益人的账户被贷记后，即使受益人没有提取贷记的款项，其提取该款项的权利也不能被剥夺，即受益人已接收完备资金。[②]

① 苏宁：《发达经济体支付结算体系》，《中国金融出版社》2005年版，第89页。
② 刘颖：《电子资金划拨法律问题研究》，《法律出版社》2001年版，第404~405页。

（二）借鉴美日欧实现效率价值的法制经验

在制定提高资金流动效率的措施方面，CIPS 法制主要有以下代表性经验可供借鉴。

CHIPS 为参与者提供日间透支服务，并且为减少日间透支的成本，CHIPS 运营机构免除日间透支的部分费用，在便利参与者周转资金的同时提高了清算效率。[①]CHIPS 发挥日间透支的功能是为了弥补运行时间的限制并增加系统的资金流动性。倘若 CHIPS 支付了超过库存现金的限额且导致资金流动性紧张，那么其可以从其他银行进行拆借，以有效缓解因资金不足带来的信用风险。

日本银行引入节约资金流动性机制以提高参与者对资金的利用效率，对其原有的跨境支付系统进行升级并推出了第二代日本银行金融网络系统。第二代日本银行金融网络系统的运行规则新设立了排队和撮合结算账户以及新的资金结算账户模式，即运行规则不允许系统参与者在其主账户内进行日间透支且不允许主账户处于日终有结余的状态，但要求参与者设立 Q/O 账户，以对其内资金进行撮合、轧差与结算。[②]

欧元跨境支付系统法制为提高资金流动性制定了符合其实际的多种支持结算方式，如流动性资金供给和日间账户维护；并构建了流动性节约机制，通过采用“快捷结算队列”的方式，最小化队列长度，减少资金的流动量以提高结算速度，从而实现节约流动性的目标。

综上所述，建立了比较完善的跨境支付系统的国家和地区都在统一的法典或单行法规中规定了跨境支付系统的相关法律制度，相关法制对结算终局性、清算系统模式、风险防控及监管手段等方面进行了明确规定。这有助于实现支付系统相关法制中的安全价值。除此之外，域外跨境支付系统法制还采取了提高资金流动效率的措施。各国都基于其经济状况制定相应的措施来提高资金流动效率，例如采用口间透支或新设透支账户的方式，尽管做法不尽相同，但都有助于实现相关法制中的效率价值。CIPS 法制的制定者应借鉴这些代表性国家和地区的法制经验，提高 CIPS 法制的效力位阶、完善监管法律制度、制定结算终局与恢复与有效关闭等保障安全的规则以及自动质押融资与日间透支等提高资金流动效率的规则。这些经验都有助于保障 CIPS 运行与交易的安全、提高 CIPS

① 参见祝远缓：《美元跨境清算系统与人民币跨境支付系统研究与启示》，《吉林金融研究》2017 年第 3 期。
② 参见苏宁：《支付体系发展指南》，中国金融出版社 2007 年版，第 154 页。

的清算效率，并且实现 CIPS 法制中的安全价值与效率价值。

三、填补人民币跨境支付系统的法律空白

我们基于《金融市场基础设施原则》的国际标准与域外经验，针对尚未确定在 CIPS 法制中的规则，提出相关建议。立法者制定有序恢复与关闭规则以及结算终局规则，有助于实现 CIPS 法制中的安全价值；制定自动质押融资规则以及日间透支规则，有助于实现 CIPS 法制中的效率价值。

（一）制定结算终局规则

CIPS 法制应为支付、转账指令以及其他债务提供清晰且确定的结算终局规则。管理金融市场基础设施相关活动的法律依据（包括破产法），必须承认金融市场基础设施与参与者之间或参与者之间完成的支付、转账指令或其他债务，以实现交易终局。金融市场基础设施应采取合理措施，以确认跨境支付系统结算终局的有效性，特别是在制定恢复与有序关闭的计划时。基于立法框架与制度规则的复杂性，尤其是在跨国结算可能涉及法律制度不相融的情况下，相关法律制度确定交易终局的时间点意义重大（也参见原则 1）。

《金融市场基础设施原则》第 8 项原则规定了金融市场基础设施的“结算最终性”。它规定金融市场基础设施应该至迟在生效日日终，提供清晰且确定的最终结算结果；必要时在日间或实时进行最终结算。尽管该原则不必然要求支付系统提供结算保证，但这一原则要求支付系统明确支付、转账指令或其他债务的结算点，并在不迟于生效日结束时完成结算流程，最好是在此日期结束之前完成。由此可见，首先，CIPS 法制的相关规则和程序应该清楚地确定结算的最终时间点。明确界定结算终局的时间点有助于制定异常情况解决方案，并迅速确定参与者以及其他利益相关方的交易地位。尚未为金融市场基础设施确立结算终局时间点（或同一天结算）的法律制度将构成对该原则的违背，即便交易结算日期在结算之后被确定为结算终局的日期。此外，将最终结算推迟至下一工作日可能带来隔夜风险敞口。其次，一般情况下，CIPS 法制应规定在结算日或某一特定时间点后，禁止单方面撤销已接受和未清偿的支付、转账指令或其他债务，以避免造成流动性风险。然而，在任何情况下，CIPS 法制应明确例外情

况的截止时间，为营业时间变动的例外状况确立特定的理由与依据。举例来说，基于货币政策的实施情况或金融市场出现混乱的原因，CIPS 可申请延期结算。如果允许有操作瑕疵的参与者延期完成相关业务的结算，则 CIPS 法制应制定与批准延期与延期时限相关的规则，并应使参与者明确知晓。

CIPS 法制将“结算终局”原则以成文的形式加以体现，有助于利用法律强制力来保障 CIPS 交易结果的终局效力，并且避免其交易结果受到其他法律法规的影响或追溯。立法者在 CIPS 法制中确定结算终局有助于稳定人民币跨境业务的结算结果，实现 CIPS 法制的安全价值。

（二）制定“恢复与有序关闭”规则

立法者应在 CIPS 法制中制定“恢复与有序关闭”的规则，以实现 CIPS 法制的安全价值。立法者应确定相应的关闭标准与流程，合理地决定存在问题的金融机构是否需要关闭；以及确定重新恢复存在问题的金融机构的启动标准、程序、实施条件、权利与义务、政府职责及协调机制，明确存在问题的银行在满足何种条件时能够重新恢复正常运作与管理。

CIPS 运营机构的不正常破产会给 CIPS 的运行带来极大的风险，因此为实现“恢复与有序关闭”规则的目标，立法者也应对与 CIPS 相关的金融机构破产予以特别规制。基于金融机构（此处指 CIPS 运营机构）破产或其核心服务中断在很大程度上是导致支付系统关闭的重要原因，我们将有关金融机构的破产规则纳入恢复与有序关闭规则中。尽管现行的《企业破产法》《银行业监督管理法》《商业银行法》《金融机构撤销条例》等金融法律法规对存在问题的金融机构的接管、托管、重组和终止进行了规范，但从整体上看，这些法律规定的内容较为笼统且操作性较差。[①]金融机构破产不同于企业破产，不能仅仅依据资产负债表、流动性标准来确认其是否构成破产。CIPS 法制的制定者应借鉴先进的金融破产监管经验，在 CIPS 法制中明确金融机构的破产标准。防范 CIPS 因金融机构破产遭受重大的经济损失，不仅立法者需要制定专门且操作性强的破产监管法律规范，而且监管机构需要加强对金融机构破产的监管力度，积极落实恢复与有序关闭以及金融机构破产的规则，加强金融机构的自救能力，合理控制金融风险并对金融市场评估呈谨慎态度。立法者在 CIPS 法制中确定恢复与有序关闭规

① 参见潘拥军：《论美元跨境支付系统的适用规则对中国的启示，《国际经贸探索》2016 年第 32（10）期。

则，有助于保证 CIPS 恢复与关闭程序的有序进行、稳定人民币跨境金融市场的秩序与安全、更好地实现 CIPS 法制中的安全价值。

（三）制定自动质押融资规则

自动质押融资是提高支付与结算效率的手段，立法者在 CIPS 法制中确定自动质押融资有助于实现 CIPS 法制的效率价值。在自动质押融资出现前，银行在面对不足以支付相关业务的清算账户时，采取的方式是排队处理或退回。银行通常会采取从上级银行调拨资金、同业拆借、向央行借款或是在央行存放大量准备金的方式，以解决日间资金的流动性短缺问题。这些方式融资效率较低，不仅会增加银行资金运作的成本，还会减少社会可用的资金量，降低资金的使用效率。[①]在自动质押融资出现后，出现短期资金流动性困难的 CIPS 参与者可以向中国人民银行质押债券来融入资金并弥补资金不足，待 CIPS 参与者向央行归还资金后再从央行拿回质押的债券。

自动质押融资对提高 CIPS 的运行效率具有重大的意义。CIPS 旨在通过完成人民币的跨境支付与清算业务，周转国内外资金。由于参与 CIPS 的众多商业银行本就以提供存贷款以及相关金融产品为主业，每天有大量的资金周转需求，所以出现偶然的短期头寸紧张在所难免。商业银行不可避免地会出现资金流动性问题，其储备太多现金资产不利于提高资金的流动效率以及获取流动效益，而现金资产太少又不利于解决头寸不足的问题。我们认为自动质押融资是个非常好的选择，央行可在 CIPS 参与者（商业银行）遭受困难时，给予适时的帮助。这种机制不仅有利于缓解 CIPS 参与者的资金流动性不足，而且能够帮助采用自动质押融资功能的银行有效落实央行颁布的货币政策。因此，立法者需要在 CIPS 法制中确定自动质押融资功能，在融资余额上限、融资利率、合格质押品、成员机构资质等方面规定符合社会经济实际状况的标准与规则，以提高 CIPS 整体效率并实现 CIPS 法制中的效率价值。

（四）制定日间透支规则

与自动质押融资功能相似，日间透支也是提高资金流动效率的手段。立法者发挥日间透支的功能，有助于实现 CIPS 法制的效率价值。一方面，鉴于 CIPS 成

① 参见禹刚：《自动质押融资：流动性管理新工具》，《上海证券报》，2006 年 9 月 4 日（A06 版）。

员行的交易种类繁多，先付后收的情况经常发生，因此金融市场对日间透支功能有很大的需求；另一方面，由于日间透支可能产生一定的安全隐患，所以 CIPS 法制规定 CIPS 账户不允许透支，CIPS 成员行的资金账户应量入为出，以确保 CIPS 能够较好地防控流动性风险。鉴于日间透支功能的发挥与监管密不可分，我们将与日间透支规则有关的监管规则纳入日间透支的规则中。

我们建议在制定日间透支规则时，立法者还需要制定与日间透支有关的监管规则，以减小日间透支带来的负面影响。虽然发挥日间透支功能有助于大幅度地提高 CIPS 的资金运行效率，但也会使央行面临巨大的信用风险。如果开户行在进行日间透支时出现日终不能偿还的情况，且无法通过贴现窗口借款，那么日间透支将可能转化为隔夜透支进而带来资金敞口风险。目前 CIPS 法制中尚未规定避免日间透支转化为隔夜透支的措施，不利于防范这种转化带来的风险，所以在 CIPS 法制中制定日间透支规则，会为 CIPS 的管理带来进退两难的局面。立法者在 CIPS 法制中要么发挥日间透支的功能，而这会导致资金敞口风险难以消除；要么禁止日间透支，而这会导致 CIPS 运行效率受到很大影响。我们认为，为提高资金的流动效率，立法者仍应在 CIPS 法制中确定日间透支规则且明确相应的风险管理规则，以防控日间透支功能带来的资金风险，从而实现 CIPS 法制的效率价值。

四、改革人民币跨境支付系统的法律制度

不论是《金融市场基础设施原则》规定的国际标准，还是代表性国家和地区的做法与经验，均敦促相关立法部门进一步完善 CIPS 法制。基于域外经验，我们针对 CIPS 法制中已有的规则，提出相应的完善建议。同时，从 CIPS 法制价值的实现效果看，立法者提高 CIPS 法制的效力位阶有助于同时实现 CIPS 法制中的安全价值与效率价值；完善监管法律制度与健全金融消费者保护制度有助于实现 CIPS 法制中的安全价值。

（一）提升法制的效力位阶

现阶段，在 CIPS 法律体系中，体现安全价值和效率价值的规则普遍存在法律效力层级低的问题。这容易导致 CIPS 相关规则适用范围小且容易发生法律冲

究，不利于实现CIPS法制中的安全价值和效率价值。我们建议将CIPS法律文件中的内容多规定在部门规章以上的法律法规中或制定专门的《人民币跨境支付系统法》，并逐步清除部门规章以下的规范性法律文件。

在《金融市场基础设施原则》中，第一条规定了金融市场基础设施（在此为CIPS）的法律基础应该具有稳健、清晰、透明并可执行的特征，即执法者的权力内容、执行程序以及法律效力应被公众知晓。只有这样，相关法律法规才能利用法律强制力来保障实现CIPS法制中的安全价值与效率价值，市场参与者、支付系统操作者以及监管者也才能在行事安全的前提下开展人民币跨境业务、安全操作CIPS以及有效监管相关的经济活动。与此同时，中国在对接《金融市场基础设施原则》中的国际标准时，现仅有《中国人民银行办公厅关于实施〈金融市场基础设施原则〉有关事项的通知》。这项通知仅停留在规范性法律文件的效力层级上。然而若想真正实现CIPS及其法制的国际化目标，立法者必须提高《金融市场基础设施原则》中国际标准所在的CIPS法制的效力位阶，以保障CIPS法制具有足够的法律效力来落实安全与效率标准。

（二）完善监管法律制度

当前，CIPS的监管机构是中国人民银行、CIPS运营机构以及支付清算协会。CIPS法制的监管内容主要体现在对参与者的管理（包括对直接参与者和间接参与者进入与退出CIPS的监管）、对清算账户的管理（包括对注资、增资与减资的管理）、对金融业务的管理（支付与信息业务）以及对突发事件或严重事件的监管。虽然CIPS监管规则的内容具体且具有较强的可操作性，但与监管机构的地位与职责、监管程序、监管方式相关的规定尚不明晰。可见，CIPS法制中的监管法律制度还有很大的完善空间，完善的CIPS监管法律制度不仅有助于保障CIPS的稳定运行以及人民币跨境业务的安全处理，而且有利于实现CIPS法制中的安全价值。

1. 明确监管主体的法律职责

立法者应在CIPS监管法律制度中明确规定监管主体、监管方式与监管程序。央行等CIPS监管机构应遵循《金融市场基础设施原则》中的5项职责，即对金融市场基础设施进行管理、监管与监督，对权力和资源进行管理、监管与监督，对相关金融基础设施政策进行披露，细化与落实《金融市场基础设施原则》的原则以及与其他监管部门的合作。《金融市场基础设施原则》规定的监管职责具有原则性的特征，与金融市场基础设施有关的规则制定机构应该依据各国或各地区的经济状况，制定并实施相应的监管规则，例如央行应根据 CIPS 在金融市场中的运行状况制定监管措施与手段。我们认为应该从以下几个方面明确 CIPS 监管机构的法律职责。

（1）明确央行监管的核心地位。

明确央行的监管职责。央行维护支付系统正常运行的职责被规定在《中国人民银行法》第 4 条中。央行的职责包括对系统重要性金融机构进行监管，对系统重要性金融机构的识别标准进行规定以及监督相关银行履行定期报告义务，其中央行应该对具体报告的业务范围、报告期限以及报告的落实情况进行监管。除此之外，央行应积极开展与国外央行和国际组织的合作，吸收域外跨境支付系统的监管经验来制定适合 CIPS 的监管规则。同时，央行还应联合其他金融监管部门，构建信息收集与共享机制，采用公开透明的政策来扩大监管效果，并且合理运用支付系统的监督工具以达成公共目标。

明确央行在系统监管中的主导地位。要建立一个完整的 CIPS 监管框架，立法者必须首先在 CIPS 法制中明确监管主体的法律地位。由于 CIPS 是由央行设立，所以 CIPS 应该由其设立机构（央行）进行上级监管。CIPS 法制对央行的职责、央行与其他监管机构的分工与监督、监管原则、监管目标与手段等内容都应有清晰且明确的规定。这样一方面能提高 CIPS 监管规则的透明度，促进外界对央行进行监督并促使央行进行有效监管；另一方面能够敦促央行对 CIPS 的监管目标、原则等问题进行相应调整。①

（2）明确 CIPS 运营机构的法律职责。

作为 CIPS 的运营机构，跨境银行间支付清算（上海）有限公司应履行积极响应满足参与者需求、丰富产品功能、优化系统服务、拓展业务服务覆盖范围以及完善系统支付清算网络的职责。CIPS 法制应遵守《金融市场基础设施原则》中“准入与参与者要求”的原则，为 CIPS 确定客观、基于风险状况且公开披露的运行标准，以实现准入的公平与公开。CIPS 运营机构在《人民币跨境支付系统业务操作指引》中规定 CIPS 参与者的准入与退出机制，为 CIPS 的业务环境把关。为此，CIPS 运营机构不仅需要继续细化参与者加入与退出 CIPS 的规定，而且需要继续落实相关环节的监督与管理规则。

① 参见潘拥军：《论美元跨境支付系统的适用规则对中国的启示》，《国际经贸探索》2016 年第 32（10）期。

（3）明确中国支付清算协会的职责。

支付清算协会作为支付清算行业的自律组织，除了中国支付清算协会，在中国的各省市也都设立了支付清算协会。支付清算协会的主要职责是进行自律管理，并稳定支付与清算服务市场的竞争秩序。这有助于维护支付系统中参与者的合法权益，防范与化解支付清算的风险，促进支付清算服务行业的健康发展。中国支付清算协会及其他各地清算协会应主动吸纳并执行参与者和相关公众代表的咨询建议，为 CIPS 法制的完善提供有益的建议。

2. 确立跨境资金反洗钱监控制度

跨境资金交易一直以来是反洗钱资金监测的重点，立法者将反洗钱制度纳入 CIPS 法制的整体制度框架，有助于监管洗钱行为并降低因洗钱带来的跨境资金风险，由此实现 CIPS 法制中的安全价值。尽管目前已经出台了《反洗钱法》《金融机构反洗钱规定》《金融机构客户身份识别和客户身份资料及交易记录保存管理办法》《金融机构大额交易和可疑交易报告管理办法》《支付机构反洗钱和反恐怖融资管理办法》等规章制度，但 CIPS 法制尚未包含专为 CIPS 跨境资金流动设计的跨境资金反洗钱监控制度。我们认为 CIPS 法制中的跨境资金反洗钱监控制度应能够完善跨境资金的反洗钱工作机制、加强跨境资金的反洗钱监督管理、协助发现并打击跨境洗钱活动、深化双边与多边反洗钱国际合作等。现阶段，在处理跨境资金交易的洗钱问题时，CIPS 法制的制定者可参照中国已有的反洗钱法律制度，并结合国际反洗钱标准，制定国际通行的、真正适合 CIPS 运作的且有中国特色的跨境资金反洗钱监控制度。

3. 构建完善的监管程序体系

立法者应该为 CIPS 设置完善的监管程序与监管框架，使 CIPS 法制能够全面管控 CIPS 面临的风险。这有助于防范或化解风险带来的危害，且有利于实现 CIPS 法制的安全价值。CIPS 法制应该遵守《金融市场基础设施原则》中的第 3 项原则，即建立全面的风险管理框架。在此框架下，该原则要求全面且综合地对 CIPS 所遭遇的法律风险、流动性风险、信用风险以及其他风险进行监管。我们认为应通过以下三个方面来落实风险管理的国际标准。

（1）构建科学的考核评价体系。在衡量 CIPS 风险来源与防控的基础上，中国人民银行应制定客观且科学的量化考核评价体系，明确 CIPS 参与者的考核标准。构建科学的考核评价体系对央行的职能提出一系列要求：其一，为实现 CIPS 的平稳运行，中国人民银行需要制定符合实际的评价标准，使有关银行能够依据相关评价标准进行自我管理；其二，中国人民银行应设置具体且明确的激励措施，依据考核情况对被考核者进行批评或表彰；其三，中国人民银行在考核参与者时应就考核标准、考核程序等问题进行充分沟通与协调，以顺利实现考核目标。

（2）构建完善的检查体系。由于 CIPS 的风险具有交叉性与传染性，CIPS 中任何一位参与者出现问题都会影响 CIPS 的正常运行，所以相关管理机构在建立 CIPS 检查体系时，应关注以下三方面的问题：其一，立法者建立的自查制度必须基于 CIPS 运行的实际状况，并且自查制度的标准必须严格且客观。CIPS 运营机构必须提高其运行管理水平，全面把握和检查 CIPS 的运行状况，及时发现 CIPS 运行中出现的问题并在最短的时间内采取有效措施加以排除。其二，CIPS 法制的检查体系应吸收非现场监测的内容。在建立非现场监测体系的过程中，监管机构可利用银行报送或收集到的支付信息，借助专门手段对收集的信息进行研究和分析，并及时了解与掌握在管理 CIPS 过程中出现的问题。其三，CIPS 法制的制定者需要在 CIPS 检查体系中确定现场检查制度。现场检查机制可视为非现场监测机制的辅助与延伸，其需要扩展到非现场监测领域并发现非现场监测中的管理薄弱环节，再进行相应处理。CIPS 监管机构需要加强对 CIPS 后期的检查力度以不断提高监管效果，并尽可能地排除 CIPS 在运行过程中面临的风险。①

（3）构建完善的风险评估体系。风险评估体系是指评估者利用当前客观先进的技术对风险发生的原因进行分析，客观地评价风险以寻求降低风险的手段与措施。在进行风险评估时，评估者不仅要重视风险评估的全面性与系统性，同时也需要很好地把握 CIPS 风险评估的侧重点。首先，评估者应遵守风险评估的全面性原则，尽可能地穷尽影响风险发生的因素，尽量避免因考虑不周而使得风险评估结果出现偏差或错误。其次，评估者应遵守风险评估的系统性原则，不仅需要对影响风险的静态指标（时点指标）进行考核，也需要对动态指标（时期指标）进行考核。只有这样，评估者才能在系统运行的全部时间内对 CIPS 可能或已经出现的风险进行合理且不遗漏的评估。最后，基于风险的诱因与危害不尽相同，评估者在评估风险时需要有所侧重。

4. 促进监管方式多样化并加强监管合作

（1）促进监管方式多样化。监管机构为实现监控手段的多元化，必须提高

---

① 参见王晓毅：《浅析支付清算监管内容及方式》，《金融经济》2014 年第 6 期。

银行对系统数据获取与分析的能力，以满足不同参与者对信息的需求。在实现数据分析的基础上，监管机构应适用实时监测与预警监测的规则对账户管理状况、银行资金运行与管理状况、流动性状况、支付指令排队状况等进行有效监管。建立多样化的监管方式有助于提高监管效率、涵盖更多的参与主体，由此保障 CIPS 运行过程的稳定与高效，实现 CIPS 法制中的安全价值。

（2）加强国际监管合作。对跨境资金监管的难度高于对境内资金流动的监管，很大程度上是因为不同国家或地区使用不同的货币、具有不同的支付规则与习惯且监管规定各不相同。由于监管机构在监管跨境支付与结算业务时只靠一国的监管规则很难取得良好的效果，所以加强国家间的监管合作势在必行。国际监管合作有助于提高对跨国违法行为的监管水平，实现 CIPS 法制中的安全价值。《金融市场基础设施原则》要求监管机构进行监管合作。此处的“监管合作”应做广义解释，即在管理人民币跨境资金流动时，CIPS 的监管机构（如央行）除了应与国内监管机构进行合作，还应与域外监管机构进行合作。对于 CIPS 的跨境监管合作，CIPS 监管机构需要对监管信息的有效共享、监管效率、金融危机的审慎监管以及监管的全面性等问题进行调研并制定有效的监管规则。

（三）健全金融消费者保护制度

作为 CIPS 法制的配套机制，健全金融消费者保护制度应该双管齐下：一是 CIPS 法制应该有针对性地落实已有法律文件中的金融消费者保护制度；二是从完善 CIPS 监管法律制度层面间接地加大对金融消费者的保护力度。立法者尚未在 CIPS 的三部法律文件中规定金融消费者保护制度，目前与保护金融消费者权益有关的内容只规定在《中国人民银行金融消费者权益保护实施办法》中。CIPS 法制的制定者在落实相关金融消费者保护标准时，既要考虑金融消费者的主体特殊性，还要考虑跨国活动的复杂性与多样性，以完善符合 CIPS 金融消费者特征的保护制度。此外，完善的 CIPS 监管法律制度应明确规定监管主体的职责、监管程序体系以及多样化的监管方式。这有助于加强对 CIPS 运营机构与参与者义务履行情况的监管力度，并促进相关金融机构积极承担金融责任。作为 CIPS 参与者的交易相对方，金融消费者也将受益于完善的 CIPS 监管法律制度。立法者健全金融消费者保护制度有助于实现 CIPS 法制的安全价值。我们从以下几个方面探讨 CIPS 法制中的金融消费者保护问题。

1. 落实已有的金融消费者保护规则

中国人民银行已于2016年底出台了《中国人民银行金融消费者权益保护实施办法》，这部文件对金融机构的行为规范、个人金融信息的保护等内容进行了规定。为避免因法律文件的效力层级低对金融消费者的保护效果造成负面影响，CIPS法制的制定者应在制定《人民币跨境支付系统法》时以单独章节的形式来落实《中国人民银行金融消费者权益保护实施办法》中金融消费者保护的相关规定，切实有效地保障CIPS中的金融消费者权益。

2. 建立金融消费者保护组织

尽管《中国人民银行金融消费者权益保护实施办法》从规制金融机构行为、保障个人消费者信息与救济以及建立管理与监督机制的角度对金融消费者权益进行保护，但金融消费者经常处于弱势地位，在与金融机构经济实力的强烈对比下，金融消费者也可能陷入无法有效依据《中国人民银行金融消费者权益保护实施办法》进行维权的困境。因此，CIPS法制的制定者也需要从其他角度完善金融消费者保护制度。CIPS法制可以从政府、行业组织和民间组织三个层面对金融消费者权益进行保护：其一，从政府对金融消费者的保护层面看，现阶段，中国人民银行内设金融消费权益保护局。其主要负责综合研究中国金融消费者保护工作的重大问题，会同有关方面拟定金融消费者保护政策法规草案以及交叉性金融业务的标准规范；对交叉性金融工具风险进行监测，协调促进消费者保护相关工作；依法开展人民银行职责范围内的消费者保护具体工作。尽管如此，金融消费权益保护局仍需要加强已有金融消费者保护制度与规则的落实与监督。其二，从行业组织对金融消费者的保护层面看，CIPS监管部门可以设立专门机构对金融消费者权益保护的状况进行监督，并接受有关政府机构的监督。除了在CIPS监管部门中设立专门的监督部门，还可以在消协、银协和保协中设立相应的组织机构来解决纠纷。其三，从民间组织对金融消费者的保护层面看，立法者应该赋予民间金融消费者保护组织相应的法律地位，以促进CIPS中的金融消费者向民间金融消费者保护组织寻求帮助。①

3. 构建高效的投诉处理平台

针对有关机构对金融消费者权益保护不力的情况，CIPS法制的制定者可以借鉴域外经验，从两种层面上设置投诉平台，以处理金融消费者的投诉。其一，

① 参见韩龙：《防范与化解国际金融风险和危机的制度构建研究》，人民出版社2014年版，第240页。

从监管层面的投诉平台角度看，CIPS 法制可以建立消费者投诉信息数据库，由金融消费者权益保护局设立专门的消费者投诉受理部门，就消费者的投诉进行分类、调查、核实与调解；其二，从法律诉讼层面的投诉平台角度看，CIPS 法制应着眼于金融消费者的特殊性，建立区别于一般消费者的救济诉讼渠道。

4. 加强对金融消费者的金融知识教育

从长远来看，为了将保护金融消费者的意识深入人心，还应将消费者金融知识教育纳入国民基础教育中。立法者应规定由银监会、证监会及保监会宣传并组织各种形式的金融知识教育讲座，以提高金融消费者保护自身权益的意识。除此之外，CIPS 运营机构应完善并推广《中国人民银行金融消费者权益保护实施办法》，尽管这部法律文件尚未能从各个方面保障金融消费者权益，但其是现阶段可直接适用于金融消费者保护的法律文件，具有相应的法律效力。

五、小结

安全与效率作为金融跨境交易的核心要素，在人民币跨境支付领域中发挥着不可替代的作用。在 CIPS 上线之前，人民币跨境支付与结算主要依靠 HVPS。由于 HVPS 在制度设计、功能设置以及操作流程上无法完全对接人民币跨境业务，金融跨境信息的转换错误及提高资金流通效率的功能被雪藏等问题频仍，无法有效保障人民币跨境业务的安全与效率。在这种背景下，金融活动的参与者要求建立专为人民币跨境业务服务的支付系统，引发 CIPS 法制的探索热潮。大势所趋，中国人民银行在 2015 年推出 CIPS 并于年底出台了三部专门规范人民币跨境业务活动的法律文件（其中一部文件已于 2018 年 4 月 4 日得到更新与替换）。CIPS 的三部法律文件与 CIPS 法律制度基础、CIPS 配套规则一同体现了人民币跨境业务活动的规范化，标志着 CIPS 法制在人民币跨境支付领域正式落地。现阶段，CIPS 法制只包含三部专门规范 CIPS 业务处理行为与管理行为的法律文件，且这三部文件的完善之势均犹如破竹，此时确立安全价值与效率价值对于解决 CIPS 法制的具体制度缺陷恰逢其时。

立法者在 CIPS 法制中确立安全价值与效率价值的意义重大。具体来讲，立法者在 CIPS 法制中确立安全价值，能够严把业务处理中的系统性风险关卡，避免联系紧密且易相互感染的金融风险引发整个金融链条的“蝴蝶效应”；有助于实现 CIPS 法制的独立自主，提高 CIPS 的法制竞争力与系统竞争力，摆脱 SWIFT 的制约，打破大国对金融市场的垄断与控制，进而平衡国际金融格局。同时，确立安全价值还有助于推进人民币国际化进程。完善配套法制后的 CIPS 将为人民币的推广与使用提供系统性支持，有利于增强境外参与者持有与使用人民币的信心，充分履行人民币支付与储藏的职能。除此之外，立法者在 CIPS 法制中确立效率价值，有助于直接提高系统运行效率与人民币流通速度，加快债权实现；有效缓解金融风险发生位置及时间固有的不确定性所可能带来的可怖风暴，避免金融机构因风险失控导致破坏力进一步释放，在经营中陷入被动的情形。

尽管中国建立 CIPS 已有两年多的时间，但 CIPS 法制的构建尚不健全。我们从实现交易安全原则、实现国家经济主权独立、建立人类命运共同体、实现交易便捷原则、优化资源配置以及理性经济人假设六个维度，探讨在 CIPS 法制中确立安全价值与效率价值的依据与必要性；通过将 CIPS 法制与跨境支付系统的域外法制及国际标准进行对比，基于安全价值与效率价值在实现过程中存在的问题，从法制的效力层级、监管法律制度、金融消费者保护机制、保障安全的规定（如结算终局、恢复与有序关闭支付系统）以及提高效率的规定（自动质押融资与日间透支）的角度，提出促进 CIPS 法制价值实现的基本路径和具体建议。我们得出的结论有助于很好地实现 CIPS 法制中的安全价值与效率价值。

综上，CIPS 法制的立法者在对制度进行顶层设计时，不仅要考虑积极对接《金融市场基础设施原则》中的国际标准，而且要借鉴代表性国家与地区的法制经验，制定效力位阶高的 CIPS 法制，完善监管与风险防控机制，健全金融消费者保护机制，采取日间透支及自动质押融资等提高效率的措施及结算终局、有序关闭与恢复等保障安全的措施。

现如今，随着中国“一带一路”倡议在全球的实施，人民币的国际地位不断提升，CIPS 及其法制建设正迎来历史性机遇。加强和完善 CIPS 法制，必须牢牢抓住安全与效率这两个核心价值，方能为 CIPS 的稳健与高效运行保驾护航；而 CIPS 的稳健与高效运行，反过来又会进一步促进人民币国际化和中国金融的快速发展。

第四章
人民币国际化后汇率倾销风险之史鉴：“两战”之间的汇率反倾销制度

人民币国际化实施后中国面临汇率倾销的风险很高。古语说，夫以铜为镜，可以正衣冠；以古为镜，可以知兴替；以人为镜，可以明得失。为了防范这一风险，我们特将镜头拉回到“二战”期间，那是一个盛行汇率倾销和汇率反倾销的时代。通过考察那个时代的国家实行汇率反倾销的制度和实践，希望能从中提炼一些经验或教训供借鉴和参考。为便利研究，我们首先对汇率倾销、汇率反倾销、汇率反倾销制度等关键词的含义加以明确。我们在文中所指的汇率倾销，是指一国通过低估或贬值本国货币汇率的方法，使得本国产品在他国或国际市场上实质上以低于该产品在本国销售过程中正常价值或成本的价格出售的不公平贸易和竞争行为。汇率反倾销是指一国对于他国因汇率低估而给其出口产品带来的不正当国际竞争优势和贸易利益，以反倾销的方法进行抵消或抵制的行为，简言之，就是对汇率倾销进行的反制。汇率反倾销制度是进行汇率反倾销所建立的法律制度，是汇率反倾销当局和汇率反倾销其他当事方需要共同遵守的规则。

第一节　“两战”之间的汇率反倾销制度回眸

为什么“两战”之间盛行汇率倾销和汇率反倾销呢？这需要从当时的国际经济环境中加以认识。以下首先对“两战”之间盛行汇率倾销的时代背景进行剖析，在此基础上，考察“两战”之间汇率反倾销制度的出现与盛行。

一、国际货币制度状况

对汇率倾销稍加解析便可知，汇率倾销是汇率或货币低估在贸易上产生的效果或结果。没有汇率或货币低估，就不会在贸易上产生汇率倾销的效果。同样，仅有汇率或货币低估而不进行贸易上的倾销，同样不能形成汇率倾销。因此，对"两战"之间汇率倾销时代背景的挖掘，需要从货币和贸易两个方面同时展开，二者不可偏废。

美国著名国际经济法学家洛温菲尔德（Andreas F.Lowenfeld）教授曾指出，约束各国货币事务的国际法律制度直到第二次世界大战结束时方才出现。[①]这意味着在第二次世界大战前的"两战"之间及其之前，并不存在对各国形成有效法律约束的国际货币法律制度。那么，洛温菲尔德教授的这一观点如何解释至少自19世纪末就开始盛行于当时主要国家的人类历史上出现的第一个国际货币制度——金本位制呢？对这一问题的回答不仅在于如何协调洛温菲尔德教授的观点与金本位之间的关系，更在于如何为金本位制的混乱局面下盛行的汇率倾销求解。

第一，不具有法律拘束力的金本位制是汇率倾销的国际货币制度主因。

一般认为，金本位制作为人类历史上第一个国际货币制度，大体上诞生在19世纪七八十年代前后。当时，欧美主要资本主义国家都先后在国内实行了金币本位制，进而在国际间形成了金本位制。[②]广义的金本位制包括金币本位、金块本位和金汇兑本位三种形态。而狭义的金本位制就是指金币本位这种货币制度，只有金币本位才是金币本位制的典型形式，而金块本位制和金汇兑本位制都是残缺不全的货币制度。国际金币本位制自19世纪七八十年代诞生，由于1914年第一次世界大战的爆发而终止。当时，各参战国均实行黄金禁运和禁止纸币兑换黄金，从而葬送了金币本位。

需要指出的是，国际金币本位制的形成并非起因于国际间的协议，而是各国顺应经济发展在当时自愿采取的普遍实践，这是金本位制与后来的国际货币制度相比所具有的显著不同的特点。[③]正是由于金本位不是由于国际间协议而建立的国际货币制度，因此，其对各国并没有法律拘束力。由此也可以看出，金本位制与洛温菲尔德教授所说国际货币法律制度诞生于第二次世界大战之后并不矛盾，原因就在于前者不具有法律拘束力，而后者具有法律拘束力。

---

① Jeffrey S. Beckington，Matthew R. Amon，" Competitive Currency Depreciation：the Need for a More Effective International Legal Regime"，Journal of International Business and Law（2011），pp.23-24.

② 各国在国内实行的金币本位的典型特征是各国货币均以黄金铸成，金铸币有一定重量和成色，有法定的含金量；金币可以自由铸造、自由流通，黄金自由输出入，具有无限法偿的性质；辅币和银行券可以按其票面价值自由兑换为金币。各国国内实行的这种金币本位，特别是金币自由铸造、自由流通，黄金自由输出入，必然导致国际间金本位的出现。

③ 韩龙：《国际金融法》，法律出版社2007年版，第65页。

在主要资本主义国家实行国内金本位基础上自然生成的国际金本位制，其存在和运行取决于各国的意愿和需要，并非出自于各国的义务和责任。相反，当时主要国家认为一国的货币政策是一个主权国家的特权。[①]虽然为了对外贸易的稳定开展，各国需要维持国际贸易发展所需要的稳定的国际货币环境和条件，但这是各国基于利益考量进行取舍的结果，并不是基于法律的强制而必须履行的义务，因此，各国随着国际环境的变化，当放弃金本位特别是金币本位能够为一国带来更大利益时，其就可以毫无顾忌地放弃金本位制。在此情况下，一国可以决定如何为本国货币定值，是否从事竞争性的货币贬值，是否以低估的汇率在他国或国际市场上倾销本国的产品。国际社会也没有一个国际机构对一国和各国有害的经济行为进行监督和管控。相应地，各国对他国滥用货币的行为或自认为他国滥用货币的行为可以进行辨别、纠正和进行救济。总之，自由放任构成当时国际货币领域的底色。这是“两战”之间汇率倾销盛行的国际货币制度的首因。

第二，“两战”之间国际货币领域的倾轧与混乱助涨了汇率倾销。

在金本位制包括金币本位制不能对各国形成有效法律约束的现实情况下，“一战”后各国大多实行金币本位制之外残缺不全的金本位制度且变幻无常，国际社会汇率体系混乱，这也为汇率倾销和汇率反倾销提供了适宜的国际货币环境。“两战”之间国际货币领域的倾轧与混乱可从两个方面展现：一是“一战”前后的对比，二是对“两战”之间倾轧与混乱状况的撷取。

首先，我们来进行“一战”前后的对比。在“一战”爆发前的大约 35 年里，西方主要国家——英国、法国、德国和美国——都将自己的货币与黄金挂钩，因此，英镑、法郎、德国马克和美元之间的汇率基本上是固定的。而其他国家大多将本国货币与黄金或一种主要货币挂钩，并以黄金或其中一种主要货币作为外汇储备，从而在国际上正式形成了金本位。金本位仅仅是一种实然的现象，没有任何国际条约赋予各国遵守金本位的义务。金本位的大厦随“一战”的开始而倾倒。虽然国际范围内普遍实行金本位的持续时间并不长，但在这期间国际贸易大幅增长，跨国投资的规模扩大，国际经济交往得到了空前的发展。

相比之下，“两战”之间国际经济交往的发展如同一场噩梦。1919 年至 1925 年，英镑采用对美元的浮动汇率制，而此时的美元仍与黄金挂钩，1925 年之后

① See Jeffrey S. Beckington， Matthew R. Amon，“ Competitive Currency Depreciation： the Need for a More Effective International Legal Regime”，Journal of International Business and Law（2011），pp.177-179.

英镑又重新与黄金挂钩，并且汇率明显高估。法郎与黄金挂钩，其汇率在不断波动之中，但大体上向着贬值的方向发展，并出台了各种各样法律上和事实上的外汇管制措施。在1919至1929年期间，英镑和法郎一定程度上都是由美国大量的资本输出来支撑。1929年之后，英国暂停了以黄金进行国际结算，而法国没有采取这一措施。美国在罗斯福总统任期内通过法律放弃了金本位，并拒绝了在1933年伦敦国际货币会议上提出的一项"美元—法郎—英镑"提案。

自此，原为经济发展保驾护航的金本位制度宣告破产，试图通过有计划和有安排的国际合作来建立新的国际制度和国际秩序的尝试也宣告失败。严重的经济危机并未得到任何改善，反而进一步恶化，于是，各国为了缓解本国经济下滑和失业率高企，彻底转向了采取单边措施的解决路径。各国为了应对对外贸易萎缩、失业增加，试图通过竞争性货币贬值、多重汇率制、出台贸易限制措施和补贴等手段，向外输出经济下行压力。①

其次，考察"两战"之间倾轧与混乱状况之撷取。"两战"之间，国际货币体系进入了一个频繁变动、相互对抗和混乱的时期②，大致可以以1929—1931年"大萧条"的发生为界分为前后两个阶段。

在"一战"后至"大萧条"期间，由于美国是"一战"中唯一保持其货币与黄金挂钩的国家，而其他主要大国则采取盯住美元的外汇安排，因此，实际上，在"一战"进程中，国际上逐步建立了双挂钩制度，即美元与黄金挂钩，而其他国家将货币与美元挂钩的国际货币制度③，并在"一战"结束后的一段时间内仍沿用这一制度。

1922年热那亚会议上，国际联盟（以下简称国联）建议各国构建一种新的国际货币体系，使用外汇代替黄金作为储备货币以节约黄金。④这种新的国际货币制度被称为新金本位制（New Gold Standard）⑤，或金汇兑本位制（Gold Exchange Standard）。⑥与传统金本位制有所不同，金汇兑本位制的重要区别在于各国中央银行以黄金和包括英镑和美元在内的国际关键货币作为储备。英国和美

---

① Andreas F. Lowenfeld，International Economic La，Oxford University Press，2003，p.214.

② 彭兴韵：《国际货币体系的演进及多元化进程的中国选择——基于"货币强权"的国际货币体系演进分析》，《金融评论》2010年第2（05）期。

③ 罗伯特·蒙代尔：《国际货币：过去、现在和将来》，向松祚译，中国金融出版社2003年版，第125~126页。

④ 查尔斯·金德尔博格：《西欧金融史》，徐子健等译，中国金融出版社2010年版，第351~352页。

⑤ 巴里·艾肯格林：《资本全球化：国际货币体系史》，彭兴韵译，上海人民出版社2009年版，第60页。

⑥ 彼得·纽曼、默里·米尔盖特、约翰·伊特维尔：《新帕尔格雷夫货币金融大辞典》，胡坚等译，经济科学出版社2000年版，第249页。

国完全以黄金作为储备，其他国家则持有对英国和美国的外汇债权作为储备。尽管此时美国已经在世界经济格局中占据主导地位，美元也逐步成为彼时世界上唯一可以自由兑换黄金的货币，但是，由于美国国内对是否承担国际责任没有形成共识，此前也没有参与建立国际秩序的经验，因此，缺席了国联召开的热亚那会议。[①]另一方面，因这一方案会导致英国失去国际货币体系中主导地位的唯一性，失去此前拥有的绝对的货币霸权，英镑与美元并驾齐驱也刺激了英国作为“日不落帝国”的自尊，英国对这一方案表达了强烈不满。在两方面因素的共同作用下，这次会议完全由英国主导，国际货币体系又一次成为国际政治博弈的焦点。[②]

后经各国的努力，至 1926 年，共有 39 个国家在不同程度上恢复了金本位制度。[③]其中，法国在 1926 年恢复金本位，被认为是标志着金汇兑本位时代的开始。[④]之后，法国面临巨大的汇率压力，其虽通过在 1927 年实施法郎稳定方案，短期内实现了汇率稳定，但不得不在 1928 年 6 月贬值约 80%。

英国为了捍卫“日不落帝国”的“黄金尊严”和货币主导地位，于 1925 年 4 月以战前黄金与英镑的比价恢复了金本位，以彰显英镑的稳定和信誉，但也为此付出了相当惨痛的经济代价。由于美国在“一战”和此后的一段时期内一直没有改变美元与黄金的价格，那么，英镑以战前的黄金与英镑的价格恢复金本位的同时，也意味着美元和英镑之间的汇率恢复至“一战”前的水平。英国在战争期间经历了剧烈的通货膨胀，英国被迫降低国内水平价格，与此同时，英国中央银行还提高了贴现率，以期稳住英镑和美元之间的汇率水平，但此举导致英镑严重高估。据凯恩斯估计，当时英镑被高估了 10%～15%。利率的上升和国内价格水平的下跌引发了英国经济的衰退，英镑高估也严重打击了英国工业产品的出口能力，并因此产生了严重的失业问题，同时黄金流失又使英国中央银行被迫以加息予以应付。英镑高估、出口额锐减、失业率上升和利率上升形成了一个恶性循环。至 1931 年，英国政府无力继续维持英镑与美元之间的汇率，被迫宣布英镑贬值。

1931 年英镑被迫宣布贬值，被认为是标志着金汇兑本位制的终结。金汇兑

---

① 李晓耕：《权力之巅——国际货币体系的政治起源》，社会科学文献出版社 2017 年版，第 55 页。

② 赵柯：《货币的政治逻辑与国际货币体系的演变》，《欧洲研究》2011 年第 29（04）期。

③ 罗伯特·蒙代尔：《国际货币：过去、现在和将来》，向松祚译，中国金融出版社 2003 年版，第 75 页。

④ 巴里·艾肯格林：《资本全球化：国际货币体系史》，彭兴韵译，上海人民出版社 2009 年版，第 47~48 页。.

本位制作为“两战”之间昙花一现的国际货币体系，只运行了不到五年的时间。[①]这一时期事实上是以美元和英镑为主导的金汇兑本位制，该体制突出的特点是固定汇率，以及为保持这一汇率而持有黄金和国家通货的混合储备[②]，而英格兰银行和美联储共同担任世界经济“最后贷款人”的角色。可是，英国无力继续承担“最后贷款人”的责任，而新兴的“最后贷款人”美国又不积极参与，同时，国际上缺乏有效的合作机制应对“大萧条”带来的席卷全球的经济危机，由此造成了国际货币体系的崩溃和进一步的混乱。

下面考察从“大萧条”至“二战”爆发时期。1929 年美国股市的崩溃引发了严重的经济危机，并迅速波及全世界，“爵士时代”在一夜之间让位于“大萧条”，国际贸易领域在此期间受到重大影响。随着国内需求的迅速萎靡，各国政府纷纷采取各种贸易保护措施。[③]金汇兑本位制最先在处于这一制度外围的初级产品生产国瓦解，并逐步蔓延至核心国家。阿根廷和乌拉圭政府于 1929 年限制了国内黄金的自由兑换，加拿大政府采取了黄金禁运措施，巴西、智利、澳大利亚等国也相继对黄金的自由兑换进行限制，并允许汇率自由浮动。[④]1931 年 7 月匈牙利政府冻结了国外存款并实施外汇管制，取消了黄金的自由兑换，并禁止黄金运输至国外。同样是 1931 年 7 月，德国政府被迫宣布实施外汇管制，作为世界第二的新型工业大国退出了金汇兑本位体系。[⑤]英国此前为强行维持与美元的汇率，财政赤字快速攀升，致使英镑的持有国对英镑丧失信心，纷纷要求将英镑兑换为黄金运回本国，英国黄金储备大量外流，被迫于 1931 年 9 月 21 日放弃金本位制。英镑作为金汇兑本位制体系中两大主导性货币之一，英国的退出严重影响了他国对维持金汇兑本位制的信心，至 1932 年初，25 个国家退出了金汇兑本位制，限制或禁止了本国货币与黄金的兑换，并对本国货币实行贬值。[⑥]

接着，国际货币体系分裂为三个集团：（1）黄金集团，以美国为首，包括法国、比利时、瑞士、荷兰及部分拉美国家等。（2）马克集团，以德国为首，由中欧和东欧的一些国家组成，实施外汇管制，名义上保持汇率不变，但其金融在国

---

① 巴里·艾肯格林：《资本全球化：国际货币体系史》，彭兴韵译，上海人民出版社 2009 年版，第 60 页。

② 彼得·纽曼、默里·米尔盖特、约翰·伊特维尔：《新帕尔格雷夫货币金融大辞典》，胡坚等译，经济科学出版社 2000 年版，第 249 页。

③ 巴里·艾肯格林：《嚣张的特权——美元的兴衰和货币的未来》，中信出版社 2011 年版，第 34 页。

④ 巴里·艾肯格林：《资本全球化：国际货币体系史》，上海人民出版社 2009 年版，第 49 页。

⑤ 巴里·艾肯格林：《资本全球化：国际货币体系史》，上海人民出版社 2009 年版，第 78 页。

⑥ 米尔顿·弗里德曼、安娜·斯瓦茨：《美国货币史（1867—1960）》，巴曙松，王劲松等译，北京大学出版社 2009 年版，第 222 页。

际间的流动受到管制。(3)英镑集团，以英国为首，主要由部分英联邦国家组成，这些国家大多跟随英国放弃金本位，并同时采取盯住英镑的外汇安排。各集团内部主要以本集团的主导货币作为国际贸易计价和结算的货币，和其他集团成员国之间的贸易则通过两个集团的主导货币为桥梁进行。以英镑集团为例，英镑集团在三个货币集团中封闭性最高，英镑是英镑集团内唯一的主导货币。英镑集团成员必须将本国持有的美元和黄金储备放在英国指定的银行，并且在动用这些储备时受到诸多限制。出于便利性的考虑，许多成员在国际贸易中，大多通过英镑在英镑集团内部进行相互交易。英镑集团成员国和非英镑集团成员国贸易时，英国往往通过与这些非英镑集团成员国签订双边条约的方式约定以英镑支付，同时，非英镑集团成员国不能凭借获得的英镑向英国要求兑换为黄金或美元，因此获得的英镑往往只能用来购买英镑集团的产品。

三个货币集团形成后，相互倾轧加剧。例如，由于马克集团和英镑集团放弃金本位并贬值货币，在国际贸易中，这些国家的产品当然更具有价格竞争力，这加剧了黄金集团成员国的国际收支状况恶化，投资者开始对仍与黄金挂钩的货币的信心下降。由于担心美国效仿英国放弃金本位，法国、比利时、瑞士、瑞典和荷兰从 1931 年 9 月 16 日开始将美元资产兑换为黄金并运回国内，美国黄金储备大量流失。1933 年 3 月至 4 月，罗斯福总统被迫先后宣布暂停黄金对外输出、暂停黄金自由兑换和美元贬值。此后，黄金集团中其他国家效仿美国，先后放弃金本位。

总之，“两战”之间的前期各国汇率在变幻无常，特别是之后金汇兑本位的废弃和三大货币集团的形成，导致各国之间、货币集团之间相互倾轧加剧，货币战、汇率战、贸易战甚嚣尘上，所有的货币均不同程度地出现了相对于黄金的贬值，各国竞相实行浮动汇率或实施外汇管制。各种外汇管制和贸易保护措施层出不穷，汇率倾销和反倾销在此环境下大行其道。

二、国际贸易制度状况

前已述及，汇率倾销作为汇率或货币低估在贸易上产生的效果或结果，如果有强大的国际贸易法制对这种贸易行为进行制止，也不会有汇率倾销的盛行。因此，要对“两战”之间盛行的汇率倾销的历史背景进行完整和实事求是的考察，仅停留在对彼时国际货币制度的研判上是不够的，还需要对此时的国际贸易制度和国际贸易领域的状况进行考察。

与洛温菲尔德教授所说国际货币法律制度诞生于第二次世界大战之后有所不同，国际贸易领域的法律制度在第二次世界大战之前，甚至更早就已经存在。其代表性的体现形式就是友好通商航海条约。虽然这类条约规定的内容广泛，常涉及缔约国之间经济和贸易关系的许多方面，但其重点是其重要保护航海贸易，因为当时的国际经济活动以国际贸易为主。

尽管友好通商航海条约以保护缔约国之间的航海贸易为主，但其在调整国际贸易关系上却存在以下缺陷：

第一，友好通商航海条约是有关国家之间缔结的双边条约，适用范围有限，仅限于缔约两国。换句话说，在当时尚不存在多边的国际贸易的条约和协定，更不用说存在类似当今对多边国际贸易进行协调的 WTO 之类国际组织了。

第二，友好通商航海条约全面规定缔约两国之间的经济和贸易关系，涉及范围广泛，内容庞杂。这一特征决定了该类条约对航海贸易和其他内容的规定多是原则性的和粗线条的，无法用来应对汇率倾销这种比较具体的不公平的国际贸易行为。

第三，与上述第二个缺陷密切相联系，友好通商航海条约通常缺乏倾销和反倾销的规定，更是缺乏对倾销和反倾销的专门和专业性的规定，因而通常对汇率倾销束手无策。

第四，友好通商航海条约通常缺乏程序上的保障。这使得即便条约中规定了实体性的权利义务的内容，但由于缺乏程序上的保障，使得条约中的实体性规定难以推行，遑论得到严格执行了。

以上对那时国际贸易的主要国际法律制度载体——友好通商航海条约进行考察表明，当时国际贸易的法律制度不仅通常缺乏对汇率倾销和汇率反倾销的规定，而且即便是从当时的国际贸易法律制度的一般规定中也难以解析出应对汇率倾销的元素。在当时的国际贸易制度没有覆盖汇率倾销的情况下，各国并没有承担从事汇率倾销的禁止性国际义务。在各国利益激烈冲突、彼此相互倾轧和以"大萧条"为代表的危机的蹂躏下，各国从事并不为彼时国际贸易法律制度所禁止的汇率倾销就显得十分自然。

"两战"之间汇率反倾销制度的出现与盛行。在"两战"之间的国际货币及贸易制度难以制止汇率倾销，甚至当时混乱的金本位制还为其提供温床的情况下，发生汇率倾销有其必然性。在彼时汇率倾销盛行的国际生态下，面对汇率倾销各国该如何办呢？各国的反映和选择又如何呢？汇率倾销除了具有以上国际制度方面的原因之外，还有经济原因的驱使。当一国生产力发展所生产的产品除使得本国市场饱和之外仍有剩余产品之时，就必然需要借助国外市场实现国内产品的价值。如果各国经济规模和发展水平都到了需要依赖国外市场的地步，那么，就必然面临国际市场份额的占有问题。这时，如果缺乏有效的国际规则和实施规则的国际机构，那么，一些国家就有可能采取不公平的贸易做法包括汇率倾销，来争夺国际市场份额。

以上正是"两战"之间的一个真实的写照。在"两战"之间，汇率操纵成为一个严重的国际问题。各国政府借助汇率操纵实现汇率低估，进一步通过汇率低估进行汇率倾销，以取得对其他国家的竞争优势。汇率或货币低估被认为是促进就业和振兴出口的简单易行的方法。而彼时流行的观点认为各国具有以最适合本国的汇率水平为本国货币定值的主权权力。[①]正因为如此，各国以前所未有的规模进行着竞争性的货币贬值，由是对国际贸易造成了广泛的损害。也正是由于对于通过汇率或货币贬值而进行汇率倾销缺乏有效的国际规则和实施规则的国际机构，各国面对汹涌而来的在其领土上发生的外国借助汇率低估进行的汇率倾销迫切地需要采取行动加以应对，但与此同时许多国家对本国产品的出口又以低估汇率的方式进行着资助。[②]

从汇率反倾销制度产生和扩展的路径来看，"两战"之间汇率倾销和汇率反倾销与"一战"后德国的货币严重贬值有密切关系。在1919年的巴黎和会上，协约国要求轴心国支付巨额战争赔款。[③]由于轴心国战后的经济状况糟糕，高额的战争赔款更是使魏玛时代的德国雪上加霜，陷入了空前的超级通货膨胀、双重汇率、高额进口关税和债务危机之中，货币严重贬值。其他国家为了抵消德国货币贬值给本国带来的消极影响，或是为了通过货币贬值刺激出口以提振经济，在采取主动或被动地贬值货币、限制进口和限制外汇等措施的同时，许多国家如英国及其在世界各地的殖民地、比利时、西班牙等，密集地出台反倾销的法律、法规。

---

① See Jeffrey S. Beckington, Matthew R. Amo, "Competitive Currency Depreciation: The need For A More Effective International Legal Regime", Journal of International Business and Law (2011), pp. 214-218.

② Detlev F. Vagts, William S. Dodge, Harold Hongju Koh, Transnational Business Problem, Foundation Press: Thomson/West (2008), p. 9.

③ Andreas F. Lowenfeld, International Economic Law, Oxford University Press (2003), p.214.

1929年"大萧条"发生后，各国更是将汇率倾销做出拯救经济、挽救就业和纾解民生之困的对策，这反而更激发了各国汇率反倾销立法的出台、升级和实施。"大萧条"的肆虐及其引发的各国汇率的进一步贬值，将汇率反倾销立法及其实行扩展到北美（如加拿大等）、南美（如阿根廷等）、亚洲（如中国和日本等）。根据1933年美国联邦贸易委员会对各国应对他国竞争性货币贬值的做法和世界主要国家汇率反倾销立法及实践所进行的调查，"两战"之间各国对他国汇率贬值的共同对策是单方面地对他国进口产品征收反倾销税。该委员会考察了各类倾销，包括汇率倾销，得出结论认为汇率或货币低估导致的汇率倾销，很大程度上在许多国家的反倾销法中是可诉的。不止于此，几乎所有的国家都通过了反倾销立法，在该立法中都有防治汇率倾销的规定，或防治从汇率或货币低估的国家进口货物的规定。在一些国家，反倾销税仅为汇率反倾销而设，而且在许多国家征收汇率反倾销税是反倾销执法的最重要的内容。总之，有汇率倾销就必然有汇率反倾销及其制度，汇率倾销的加剧促使了汇率反倾销制度的蔓延和升级。

第二节　"两战"之间汇率反倾销制度的特点

纵观反倾销法发展至今的历史，反倾销法起源于国内法，后被纳入国际法的范畴，在国际与国内反倾销法的相互影响下不断演进。[①]被纳入国际法之中的反倾销制度，只包括一般反倾销制度，即只针对一般倾销的反倾销制度，而对其他种类或类型的倾销包括汇率倾销的反倾销制度，则没有包含在现有的国际法律制度之中。[②]加之，"二战"后相当一段时期内国际汇率体系较为稳定，因此，汇率反倾销制度的发展在"二战"后出现了停滞。为了避免将GATT和WTO所涵盖的国际反倾销制度与"二战"前的汇率反倾销制度相混淆，以下对"两战"之间汇率反倾销制度的主要特点进行必要的揭示，以免造成不必要的误解。

---

① 李文玺：《世贸组织/关贸总协定反倾销法》，中国政法大学出版社2006年版，第17页。

② 这一观点的依据将在我们最后一章进行详细论述。

一、汇率反倾销制度由各国国内法构成

与“二战”后将针对一般倾销的反倾销制度纳入GATT和后来的WTO法律体系不同，“两战”之间，由于国际社会缺乏对倾销包括汇率反倾销的国际协商和协调机制，国际社会没有统一的国际反倾销制度。各国的反倾销制度各行其是，各国以国内法的形式对于倾销的种类、认定和反倾销措施进行规定，彼此规定的内容不尽相同。这与“二战”之后将针对一般倾销的反倾销制度纳入统一的国际法律制度之中，各国在不违背其在国际法律制度项下义务的条件下制定自己本国反倾销法的格局，形成了鲜明的对比和反差。

从起源来看，虽然适用于汇率倾销的反倾销制度主要产生和盛行于“两战”之间，但就以国内法形态出现的反倾销立法而言，其在“一战”前就已出现。19世纪末20世纪初，倾销对进口国国内生产同类产品的产业带来了日益严重的危害，逐渐引起了各国政府的关注，反倾销法在各国致力于发展本国产业和对外贸易竞争日趋激烈的历史背景下应运而生。1904年，加拿大制定并通过了世界上第一部成文的反倾销法，此后，新西兰于1905年、澳大利亚于1906年、南非于1914年、美国于1916年先后通过了本国的反倾销法。[①]这些反倾销法有些在诞生之初就已经包含汇率反倾销制度，有些则在诞生时没有包含汇率反倾销制度，而是在其后的修改中将汇率反倾销纳入其中。至20世纪20年代前后，世界主要经济体大多制订了本国的汇率反倾销法，如英国于1921年颁布了《工业保护法》，其中包含汇率反倾销的规定。“两战”之间，各国的汇率反倾销法主要体现为各国国内立法机关的立法，或是以行政命令和司法判例的形式存在。19世纪20年代，国联曾经试图规范各国的包括汇率反倾销法在内的反倾销法，但是，除了万诺教授于1926年提交的一份备忘录外，国联的努力并没有取得任何实质性成果。[②]只是到了“二战”之后，反倾销立法形式才从原来单一的国内立法逐步转变为国际、国内立法同步进行。

① 高永富、张玉卿：《国际反倾销法》，复旦大学出版社2001年版，第4页。

② 李文玺：《世贸组织/关贸总协定反倾销法》，中国政法大学出版社2006年版，第18页。

二、各国汇率反倾销制度缺乏程序性规定

“两战”之间各国的反倾销法或汇率反倾销法，无论是以反倾销法或汇率反倾销法来命名，还是涵摄于其他名称下的法律（如 1930 年的美国《关税法》）之中，虽都含有反倾销和汇率反倾销的内容，然而却缺少具体的反倾销程序的规范，这一特点尤其体现在汇率反倾销制度上，这也是“两战”之间各国汇率反倾销立法的一大缺陷。这一特点或缺陷，也导致各国的汇率反倾销法在实施上具有很大的随意性，且由于“两战”之间各国国内汇率反倾销立法不尽相同，各国对于汇率反倾销的启动、汇率倾销的认定方法存在较大差异。反倾销程序性规范的缺失和各国反倾销立法内容的差异，导致了汇率反倾销手段不同程度地遭到滥用，甚至沦为妨碍各国间正常贸易的壁垒。

汇率反倾销制度的出发点是为了限制和抵消他国实施的汇率倾销行为，从而达到公平贸易、提高效率的目的。它的实施可以消除或一定程度上抵消不公平价格的优势，能在一定程度上起到抵制汇率倾销、保护本国相关产业的作用。应该说，在这个限度内，其作用是正当并合理的，但一旦汇率反倾销超过了必要的限度，它就会实质上成为一种贸易保护主义措施。而在“两战”之间反倾销法发展的进程中，由于世界范围内经济状况持续恶化，各国纷纷高筑贸易保护的壁垒，汇率反倾销制度转而成为许多国家实行贸易保护主义的重要手段。

三、汇率反倾销是当时反倾销制度的主要组成部分

“两战”之间反倾销制度一个非常显著的特点就是分类详细，有一般倾销、赏金倾销、运费倾销、在途货物倾销、原料倾销、汇率倾销和社会倾销。[①]一般倾销是指出口商以低于同类产品在国内正常销售中的正常价值的价格，或以低于成本的价格出口其产品而产生的倾销。赏金倾销一般是指进口货物在原产国或出口国接受诸如赏金、补贴、津贴等财政支持，是反倾销措施最早所针对的倾

① See U.S Senate，“Antidumping Legislation and Other Import Regulations in the United States and Foreign Countries”，senate Document No. 112，January 11 ，1934，p.1.

销形式。[①]运费倾销是指进口货物在出口国获得的运费赏金、补贴或优待。在途货物倾销是规避反倾销税的产物。当时各国衡量是否存在倾销一般拿出口价格与发货时该产品在生产国或出口国的正常价值作比较，发货意味着货物已由出口商或生产厂家出售给了进口商。为了规避倾销的认定和反倾销税，出口商或生产厂家不在发货时完成交易，而是在货物运输途中处分货物。为了制止这种规避，对在途货物的反倾销应运而生。在途货物反倾销条款通常规定，对本应缴纳的反倾销税，由于货物在装运之前没有出售但以运输中的在途货物形式出售从而被规避，那么，对该货物同样征收反倾销税，就好像这些货物在装运至进口国之前已经出售给进口商一样。汇率倾销一般是因出口国汇率低估而造成的其出口产品在进口国市场的倾销。社会倾销是指由国外囚犯生产的产品或由被强制劳动的劳工生产的货物所发生的倾销。

“两战”之间的反倾销制度，如前所述，虽然是以汇率倾销为主要对象，但并不限于汇率倾销。易言之，汇率反倾销是当时反倾销制度的主要组成部分，但非全部。这与“两战”之后 GATT 和 WTO 的法律制度专注于一般倾销，而将其他类型的倾销排除在外形成了鲜明的对照。根据 GATT 和 WTO 规则对于倾销的定义，以及《哈瓦那宪章》相关谈判记录来看，GATT 和 WTO 规则规定的倾销仅指上文的一般倾销，而不包含其他种类的倾销。运费倾销、运输倾销、原料倾销、汇率倾销和社会倾销则未被 GATT 和 WTO 规则所涵盖。

四、汇率反补贴涵摄于汇率反倾销之中

“两战”之间各国实行汇率反倾销瞄准的汇率倾销的一种重要体现形式是赏金倾销。当时各国汇率反倾销法规定的赏金倾销指的是一国政府通过对出口产品提供赏金（bounty）或补贴（subsidy）等财政支持，包括通过汇率低估这种形式提供的赏金或补贴，来鼓励本国产品出口。这与现行 WTO 规则中的“补贴”相似，是 WTO 规则中“补贴”的前身。而今，赏金倾销在 WTO 规则中则被定义为补贴，而补贴构成一种独立于倾销、与倾销并行的不公平贸易行为，其不再属于倾销的一个子类。这与“两战”之间将汇率反补贴涵摄于汇率反倾销之中的

① See U.S Senate, “Antidumping Legislation and Other Import Regulations in the United States and Foreign Countries” .senate Document No. 112, January 11 , 1934, pp. 5-6.

做法，亦形成鲜明对照。

具言之，"两战"之间各国并不存在单独的反补贴制度，而是将补贴作为倾销的一种形式，作为倾销中的一种倾销行为加以规定。因此，虽然大部分国家将汇率贬值导致的低价销售行为视为汇率倾销，同时，也有部分国家将这种行为视为汇率补贴，也就是将汇率贬值给产品带来的竞争优势视为出口国采取汇率贬值措施而间接赋予产品一定幅度的赏金所导致的，而在当时的历史背景下，对产品赋予赏金的行为被归类于一种不同种类的倾销——赏金倾销，赏金倾销通常被视为一种由于官方、政府或私人给予产品补贴而引发的倾销。[①]因此，在当时的历史背景下，汇率补贴通常被认为是政府通过汇率贬值为出口产品提供赏金而引发的倾销，仍然属于倾销的范畴，故没有必要对汇率倾销和汇率补贴进行严格的区分，故我们在第二、三章的对各国反倾销法对汇率倾销或汇率补贴的规定的论述中，将不对汇率倾销和汇率补贴进行严格区分，而是统一称其为汇率倾销。

第三节 "两战"之间汇率反倾销制度的实施要件

"两战"之间的国际货币及贸易制度环境和状况，导致汇率倾销盛行，许多国家因而建立了汇率反倾销的法律制度。各国的汇率反倾销制度虽然对实施汇率反倾销的条件和要求不尽相同，各有侧重，但综合各国汇率反倾销制度的内容来看，"两战"之间汇率反倾销的实施要件主要是：外国货币对本国货币的名义汇率严重贬值或严重低估；外国产品由此以非正常价格进口至本国；进口的外国产品对进口国产业造成损害；非正常价格与产业损害之间存在因果联系，我们将对这四个要件逐一进行研究。

① 参见雅各布·瓦伊纳：《倾销——国际贸易中的一个问题》，沈瑶译，商务印书馆2013年版，第85页。

一、外币对本币的名义汇率严重贬值

我们第一章在对汇率贬值引发倾销的理路中，已阐述过关于名义汇率贬值在国际贸易中造成实质上的倾销的理路，即汇率贬值可能导致名义汇率低估，而名义汇率严重低估会导致实质上的价格歧视，从而在国际间产生不公平贸易行为或不正当竞争行为。

前文述及，名义汇率贬值严重低于真实汇率则可能导致汇率倾销。名义汇率是各国在经济社会生活中公布并使用的汇率，容易确定。真实汇率是不同货币之间价值量的比例，而不同货币之间价值量的确定问题，时至今日也悬而未决。在“两战”之间的反倾销立法中，对于确定货币的价值量进而确定不同货币价值量的比例的问题，有些国家以作为本位货币的黄金为标准衡量外币的价值量，将得到的价值量比例与名义汇率进行比较得出结论，这种方法相对明确和透明，也可以同时确定征收汇率反倾销税的税率。其他国家反倾销法则采用其他方法或方式，如以名义汇率贬值幅度、授权政府首脑或政府机关确定等方式，来认定外国货币是否存在严重贬值。

（一）以名义汇率贬值幅度作为认定严重贬值的依据

南非是当时将名义汇率贬值幅度作为认定严重贬值依据的代表性国家。南非 1925 年反倾销法中，对汇率倾销的认定绕开了真实汇率确定的问题，而是限定超过一定的贬值幅度则构成汇率反倾销要求的贬值。根据 1925 年南非出台的一项规定，汇率反倾销税应为：“所涉货物的出口价格与英镑联盟从货币相对于英镑联盟货币贬值超过 5% 的其他出口国进口同一或同类货物的出口价格之间的差额，而且这类货物根据我们规定在进口时本不需要缴纳任何其他反倾销税。”[①]也就是说，如果一国货币对南非货币贬值不超过 5%，将被视为汇率的价值量比例的自然波动，或是围绕货币价值量比例进行的正常波动，则不构成汇率反倾销要件中的汇率严重贬值，不适用汇率反倾销税。如果一国货币对南非货币贬值超过 5%，将被视为汇率严重贬值，会构成汇率反倾销要件中的外币对

① U.S Senate, “Antidumping Legislation and Other Import Regulations in the United States and Foreign Countries”, senate Document No. 112, January 11, 1934, p.11.

本币严重贬值，如果同时符合其他要件，则将被认定为构成汇率倾销，并对从该国进口的货物征收汇率反倾销税。

南非这一规定相对明确，即一国名义汇率贬值不超过 5%，则不存在出口到南非的货物被征收汇率反倾销税的风险。在汇率反倾销税率的计算上也简便易行，在确定情况符合汇率反倾销的实施要件后，只需要根据名义汇率贬值的幅度即可确定汇率倾销幅度，进而确定汇率反倾销税率。不过，这一规定存在很大缺陷。一方面，5% 的限制过于狭窄，对于名义汇率的短期波动的情况较为合适，但从长期来看，汇率波动超过 5% 的情况屡见不鲜，作为应对突发的汇率倾销之紧急预案尚可，意图在于面对突发的汇率倾销时，暂时保护本国免遭或暂时减轻本国所受的汇率倾销之害，为研究和制定更为长效的汇率反倾销制度争取时间，但是，如果长期适用这一规定，无疑是缺乏合理性的。另一方面，在出现名义汇率在 5% 的临界点附近反复上下波动的情况时，该制度将面临很大的窘境，当汇率在 5% 的临界点附近反复波动时，将出现一日征收汇率反倾销税、另一日又不征收汇率反倾销税的情况，这仅仅是基于每日更新汇率的情况，如果汇率更新频率加快至一小时，甚至会出现这一小时征收汇率反倾销税、而下一小时又停止征收的情况，会造成严重的不良影响：其一，负责征收汇率反倾销税的政府机构需要每天甚至每小时收集和确定向南非出口货物国家的汇率，在信息传递技术尚未得到充分发展的“两战”之间，这样的任务虽非不可能，但需要耗费大量的人力、财力，同时会对负责征税的政府机构内部造成严重的混乱。其二，参与国际贸易的进出口商只能基于对汇率变动的预测，来判断交易的货物是否将被征收汇率反倾销税，而汇率的波动又往往难以准确预测，因此，在这种情况下，汇率反倾销制度将严重缺乏可预见性，给国际贸易的正常进行造成严重的阻碍。

（二）授权政府首脑或政府机关认定

授权政府首脑或政府机关认定汇率是否存在贬值的代表性国家，当属当时的加拿大和新西兰等。加拿大 1922 年《关税法》规定：“在任何情况下，无论本法是否有其他规定，本法授权税务部部长确定货物的应税价值。”[①]加拿大的这

① Antidumping Provisions of the Canadian Customs Tariff Act. Amended to Date of May 23，1933. CH.44 of the Revised Statutes of Canada，1927，as Amended by CH.39 of the Acts of 1929，CH.13 of the Acts of 1930，1st SESS.；CH3. of the Acts of 1930，2D SESS.；CH.30 of the Acts of 1931；and CH.37 of the Acts of 1932–1933.（引用法律，无对应格式标准，故先保留。）

一法律可以适用于汇率倾销，因为部长有权为征收反倾销税之目的确定货物的公平价值，该价值不是发票价值，而是在英国制造或生产的类似货物的价值，或者如果在英国没有类似的货物生产或制造，则公平价值按照任何一个具有正常货币的欧洲国家正常支付的价格来确定。①从这一规定来看，其是针对和应对来自英国的汇率倾销。加拿大之所以将确定货物公平价值的权力交给税务部部长，可能是由于货币价值量难以确定。据此，在汇率反倾销的认定中，如果英国的货币对加拿大货币贬值，而且从英国进口货物的发票价值低于所认定的正常价值，那么，发票价值低于所认定的正常价值的幅度就被默认为是由于汇率贬值引起的，将会对其征收汇率反倾销税。

新西兰于 1921 年出台的法律所采取的做法与加拿大类似，其授权商务部长决定“任何国家货币的正常价值”（normal value），并规定当外国货币贬值时，由商务部长决定是否发起对该国某种商品的汇率反倾销调查。此外，这一法律还规定，当外国货币的“正常价值不能确定时”（not ascertainable），由商务部长决定是否对该商品征收汇率反倾销税。②

据目前资料，这些法律及相关文件中并未显示商务部部长认定严重贬值时的依据、标准或认定报告。因此，这种认定方式首先没有明确的认定理由，透明度很低；其次，缺乏明确的认定标准，缺乏合理性；最后，这种方式不具有可预见性，具有很强的人治的色彩，因潜在的风险和不确定性会给国际贸易的发展带来负面影响，而且容易沦为一国政府施行贸易保护主义的工具。

（三）以金本位为标准认定货币严重贬值

始于 19 世纪后半叶，人类历史上出现的第一个事实上的国际货币制度——国际金本位制，在“两战”之间的一些国家残存适用。这为这一时期一些国家以金本位为标准认定货币严重贬值提供了条件。法国、英国等国是这一做法的代表性国家。

法国于 1932 年 7 月发布法令，对从汇率贬值国家进口的货物征收“汇率补

---

① Antidumping Provisions of the Canadian Customs Tariff Act. Amended to Date of May 23, 1933. CH.44 of the Revised Statutes of Canada, 1927, as Amended by CH.39 of the Acts of 1929, CH.13 of the Acts of 1930, 1st SESS.; CH3. of the Acts of 1930, 2D SESS.; CH.30 of the Acts of 1931; and CH.37 of the Acts of 1932-1933.

② Antidumping Provisions of the Canadian Customs Tariff Act. Amended to Date of May 23, 1933. CH.44 of the Revised Statutes of Canada, 1927, as Amended by CH.39 of the Acts of 1929, CH.13 of the Acts of 1930, 1st SESS.; CH3. of the Acts of 1930, 2D SESS.; CH.30 of the Acts of 1931; and CH.37 of the Acts of 1932-1933.

偿附加税"，目的是抵消由于某些外币发生低于法定汇率平价的贬值而带来的间接汇兑赏金。这些附加税以抵消货币贬值对外国产品制造成本的影响效果的方式确定，并通过比较有关国家以黄金表示的现行价格与这些国家在货币贬值时的价格之间的差额来计算。[①]可见，该法令是以国际金本位制内含的黄金平价作为标准，衡量另一国货币的价值量，通过比较所得到的货币价值量比例和名义汇率计算出汇率贬值的幅度，从而认定汇率严重贬值的国家。

英国 1921 年《工业保护法》采取了相似的做法。"如果出口国的货币按照金汇兑平价贬值了 33.3% 或更多，那么，1921 年的法律（征收汇率反倾销税的规定）就适用于（该国出口至英国）除食品和饮料以外的货物"[②]。比较英国这一规定与南非采取的做法，不难发现，二者有一定的相似之处：二者都是以出口国货币贬值超过一定幅度作为认定货币严重贬值的认定标准。不同之处在于：英国以他国货币相对金汇兑平价贬值的幅度作为认定标准，而南非是以他国货币对本国货币汇率贬值的幅度作为认定标准。这种区别主要是由两国在国际货币体系中的不同地位决定的，以黄金平价和本国货币衡量他国货币贬值幅度两种做法，对于英国来说区别不大，因为英国在当时依旧坚持英镑与黄金保持一定的兑换比例（后来禁止了以英镑兑换黄金，仅在名义上确定一个兑换比例），因此，英国无论采用哪一种做法，最终实际上都是以金汇兑平价作为衡量的标准.而南非在加入英镑集团后，其货币不再与黄金直接挂钩，而是直接与英镑挂钩，仅通过与英镑挂钩与黄金建立间接的联系。

比较英国与法国的规定，二者都是以黄金作为衡量货币价值量的标准，不同在于英国规定了 33.3% 的贬值幅度，货币贬值不超过这一幅度的国家，出口至英国的货物则不会被认定为汇率严重贬值，也就不存在被认定为汇率倾销进而征收汇率反倾销税的可能。在货币贬值幅度的限制上，法国没有做出与英国相似的规定，因此，对货币贬值的国家而言，无论其货币贬值幅度大小，其出口至法国的货物都存在被认定为汇率倾销进而被征收汇率反倾销税的可能。鉴于汇率即使在自然状态下也不可避免地会发生一定幅度的波动，英国的这一规定更具有合理性，将贬值幅度不超过 33.3% 的货币视为汇率的正常波动，超过这一幅度则视为为实施汇率倾销而进行的竞争性货币贬值，可以一定程度上避免将汇率

---

① See Jeffrey S. Beckington，Matthew R. Amon. Competitive Currency Depreciation：The need For A More Effective International Legal Regime，Journal of International Business and Law，2011：214–218.

② British Safeguarding of Industry Act，1921，11 and 12 Geo.5，CH.47.

的自然波动认定为汇率严重贬值的可能，对英国自身而言，也可以减轻可能因大范围征收汇率反倾销税从而引发大量国际争端的负面影响。当然，33% 这一底线是否过高值得思考。

以金本位作为标准认定货币贬值的做法具有一定的优越性，首先，有理有据，在当时的金本位制度下，以作为本位货币的黄金为标准衡量货币价值量，在理论上较前两种方式更具有合理性。其次，在认定汇率严重贬值的同时，可以明确得出其货币价值量，并根据贬值幅度征收汇率反倾销税，具有很强的可操作性。再次，货币贬值的国家名单公布后，即使名义汇率发生变化，随时可以将变化后的名义汇率与货币价值量进行比较，修正贬值幅度，具有一定的可预见性。最后，采用这一做法时，可以兼采幅度限制的做法，即当他国货币相对金汇兑平价贬值超过一定幅度时才可能被认定为汇率严重贬值，而不超过这一幅度则不被认为属于汇率严重贬值，一定程度上避免了汇率自然波动可能被认定为汇率严重贬值的可能性，更具合理性。

二、外国货物因汇率严重贬值以低于公平市场价格进口

根据反倾销的一般理论，倾销是指出口价格低于正常价值的低价销售行为，因此，需要通过正常价值和出口价格的比较来确定是否存在倾销，并需要进一步结合其他要件来确定实施反倾销的要件是否满足。因此，我们围绕在汇率倾销中如何确定正常价值和出口价格进行研究。

（一）“公平市场价格”

我们宜首先对“公平市场价格”（fair market value）这一概念进行必要的说明。“公平市场价格”最早见于加拿大 1904 年关税法，其规定：“特殊税（或倾销税）等于货物的出口价格与国内消费中使用的公平市场价格之间的差值。”[①] 美国 1930 年《关税法》采用了“正常价值”（normal value）这一概念，并对正常价值的确定做出了较为详细的概括和规定。无论是公平市场价格，还是正常价值或其他等同的概念称谓，在实施和确定汇率反倾销中都具有十分重要的作用。一般来说，各国普遍地要求只有在外国产品因原产国或出口国汇率贬值或

---

① The Canadian Customs Tariff Act of 1904，6-7 EDW. VII，CH.11，Sec.6.

低估而发生倾销的情况下，才能对来自外国进口产品实施汇率反倾销。那么，如此重要的公平市场价格或正常价值，又是如何确定的呢？

加拿大 1904 年《关税法》是世界上第一部对倾销行为进行调整的法律。其首次从立法层面对倾销行为进行了初步界定，美中不足的是，由于规定较为简陋，1904 年关税法尚未给出公平市场价格的定义或计算方法。加拿大在 1907 年对 1904 年《关税法》进行了修改，对"公平市场价格"一词进行了进一步说明：

"公平市场价格"指的是商品在正常贸易过程中的公平价格，并且这种公平价格不得低于在商品向加拿大装运出口时点上，向厂家购买商或者批发商出售的公平价格。如果出口的商品是新上市的商品或没有投入使用的商品，则在任何情况下都不得低于类似商品在向加拿大装运之日的生产实际成本，加上合理预估的销售成本及利润。税务部部长作为唯一的裁决者，有权决定何为"合理预估"，并且他的决定是最终决定。[①]一旦公平市场价格确定，那么，如果向加拿大进口商出口的产品或实际销售的产品的价格低于同类商品在出口国正常销售时的公平市场价值，则该进口产品构成在加拿大市场上的倾销。

结合雅各布·瓦伊纳对于倾销理论的阐述，这一定义主要包含两个方面内容：其一，从价格歧视的角度对"公平市场价格"予以界定，即倾销本质上属于一种在不同市场上价格歧视，通过比较这一产品在其国内市场上的一般销售价格和这一产品出口至进口国的价格，则可以认定是否存在倾销，即"公平市场价格"以生产国国内市场上该商品的一般销售价格为衡量基准。其二，当前者由于该商品不在生产国国内销售的情况下，或该商品在生产国国内销售价格不明时，则以该商品的生产价格加上合理的运费和利润作为"公平市场价格"，而且，合理的运费和利润由税务部部长决定。

1922 年加拿大法律进一步对公平市场价格进行了规定，且这一规定主要是针对汇率倾销的情形。该法规定，商务部部长有权以征收汇率反倾销税为目的，确定货物的公平市场价格，该价格不是发票价格，而是在英国制造或生产类似货物的价格，如果在英国没有类似的货物生产或制造，则公平市场价格应当按照任何一个具有正常货币价值的欧洲国家正常支付的价格来确定。[②]前已述及，

---

① Antidumping Provision of the Canadian Customs Tariff Act of 1907，6-7 EDW.VII，CH.11，Sec 6.

② Antidumping Provisions of the Canadian Customs Tariff Act. Amended to Date of May 23，1933. CH.44 of the Revised Statutes of Canada，1927，as Amended by CH.39 of the Acts of 1929，CH.13 of the Acts of 1930，1st SESS.；CH3. of the Acts of 1930，2D SESS.；CH.30 of the Acts of 1931；and CH.37 of the Acts of 1932-1933.

这一规定主要针对英国汇率贬值或低估而造成英国货物在加拿大市场的倾销。

在此之前，公平市场价格的确定，无论依据的是出口国的国内市场一般销售价格或国内生产价格，都需要对这些价格按照汇率换算为进口国货币计价的价格，在汇率倾销中，按照名义汇率换算为进口国货币计价的价格时，由于存在汇率贬值或汇率低估的情况，换算得出的价格往往不能真实反映货物的价格。这一做法与现行之“非市场经济国家”的替代国做法有相似之处，在出口国存在汇率贬值和汇率低估的情况下，确定公平市场价格不再依据出口国的一般销售价格或国内生产价格，而是采用具有正常汇率（正常货币价值）的第三国的国内市场一般销售价格或生产价格。首先，这一规定采取了倾销产品生产国或出口国（除规定中的英国）的生产或制造价格作为公平市场价格，目的是在平衡相同或同类产品在加拿大或英国的生产成本，将这种生产成本差异对加拿大市场造成的不利影响作为倾销来对待。其次，如果英国没有类似的货物生产或制造，则公平市场价格应当按照任何一个具有正常货币价值的欧洲国家正常支付的价格来确定，那么，具有正常货币价值的欧洲国家作为英国的首选替代国。再次，这一做法使加拿大绕过了汇率反倾销实施中出口国真实汇率确定这一棘手的问题，以具有正常汇率的第三国作为替代国确定公平市场价格，也具有一定合理性。最后，这一做法在确定汇率反倾销税率的问题上也具有更强的可操作性，鉴于汇率反倾销税率的确定是我们第三章的重要内容，因此，对这一问题的论述置于我们的第三章之中。

此后，英国、加拿大纽芬兰等国家或地区在其反倾销立法中沿用了“公平市场价格”这一用词，澳大利亚等国家采用了“合理价格”（reasonable price）的说法，中国等国家采用的是“外国批发价格”（foreign whole sale price）。虽然各国的反倾销立法中用词不同，对该词的定义也略有区别，但从前文中对于该词含义和认定方式的研究来看，其含义和认定方式大多相近或相似，为方便论述，我们统一采取“公平市场价格”和“非公平市场价格”的用词。

（二）出口价格

根据反倾销的一般理论，倾销是指出口价格低于正常价值的低价销售行为，因此，在前文对正常价值论述的基础上，有必要进一步对出口价格的确定进行论述。一般来说，货物的出口价格依据货物出口的发票价格确定。如果货物的发票价格是以进口国货币计量的，且不存在汇率低估的情况，则该价格可以直接适用于倾销的认定。如果货物的发票价格是以出口国货币计量的，那么在一般倾销和汇率倾销中对出口价格的认定就有所不同。在一般倾销的认定中，如果货物的发票价格是以出口国货币表示的，那么，依名义汇率对该价格进行换算即可确定货物的出口价格；在汇率倾销中，如果货物的发票价格是以出口国货币计量的，需要借助名义汇率换算转换为进口国货币计量，同时，由于出口国存在汇率贬值或汇率低估的情况，导致使用发票价格依名义汇率换算出的出口价格不能准确反映货物真实的出口价格。因此，在汇率倾销中需要借助不同于一般倾销中的方法确定货物的出口价格，其根本问题在于如何确定外国货币的价值或与本国货币之间的真实汇率，进而与名义汇率进行比较，从而确定出口价格，这一问题与我们第三章所述的汇率反倾销幅度和税率的确定实质上属于同一问题，因此，置于我们第三章中论述。

（三）汇率严重贬值导致出口价格低于公平市场价格

汇率反倾销除了需要具备向进口国出口的产品的出口价格低于同类商品在出口国正常销售和正常出口时的公平市场价值这一条件之外，还需要具备造成以上两个价格差异的原因在于出口国汇率严重贬值这一条件。也就是说，出口国汇率严重贬值导致了向进口国出口的产品的出口价格低于同类商品在出口国正常销售中的公平市场价值。

在"两战"之间，许多国家的汇率反倾销立法，普遍地将汇率严重贬值导致出口国产品的出口价格低于同类商品在出口国正常销售中的公平市场价值作为实施汇率反倾销的明示或默示条件。例如，英国 1921 年《工业保护法》规定，因出口国货币对英镑贬值，该货物进口至英国的价格，低于相似货物的公平市场价格，英国可以对其实行汇率反倾销。[①]这一规定明确指出，如果要适用本法实施汇率反倾销和征收汇率反倾销税，要求英国进口商品的进口价低于公平市场价格，而且导致这一现象的原因是出口国的货币对英镑的汇率出现严重贬值。这也是汇率倾销和汇率反倾销区别于其他种类的倾销和反倾销的标志。

从另一角度来说，在货物的价格以名义汇率换算后不低于公平市场价格的情况下，除汇率倾销之外的其他种类的反倾销规定将不能适用，但如果被认为存在汇率倾销的情形从而进行汇率反倾销的认定，确定货币之间的真实汇率并

---

① British Safeguarding of Industry Act，1921，11 and 12 Geo.5，CH.47.

依真实汇率进行换算，则依然存在被认定为汇率倾销的可能。

三、以低于公平市场价格进口对本国产业造成损害

世界上较早的反倾销国内立法，如 1904 年加拿大《关税法》和 1916 年美国《关税法》等，大多没有将对本国产业造成损害作为实施反倾销的要件之一。损害这一概念第一次出现于 1906 年澳大利亚的反倾销立法中，后来于 1921 年被美国反倾销立法所确立。美国 1921 年关税法明确将损害作为实施反倾销的要件之一，不过对于损害程度的要求很低，任何轻微程度的损害就足够满足这一要件。纵观当时各国的立法规定，汇率低估所致倾销造成进口国国内产业损害，主要有两种体现形式：外国产品的倾销造成进口国生产同类产品的现有产业的损害，外国产品的倾销阻碍了进口国生产同类产品的产业的建立。

（一）汇率倾销对进口国的现有产业造成损害

1906 澳大利亚《产业保护法》规定，如果审计长“有理由认为某人或某个组织，以摧毁或损害澳大利亚产业的意图，从他国进口产品，他可以向部长出证”[①]。澳大利亚的立法将倾销对本国产业的损害归罪于进口商，认为进口商在一定程度上违背了对国家的忠诚，并侵犯了本国其他主体的合法权益。[②]

“两战”之间一些国家的法律规定，实行汇率反倾销除了需要具备前述汇率倾销这一条件外，还需要证明汇率倾销对进口国的现有产业造成了损害。例如，1922 年修正的 1921 年澳大利亚法律，就规定在如下情况下适用汇率反倾销税：在向税则委员会的询问并接到其报告之后，如果部长确认，如果货物原产国或出口国的货币已贬值，并且由于这种贬值，货物已经或正在以损害澳大利亚产业的价格出售给澳大利亚的进口商。这是一例适用汇率反倾销税需要有进口国产业受到损害这一条件的明确规定。

如果说以上澳大利亚的立法例将产业受损聚焦于与外国进口货物构成同类产品或直接竞争产品的澳大利亚的生产制造商的话，那么，有些国家则将产业损害从本国（即进口国）生产制造商扩展到本国的就业。例如，英国 1921 年

① Industries Preservation Act， Australia， 1906.

② 该法的部分内容在“两战”之间被修改，但在修改后依然保留了这一规定，因此属于我们研究的“两战”之间历史时期的汇率反倾销法。

《工业保护法》就将"英国的任何产业的就业正在或可能将会遭受严重影响"作为满足汇率反倾销的条件。[①]英国的规定将保护的目标由生产制造业转移到就业上，在现实中，产业的兴旺与否与就业息息相关。如果一个产业被摧毁，那么，就业就不可避免地丧失。因此，保护就业在很大程度上与保护产业具有一致性。

从英国这一规定来看，英国对损害的认定标准十分宽松，根据供需关系的需求价格均衡理论，一国消费者对于一种货物的需求和消费量在短期内是有限并大体上稳定不变的，一种进口货物在本国市场上得以销售给消费者，无论是否以倾销的方式销售，只要被消费者购买并消费，消费者的部分需求将由进口货物满足，都可能一定程度上造成本国生产这种产品、这种产品的类似产品或这种产品的替代品的产业只能减少生产（供给）或降低价格，只有这样才能达到需求价格均衡，而无论是减少生产还是降低价格都会造成该产业收入下降，影响该产业雇佣工人的人数，使相关产业就业下降。也就是说，在理论上只要证明进口货物在英国国内市场上售出给消费者，并达到比较可观的数量规模，且在英国国内也存在生产这种货物的产业，就满足"任何产业的就业正在或可能将会遭受严重影响"，就会被认定为对英国产业造成损害。

由上述规定可以看出，以英国和澳大利亚为代表的部分国家规定实施汇率反倾销要求本国存在生产这一产品的产业，这是从倾销和反倾销的一般理论出发，将倾销视为一种不正当竞争，而反倾销法的目的在于保护进口国生产同样或相同产品的产业免遭倾销这种不正当的竞争的损害。因此，"两战"之间一些国家实行的反对倾销主要存在于那些也生产与倾销货物构成同类货物的产业，其理由是允许进口廉价外国货物对国内生产者而言是不公平的。如果进口国国内没有生产外国的倾销货物，或者如果倾销的货物是能降低生活开销或便利生产的食物或必需品，则廉价进口则是一种优势，而不是损害。然而，另一些国家则不受此限制，亦即这些国家无论是否存在生产进口倾销产品的产业，只要外国进口产品的倾销造成了损害，其就可以实施反倾销。如下文外国的汇率倾销妨碍进口国相关产业的建立，就是例证。

（二）汇率倾销妨碍进口国相关产业的建立

汇率低估所致倾销造成进口国国内产业损害，除外国产品的倾销造成进口

---

① British Safeguarding of Industry Act, 1921, 11 and 12 GEO.5, CH.47.

国生产同类产品的现有产业损害这种体现形式之外，在有的国家还体现为外国产品的倾销阻碍了进口国生产同类产品的产业的建立。美国的规定就是例证。美国1921年5月27日的1921年《紧急关税法》的反倾销条款的第201节到212节，规定了美国财政部对以低于公平市场价值或低于生产成本进口的商品进行调查，以及对进口商品征收的特殊关税，条件是由于进口到美国的一类或一种外国商品在美国或其他地方以低于其公平价值出售（或在没有公平价值的情况下，低于生产成本要出售），美国的产业正在或可能会受到损害，或被阻止建立。[①]美国的反倾销立法进一步扩大了反倾销适用的对象，将本国没有生产这种产品的产业的情况也包含在反倾销法的适用范围之内，只要进口国因进口这种产品对本国建立生产这种产品的产业造成阻碍，也将适用反倾销法。

这一对反倾销法适用范围的扩大的做法，显然是为了保护幼稚的国内产业。这一做法发展了当时反倾销的理论，即不仅需要保护本国已有产业免受倾销这种不正当竞争的损害，还要顾及本国的新产业的建立是否会因倾销行为而受到阻碍。从正面来看，这种做法更加贴近实际，考虑到了动态发展的因素。从工业发展的历史来看，进入工业时代后，产品无论是数量还是种类上都较以前极大丰富，生产一种新产品的产业往往是首先出现于某一个或某几个国家，进而传播到世界上其他国家。那么，由于大工业时代存在大规模生产和更加高效的运输方式，一种新产品在出现后可以快速传播甚至倾销至全世界，那么，世界上其他国家建立生产这种新产品的产业就可能由于他国的倾销而胎死腹中。然而，从负面来看，在当时反倾销尚未被纳入国际法律制度的历史背景下，这一做法可能会被各国效仿并各行其是，因为任何一国都可以宣称其国内目前尚不存在的产业为其将要建立的产业，建立的时间可能是明天、明年或甚至更长远的期限，所以，妨碍进口国相关产业建立作为汇率反倾销可满足的一种产业损害形式可能存在被滥用的风险，成为实施贸易保护主义的保护伞。

在认定机关的设置上，在当时的美国，主要由美国关税委员会负责对于损害这一要件的认定。美国1922年《关税法》规定："在询问关税委员会后，由总统对进口中不公平方法和行为征收关税。根据1922年《福德尼—麦坎伯关税法》（Fordney- McCumber Tariff Act——作者注）第316节，关税委员会的定位是协助总统对于在不公平竞争方法和不公平行为下进口到美国的商品或销售行为做

① Antidumping Provision of the United States Emergency Tariff Act of May 27，1921，42 Statute 9.

出征收特殊关税的决策，如果以上外国商品进口具有摧毁或实质损害美国产业的效果，或具有摧毁或实质损害美国产业的趋势（tendency）。”可见，在损害的认定上，美国采用了较为宽松的标准，即使进口至美国的外国商品尚未对美国产业造成损害，只要存在这样的趋势和预期，就可能被认为满足对美国产业造成损害这一要件。

四、倾销与损害之间存在因果联系

将低于正常市场价格进口与损害之间存在因果联系作为实施汇率反倾销的一项要件，这种做法在“两战”之间各国的反倾销制度中较为罕见，在目前掌握的资料中，仅见于美国的反倾销制度中。虽然这一要件被规定于现行 WTO 反倾销制度中，这主要因为“二战”后 GATT 建立的反倾销制度主要借鉴的是美国的反倾销制度。

（一）“两战”之间各国普遍缺乏倾销与损害因果关系要求之检视

在“两战”之间的汇率反倾销中，尽管不少国家在汇率反倾销中要求具有产业或就业损害这一条件，但一般缺乏产业或就业损害需由汇率倾销所造成这一因果关系的明确规定。以下略举二例以证之。

英国的反倾销措施始于 1921 年 8 月通过的《工业保护法》（Safeguarding of Industries Act）。该法被称为是为对某些货物征收关税的法律，以保障产业的某些就业不受外币贬值和以低于生产成本的价格处置进口货物的影响，并用于与其相关的目的。该第一部分规定在对英国“关键产业”的保护中对进口货物征收关税，第二部分旨在防止两种倾销：（1）以低于制造国生产成本的价格进口；（2）制造国货币相对于英镑贬值超过汇兑平价的 33.3 % 而发生的汇率倾销。1921 年的法律第二部分规定的反倾销税适用于在英国境外制造并在英国出售或要约出售的除食品或饮料以外的任何类别或规格的货物，条件是“英国的任何产业正在或可能受到严重影响”，后来进一步规定的条件是在英国制造类似货物的产业“正在以合理的效率和经济方式继续经营”[①]。

---

① British Safeguarding of Industry Act，1921，11 and 12 GEO.5，CH.47.

南非 1925 年《海关关税与营业税法》(Customs Tariff and Excise Duties)，规定汇率反倾销税为所涉货物的出口价格与从其他国家进口到南非联盟的同类货物的出口价格之间的差额，其汇率相对于南非联盟货币贬值超过了 5%。该法的执法被授权给了南非总督。当总督认为被指控的倾销对南非联盟内的产业有害，且征税“符合公众利益”时，便可征收汇率反倾销税。[①]

以上两例立法例表明，虽然英国和南非涉及汇率反倾销的立法都提到了产业或就业的损害，但并没有明确规定该产业或就业的损害须系外国汇率倾销所致，即没有明确规定二者须具有因果关系。这与当时汇率反倾销的时代背景具有密切的关系。正如我们在第一章所述，20 世纪二三十年代汇率倾销盛行，汇率战、货币战和贸易战甚嚣尘上。在这种经济和政治生态下，如果一国对实行汇率反倾销规定过多的条件或过高的要求，只能是作茧自缚，妨碍本国以反倾销的手段应对他国的汇率倾销，不利于保护本国的产业、就业和市场。相反，放宽汇率反倾销的条件和要求，则有助于本国施展汇率反倾销的拳脚。另一方面，不得不提及的是，在当时的背景下，许多国家实施的汇率反倾销亦具有贸易保护主义的功用，加之当时对反倾销的条件要求缺乏当今统一的国际法律制度的约束和共识，因此，汇率反倾销制度作为各国自身设计的国内法律制度，自然倾向于宽松而非苛刻的条件设置。

（二）少量国家对倾销与损害因果关系的规定

虽然“两战”之间各国普遍对国内汇率反倾销制度设置宽松的条件，包括普遍地不对本国遭受的产业或就业的损害与外国汇率倾销的因果关系做出规定，但也有少数国家对本国产业或就业遭受的损害须与外国汇率倾销具有因果关系做出了规定，构成以上普遍性立法实践的例外。寻查当时的立法例，对本国产业或就业遭受的损害须与外国汇率倾销具有因果关系的规定，体现在美国和澳大利亚的法律规定中。

美国 1921 年《紧急关税法》规定，由于进口到 (by reason of the importation into) 美国的一类或一种外国商品在美国或其他地方以低于其公平价值出售，美国的产业正在或可能会受到损害，或产业的建立受到阻碍，在此情况下，美国财政部须对进口货物进行调查，并对进口货物征收特殊关税。依此规定，美国若要

① South African Customs Tariff and Excise Duties Amendment Act，1925；Law No.36 of 1925.

对进口产品征收反倾销税，需要证明美国国内相关产业受到的损害或被阻止建立是由于出口产品的倾销造成的。[①]由于该法适用于汇率倾销，因此，这一规定亦构成汇率反倾销的要件规定。

该法并未对因果关系的认定，做出进一步的说明或规定。不过，此后美国1930年关税法对因果关系的认定做出了规定。美国在考虑美国生产或制造与外国进口产品构成相同或相似产品的国内产业是否受到损害时，除了考虑进口产品倾销因素外，还考虑许多其他因素，如需求的变化、劳资纠纷争议、国内产业的出口实绩和生产率、公平价格的进口产品的数量等。美国当局在决定损害与倾销的因果关系时，并不一定要证明企图倾销的进口产品是造成损害的主要原因，而是要证明倾销的进口产品是造成损害的原因之一，即可认定他们之间存在着因果关系。[②]也就是说，在包括进口产品倾销在内的多种原因共同作用，导致国内产业受到损害的情况下，只要证明进口倾销是导致国内产业受到损害的一个原因，无需考虑进口倾销在损害中的作用程度，就可以满足法律规定的低于正常市场价格进口与损害之间存在因果关系的要件。

无独有偶，澳大利亚1922年修改的1921年的法律将"汇率反倾销税"界定为，由于原产国或出口国货币贬值，货物以会损害澳大利亚产业的价格销售给进口商。该法规定，澳大利亚在如下情况下对相关外国进口产品适用汇率反倾销税：在向税则委员会的询问并接到其报告之后，如果部长确认货物原产国或出口国的货币已贬值，并且由于这种贬值（by reason of such depreciation），货物已经或正在以损害澳大利亚产业的价格出售给澳大利亚的进口商。[③]澳大利亚的这一规定表明，澳大利亚产业已经或正在遭受的损害，须系由外国货物的原产国或出口国的货币贬值所造成，从以上规定来看，二者须具有因果关系。然而，该法对于澳大利亚该如何认定这一因果关系，并没有做出进一步的规定，因此，这一标准在当时的历史背景下能否得到真正执行令人生疑。

---

① See Antidumping Provision of the United States Emergency Tariff Act of May 27，1921，42 Statute 9.

② 高永富、张玉卿：《国际反倾销法》，复旦大学出版社2001年版，第4页。

③ Australian Customs Tariff（Industries Preservation）Act，December 16，1921，Law No.28 of 1921，as Amended by Law No. 20 of 1922.

第四节　“两战”之间汇率反倾销制度的具体措施

根据“两战”之间各国的汇率反倾销立法，一旦外国进口产品满足进口国法律规定的汇率反倾销条件，那么，进口国就会对从外国进口的货物采取汇率反倾销措施，实施汇率反倾销。换言之，汇率反倾销虽然需要具备上一章所述汇率反倾销的条件，但最终还是要落实在我们所要考察的反倾销措施上。那么，“两战”之间各国汇率反倾销的措施主要有哪些呢？毫无疑问，首当其冲的当属汇率反倾销税。汇率反倾销税根据发生的情形不同，大致上可以分为以下两类不同情形进行分别考察：单一汇率情形下的汇率反倾销税与复汇率情形下的汇率反倾销税。除汇率反倾销税之外，也有部分国家同时规定或采用了各种进口数量限制措施，或是完全禁止从被认定为汇率倾销国的国家进口产品，或者对本国生产者进行补贴等措施。这些内容将在我们的框架内依次进行考察。

一、单一汇率情形下的汇率反倾销税

单一汇率是指一种货币（或一个国家）只有一种汇率，这种汇率广泛地适用于该国所有的国际经济交往领域。在单一汇率情形下通过汇率低估或贬值来进行倾销，由汇率贬值或低估直接导致汇率倾销，这是汇率倾销的基本表现形态，这就形成了单一汇率情形下的汇率倾销，因而很有必要对其计征汇率反倾销税问题进行研究。

（一）单一汇率情形下汇率反倾销税的特点

在“二战”前，由于没有 GATT 和 WTO 这样的具有普遍约束效力的多边国际贸易制度的存在，各国可以自由的提高或降低关税，早期针对倾销行为的反倾销措施主要是提高关税或设置非关税壁垒。1904 年加拿大首次采用征收反倾销税的方式来应对他国的倾销行为，此后被世界上大多数国家所借鉴，如美国

1921 年关税法、英国 1921 年关税法等，相较于其他方式，征收反倾销税这种方式具备十分突出的优点：

1. 避免选择性的调整一般关税水平

美国采取征收反倾销税的方法之前，针对倾销行为主要是对特定产品的一般关税进行选择性的调整，但这一做法在实践中带来很多针对关税征收的公平性的质疑和投诉，尤其是针对来自某一国家的某一产品选择性的提高一般关税水平，使得对来自不同国家的相同产品适用不同的关税税率，在这种情况下，美国常常被质疑违反了与他国签订的贸易条约中的最惠国待遇条款。此外，英国政府的官方发言也可以进行佐证，英国政府曾公开宣称制定反倾销条款的立法目的就是为了避免频频修改一般关税税率，从而在一般关税之外设置特殊税（反倾销税）这一税种。[①]

2. 具有灵活性和针对性

正常的关税往往被认为是一种非歧视性的、统一性的贸易规制方式，往往无法满足国内各方面利益集团的贸易需求，一旦提高或降低关税将会导致所有进口产品的关税都会受到影响，因此，关税这种手段不具有针对性和灵活性的缺点就会暴露无遗，甚至会挑起不同利益集团之间难以预料的争斗。加拿大反倾销法创造性地发明了比关税更具有隐蔽性的贸易规制工具——反倾销税，既可以为国内受到损害的生产商提供专项性的保护和救济，又可以避免普遍的提高关税可能引发的国内其他利益群体的反对。

在英国，征收汇率反倾销税的基础很大程度建立在"补偿"原则上，主要是为了抵消他国出口至英国的产品之价格与英国本土生产这种产品的成本之间的差距。1921 年英国《工业保护法》所规定的"特殊关税"（special duty）是专为抵消外国产品因汇率倾销和赏金倾销等"人为因素"而享有的竞争优势。[②]在名称上，虽然英国没有把税种的名称与反倾销相联系，而是根据汇率倾销带有的不正当竞争的色彩，将这种"人为因素"造成的竞争优势归于不正当竞争的范畴；并且，没有将相关规定置于关税法或是反倾销法中，而是规定在名为"工业保护法"这样的法律之中。但毫无疑问，这一"特殊税"实质上包含了汇率反倾销税，虽不具备汇率反倾销税之名，但具有汇率反倾销税之实。

法国于 1931 年 11 月 14 日颁布总统令，下令开征一项名为"汇率补偿税"

---

① Michael J. Finger，The Origins and Evolution of Antidumping Regulation，World Bank Publications（1991），p.9.

② British Safeguarding of Industry Act，1921，11 and 12 GEO.5，CH.47.

（exchange compensation surtax）的进口税，其目的主要是："为了抵消外国货币因贬值而间接享有的补贴或赏金。"①法国这一做法则是将货币贬值归为一国政府实施的一项措施，虽然出口商并未采取倾销行为，但是，政府的这一措施会间接地起到向出口商提供补贴、鼓励出口商向他国低价出口商品的作用。而"汇率补偿税"则是为了抵消这种不正当的竞争优势，保护本国相关产业。因此，这种"汇率补偿税"实质上属于汇率反倾销税的范畴。

英法两国对汇率贬值对出口贸易的作用机制虽有出入，但本质上都是将其视为一种不正当竞争，且都采取了对其额外征税以抵消汇率贬值带来的不正当的竞争优势的做法。这两种相似的观点或做法被大多数国家所采纳，正如我们第一章所述，当时的主流观点是将汇率倾销视为和一般倾销相并列的不同种类的不正当竞争行为，侵害了本国生产者的合法权利，因此，只需要对其加征一定比例的税，将"人为因素"造成的不正当的竞争优势予以抵消，而不需要禁止该产品的进口或是采取数量限制措施。

基于此，理论上，汇率倾销导致的"人为因素"的优势是由于汇率贬值和汇率低估造成的，因此，汇率反倾销税率应当等同于汇率倾销的幅度，也就是汇率贬值和汇率低估的幅度。由于汇率问题本身的复杂性，尤其是对真实汇率的计算方法众说纷纭，各种不同方法都既有长处也有缺陷，且不同计算方法得出的真实汇率又相差很大，因此，真实汇率的确定是一个困难而棘手的问题。这就导致部分国家采用了其他反倾销措施以保护本国免受他国倾销行为的侵害，或者是将汇率反倾销税与其他措施混合使用。这些手段将在下文进行论述，而汇率倾销税的幅度和汇率反倾销税率的确定方法于下一部分中论述。

（二）单一汇率情形下汇率反倾销税地计量与评价

1. 以黄金或金本位确定汇率反倾销税税率

随着"一战"的爆发，金币本位逐步瓦解，各国相继宣布本国纸币不再能够继续兑换黄金，或对纸币兑换黄金出台了极为严格的限制措施或严苛的兑换条件。尽管如此，不可否认的是，在金币本位瓦解前，黄金作为国际货币，是衡量各国货币价值的标尺。即使在金币本位瓦解后，黄金依然在"两战"之间的货币领域扮演着举足轻重的作用。此外，黄金由于其存量有限，总体数量基本保持稳

① Decree of the President for extraordinary customs measures，Nov.14，1931.

定，因此，价值也较纸币更为稳定。这一点恰恰是作为信用货币的纸币的一大缺陷。而与汇率倾销关系紧密的汇率贬值往往与滥发纸币有着密切关系。因此，采用黄金或金本位作为衡量汇率的标尺，既符合历史习惯，也具有一定的合理性和准确性。当时，采用黄金或金本位来衡量汇率倾销是否存在以及倾销幅度这一做法的代表性国家是法国和德国。

（1）法国

法国于 1931 年 11 月 14 日颁布的总统令宣布征收了"汇率补偿税"，即汇率反倾销税。该令其中规定："……应当以一项具备国际市场或报价不受国家货币变动影响的基准来衡量……具体名单由部长法令予以确定。"①

法国采用的第一项做法是以商品所包含的价值量为依据，如果得到的价值量是以外币计价的价值量，那么，在换算为法郎计价时，应当采用法国官方最新公报的货币兑换率。这种方式虽然起到了一定作用，但依然存在缺陷：①对汇率的估算缺乏客观的标准，从而导致估算出的汇率可能无法反映真实情况。②官方汇率可能需要频繁修正，而基层海关征税人员也要不断改变计量汇率反倾销税时使用的汇兑比例。③频繁的汇率和反倾销税税率的变更缺乏可预期性，使参与国际贸易的进出口双方陷入挣扎。

由于以上估算方法存在上述缺陷，1931 年 12 月 9 日更改了计算汇率反倾销税率的思路，最主要的变化体现在以黄金或金本位为媒介，利用各国货币与黄金或金本位的比值，当一国货币发生贬值时，将该国货币计价的价格先换算黄金之后，再进一步确定汇率反倾销税率。同时，计算的过程不再是针对不同批次的进口货物单独计算，而是经由法国行政部门衡量计算后，由部长法令公布从各国进口的货物应当适用的汇率反倾销税率，这主要是为了降低海关之前需要对货物逐批次计算汇率反倾销税率而产生的庞大的工作量，同时，也具有理论上的依据——由于汇率倾销是由货币兑换价格异常低落导致的，而货币兑换价格的低落无疑影响的是两国之间所有的进出口贸易，所以汇率倾销一旦发生，往往不会单独发生于某一批次或某一种类的货物，而是发生于倾销国出口的所有货物中，因此，在一定程度上，可以采取这样的做法。此外，如果进口的货物是由第三国进口后再出口至法国，那么，则以这两个国家货币计价的价格计算得出两个不同的应税额时，以较高者为准。

---

① Decree of the President for extraordinary customs measures， Nov.14， 1931.

以下国家进口货物应当适用的汇率反倾销税率见表 4—1：①

表 4—1 世界主要国家征收的汇率反倾销税率

出口国	税率	开征时间	备注
英国	15 %	1931 年 11 月	—
丹麦	15 %	1931 年 11 月	—
澳大利亚	15 %	1931 年 11 月	—
墨西哥	15 %	1931 年 11 月	—
瑞典	15 %	1931 年 11 月	—
英属印度	7 %	1931 年 11 月	1931 年 12 月调整为 15 %
挪威	8 %	1931 年 11 月	1931 年 12 月调整为 15 %，1933 年 4 月取消
阿根廷	10 %	1931 年 11 月	1931 年 12 月调整为 15 %
乌拉圭	10 %	1931 年 11 月	1931 年 12 月调整为 15 %
加拿大	11 %	1931 年 12 月	—
埃及	15 %	1931 年 12 月	—
芬兰	15 %	1931 年 12 月	1933 年 3 月取消
日本	15 %	1932 年 3 月	1933 年 3 月调整为 25 %
葡萄牙	15 %	1932 年 3 月	1932 年 10 月取消
中国	25 %	1933 年 3 月	—
南非	15 %	1933 年 3 月	—

注：数据截至 1934 年 1 月 11 日

对表中数据进行分析，不难得出如下结论：

第一，与其说法国是依据黄金或金本位对各国货币价值量进行衡量，得出汇率倾销幅度，倒不如说是变相对进口商品统一征收 15%～25% 的额外关税。因为各国汇率的贬值幅度显然不是一致的，而法国对其他国家设置的汇率反倾销税率却大多为 15% 和 25%，这显然是不符合现实情况的。因此，可以说，法国的汇率反倾销措施与其说是出于保护公平竞争的目的，不如说是在于实施贸易保护。

第二，在当时各国货币频繁的、竞争性的贬值的背景下，法国对汇率反倾销税率是每年进行一次认定和修正。难道其他各国约定一同于每年 3 月份一次性贬值本国货币，而在一年的其他时间保持汇率稳定？这显然是与现实情况脱节的。

第三，鉴于表中对大多数国家的产品征收汇率反倾销税在实施后没有取消也未根据汇率变动进行调整，而对其中小部分国家征收的汇率反倾销税则在后来被取消，这可能是由于法国政府通过外交途径与其中一些国家达成了协议。

① Decree of the President for extraordinary customs measures, Jan.18, 1932.

如我们在历史背景中介绍的英法美三国达成的货币协定，对汇率倾销行为做出了调整，因此，取消了对这些国家产品征收的汇率反倾销税。

综上所述，法国实施的征收汇率反倾销税的行为，虽然表面上宣布的是以黄金价格为尺度对各国货币价值量进行衡量，进而确定汇率倾销幅度，但实践中的做法却与之相悖。法国实施的汇率反倾销税的措施，目的相较于抵消汇率倾销的不公平贸易效果而言，更大程度上是一种临时性和过渡性的措施，同时有实施贸易保护的成分。

（2）德国

德国于1925年对关税法进行修订，该法第10条规定，如果一国对德国出口的产品在税收方面不给予最惠国待遇，那么，将对德国来自该国的进口产品征收双倍的关税或税额为货物价值两倍的附加税。在前述条件下，如果该产品属于该法规定的免税产品，则对其征收不超过50%的从价税。这一规定是为了应对世界上其他国家普遍的对德国产品征收更高的关税或其他高额进口税而采取报复行为，同时也可以起到限制进口的作用。

此后，德国于1932年1月19日颁布总统令宣布出台汇率反倾销税："如果一国货币币值低于黄金平价，则对进口自该国的货物征收'补偿附加税'"[①]。这一"补偿附加税"的征收以出口国货币币值低于黄金平价为条件，其目的显然在于抵消他国的产品因本国货币贬值扩大出口而对德国带来的不利影响，实质上与汇率反倾销税如出一辙。德国在征收条件的要求上也较为宽松，仅以出口国货币贬值至黄金平价以下为条件，而不考虑出口国产品的出口价格与产品的正常价值之间的关系，也不要求进口的产品对德国相关产业造成损害，更不衡量价格与损害之间是否存在因果关系。

同时，德国的这一总统令还要求对于不给予德国产品最惠国待遇或未与德国订立贸易条约的国家，提高其产品出口至德国的关税。这一要求是随着德国产品的出口环境进一步恶化而采取的更加强烈的报复行为，也为了进一步限制进口提振萎靡的德国国内经济。此外，德国自1931年7月始，实施了严格的外汇管制，并对部分商品的进口实施进口许可证制度。

德国的种种行为带有鲜明的报复心理和贸易保护主义色彩，此后的进一步强烈的报复与希特勒的上台和德国极端民族主义的抬头具有一定的联系，其目

① Decree of the President for extraordinary customs measures, Jan.18, 1932.

的实质上是输出国内经济下行压力，提振本国经济和促进就业。

（三）以官方确定的汇率平价确定汇率反倾销税税率

“两战”之间，除一些国家采用黄金或金本位确定汇率反倾销幅度或税率之外，还有些国家以官方确定的汇率平价来确定汇率倾销幅度和汇率反倾销汇率税率。1931 年 9 月，加拿大发布命令，修改了汇率反倾销税的征收方法，但修改后的方法仅针对性地适用于进口自英国的产品，对其他国家进口的产品不适用这一方法。该项命令规定对于来自英国的货物，如果发票价格是每英镑少于 4.86 加元，那么，出口给加拿大进口商的货物的实际售价应当被认为是低于该货物在其本国消费时的公平市场价值，就应适用反倾销法。1931 年 10 月，加拿大进一步发布命令规定，为了计征反倾销税之目的，每一英镑的平价汇率应当是 4.40 加元。并且，如果进口商以加元支付的实际金额在清关时未知，那么，反倾销税应为加拿大国家税务局每两个月宣布的英镑平均价与上述确定的 4.40 加元之间的差额。在 1932 年期间，基于计征反倾销税之目的，英镑与加元的汇率被武断地维持在 1 英镑对 4.40 加元的水平，而英镑汇率的平均值在波动。到 1932 年底，英镑与加元的汇率达到了 1 英镑对 3.78 加元，因此，加拿大对英国货物征收的汇率反倾销税是 4.40 加元减 3.78 加元，即每英镑为 0.62 加元。由于 1932 年在渥太华会议上英国抗议和达成的协议，1933 年春天，加拿大对英国货物征收的汇率反倾销税降低到了每英镑 0.12 加元，并于 1933 年 4 月 28 日全部取消对英国的汇率反倾销税。不过，加拿大仍对来自于其他货币贬值国家的货物收取汇率反倾销税。①

这一方法实质上是类似于一项临时采取的盯住英镑的外汇安排，以加拿大政府公布的对英镑的汇率为准，对低于这一汇率进口的产品征收汇率反倾销税。以该方法作为临时性的过渡办法，同时通过外交途径寻求合作，以谈判沟通的方式建立双方共同接受的货币安排。

二、复汇率情形下的汇率反倾销税

复汇率会间接导致汇率倾销的发生，汇率倾销在单一汇率情形下和复汇率

① U.S Senate，“ Antidumping Legislation and Other Import Regulations in the United States and Foreign Countries”，senate Document No. 112，January 11 （1934），p. 15.

情形下的表现形态有所不同，汇率反倾销税的厘定也就有所区别。我们将结合判例，围绕复汇率情形下的汇率反倾销税的厘定进行研究。

“两战”之间复汇率情形下的汇率反倾销实践主要发生在美国。美国在将其反倾销立法（适用于汇率倾销）付诸实施过程中，出现了不少的有关复汇率情形下汇率反倾销的行政裁决和司法判决。仅以司法判决为例，就有伍尔沃斯诉美国案（F. W. Woolworth Co. v. United States）、缪勒公司诉美国案（V. Muller & Co. v. United States）等。我们主要围绕更具代表性的伍尔沃斯诉美国案[①]，探究复汇率情形下的汇率反倾销税。需要特别说明的是，该案的判决书中大量采用了“补贴”和“汇率补贴”等用语，这与我们所述的“汇率反倾销”并不矛盾。前文已经述及，“两战”之间不存在独立的反补贴制度，反补贴制度是涵摄于反倾销制度之中的，这与现今将反补贴制度独立于反倾销制度的做法形成鲜明反差，汇率反倾销正是将汇率低估或贬值造成的补贴作为反倾销主要瞄准的对象，因此，二者并不矛盾，此外，出于历史考证应当遵循严谨的原则，尽量还原历史本来面目的考虑，故我们在写作中将沿用判决书中“补贴”和“汇率补贴”等用语。

（一）复汇率与汇率倾销的关系

复汇率可以分为双重汇率或多重汇率，是指一种货币同时存在两种或两种以上的不同汇率。若同时存在的不同汇率为两种，则称为双重汇率。若同时存在的不同汇率为两种以上，则称为多重汇率。复汇率又有法律上（de jure）的复汇率与事实上（de facto）的复汇率之分。法律上的复汇率，一般指的是由外汇管理当局人为的、主动地制定并用于实现外汇管制等目的的多种汇率并存的机制。事实上的复汇率是，在外汇管制情况下，政府不公开宣布实施复汇率，但默许外汇黑市存在并使用与官方汇率不同的市场汇率，这种政府公布的官方汇率和外汇黑市的市场汇率并存的情况，属于事实上的复汇率。复汇率是一国政府实施外汇管制的工具之一，往往伴随着外汇管制一同出现。

复汇率的出现往往意味着存在汇率低估的情况。根据汇率决定的国际借贷

① 汇率反倾销制度在当时的实践中反复被使用，存在相当数量的司法判决，伍尔沃斯诉美国政府一案比较具有代表性，且在此后的相关案件中作为先前判例被反复援引适用，故选择此案进行研究。

学说[①]，汇率取决于外汇的供求关系，如果外汇可以自由地获取并使用，那么，实践中就不会出现两种不同价格的汇率，正是由于同时存在各式各样的外汇管制，使得外汇的供求关系被扭曲。因此，复汇率中的不同汇率价格，必定至少有一个汇率价格是“失真”的，大大偏离了真实的汇率价格，且这种“失真”往往表现为汇率的低估，这些会起到“奖出（口）罚进（口）”的作用，实际上是给予了出口企业一种变相的出口补贴[②]，在“两战”之间这种补贴构成一种典型的汇率倾销。

复汇率造成的汇率低估，对国际贸易造成的影响毫无疑问属于汇率倾销的范畴，是汇率反倾销制度所要瞄准的对象。当时美国的汇率反倾销制度的规定更是明确地指出了这一点。美国1930年《关税法》第303节的规定：凡任何国家、附属国、殖民地、省或政府的其他分支机构、个人合伙、协会、卡特尔或公司，直接或间接地向在该地制造生产或出口的任何物品或商品所支付或给予任何赏金或好处，根据本法的规定，这些物品或商品均应纳税。在这些物品或商品向美国进口时，……都应征收和支付本法规定原本需要缴纳的税金之外的等同于以上赏金或资助净额的额外税金。[③]在复汇率情形下，低估的那种汇率构成外国对美国进口的产品的赏金或好处，因而美国需要对之征收额外的税金。美国1930年《关税法》将执法的权柄赋予了美国财政部，财政部据此对复汇率情形下发生的汇率倾销进行裁决。例如，美国财政部长基于这一规定，于1936年6月4日颁布财政部令48360号：特此通知，根据1930年《关税法》第303节的规定，本通知公布之日起三十天后，对于直接或间接从德国进口的规定种类的物品时，须征收反倾销税，其金额相当于已支付和/或给予的赏金和/或资助。这一做法显然针对的是德国实施的复汇率制度和外汇管制的情况，认为德国的复汇率制度和外汇管制造成了汇率低估，将汇率低估造成的对产品的变相补贴作为反倾销主要瞄准的对象，对来自德国的产品征收汇率反倾销税。

---

① 国际借贷说是英国经济学家葛逊在1861年提出的一种汇率决定理论，该学说以金本位制度为背景，认为汇率的变化的是外汇的供给与需求引起的，如果外汇供给大于需求，会引起本币升值；相反，如果外汇需求大于供给，则会引起本币贬值，因此，汇率取决于外汇供给和需求的状况，表现为价格、供给和需求的动态平衡。

② 参见谭中明：《国际金融学》，中国科学技术大学出版社2003年版，第94~95页。

③ United States Tariff Act of June 17， 1930， 46 STAT. 590.

（二）伍尔沃斯公司诉美国案

在伍尔沃斯诉美国案中[①]，美国的进口商伍尔沃斯公司从德国进口了一批瓷器餐具，货款总额为 2716.25 马克。其中，货款的 90% 以德国的登记马克（registered reichsmark）支付，伍尔沃斯公司取得这些登记马克花费了 523.64 美元，平均价格为 0.2142 美元/马克，从登记马克账户支付。货款的另外 10% 以德国的自由马克（Free Marks）支付，伍尔沃斯公司取得这些自由马克花费了 109.54 美元，平均价格为 0.4033 美元/马克，从自由马克账户支付。伍尔沃斯公司从德国进口的这批瓷器餐具被裁定征收汇率反倾销税。之后，伍尔沃斯公司不服这一裁定，在美国海关法院（United States Customs Court， USCC）起诉，并在一审败诉后提起上诉，海关和专利上诉法院（Court of Customs and Patent Appeals，CCPA）在二审中仍然维持原判。

在本案中，登记马克和自由马克在货币领域的最大区别在于二者受到不同方面的管制。登记马克虽然可在德国以外的公开市场以持有人愿意接受的任何价格自由出售，但其在德国的使用受控于德国政府。在德国国内，登记马克的持有人只能将登记马克存入德意志帝国银行这一政府机构，而不能从该银行取现，并且只能在该银行批准的用途上和范围内在德国使用。自由马克的正式名称为自由兑换马克，虽然名称中具有"自由兑换"这样的措辞，但是，自由马克的兑换相较登记马克的兑换而言，实际上受到更严格的兑换限制，1936 年德国外汇管理局宣布不允许以低于 0.4033 美元/马克的价格出售自由马克。尽管自由马克在兑换外汇上受到限制，但其使用上则更为自由，使用时不需要经过批准。总而言之，二者均受到不同程度的管制，登记马克在外汇兑换上相对较为自由，但在使用上受到严格限制。反之，自由马克在使用上相对较为自由，但在外汇兑换上受到严格限制。

货币作为一种交换媒介和支付手段，一般情况下，取得和持有外国货币的目的往往是使用这种货币向该外国购买产品或服务，因此，本案中登记马克的价格虽然是基于双方合意和自由买卖形成的。然而，由于登记马克的使用受到严格的限制，换言之，作为货币的登记马克，由于人为的外汇管制的存在，所以，

---

① 伍尔沃斯诉美国案一审判决见：F. W. WOOLWORTH CO. v. UNITED STATES， 3 Cust. Ct. 236， 1939 Cust. Ct. LEXIS 1796， last view at Mar 8， 2018.二审判决见：F. W. Woolworth Co. v. United States， 28 C.C.P.A. 239， 1940 CCPA LEXIS 198， 115 F.2d 348， C.A.D. 151.

其交换媒介和支付手段的功能存在缺陷，这种人为造成的缺陷使得其价值受损而降低。尽管购买两类马克的美元单价不同，即两类马克对美元具有不同的汇率，但是，该货款在支付至德国制造商的账户之后，伍尔沃斯公司分别通过其自由马克账户和登记马克账户支付的两类不同马克价值之间的差异被清除了。换言之，对于制造商或出口商来说，利用登记马克支付的每一马克的价值与利用自由马克支付的每一马克价值都相同，因此，登记马克由于德国政府外汇管制的存在而被低估，严重偏离了马克的真实价值。这等同于，德国政府通过外汇管制使登记马克具有和自由马克不同的汇率。低估的登记马克会导致美国进口商支付较之与正常汇率条件下较少的美元，并进而导致德国制造或出口到美国的产品在美国市场上以美元体现的价格更为低廉，从而能够获得不公平的竞争优势。因此，德国通过这一低估的汇率间接赋予了出口商品以补贴，造成了德国产品的汇率倾销。

美国 1930 年《关税法》303 节规定的："直接或间接地向在该地制造生产或出口的任何物品或商品所支付或给予任何赏金、补贴或好处，……在这些物品或商品向美国进口时……都应征收和支付本法规定原本需要缴纳的税金之外的等同于以上赏金或资助净额的额外税金"，这一规定包含了间接提供的赏金或补贴，因此，该批货物应当被征收汇率反倾销税。

虽然这批货物的进口被证实违反美国 1930 年《关税法》303 节的规定而应当被征收汇率反倾销税，但是，如何确定以美元表示的金额征收反倾销税却成了十分棘手的问题。根据美国 1930 年《关税法》303 节的规定，汇率反倾销税的金额应当等于货物被赋予的赏金的金额，即伍尔沃斯公司实际支付货款的美元金额与按照正常汇率应当支付货款的美元金额之间的差额，前者是已经查明并确定的，后者则需要确定美元与马克之间的正常汇率，根据以马克计量的货款依照该正常汇率换算得出，但正常汇率却难以确定。

法院在选择厘定汇率反倾销税金额应当适用的汇率这一问题上，采取了适用德国政府规定出售自由马克的最低限价的做法，也就是将 0.4033 美元/马克的价格作为正常汇率加以适用。那么，汇率反倾销税额的计算方法如下：德国的出口商从伍尔沃斯公司收到的货款为 2716.25 马克，按照德国市场 0.4033 美元/马克的兑换价格，该换算为美元为 1095.46 美元，这是应当支付的美元价格。伍尔沃斯公司为了支付该笔货款，以不同的汇率分别购买两类马克，总计花费的美元为 633.18 美元，这是实际支付的美元价格。那么，应当支付的美元价格和实际支付的美元价格之间的差额——462.28 美元，即是以美元表示的货物间接收到补贴的金额，也就是汇率反倾销税的金额。

（三）对伍尔沃斯案的评析

1. 复汇率间接导致了汇率倾销的发生

在伍尔沃斯诉美国案中，汇率倾销是由复汇率（双重汇率）间接导致的，与直接以汇率低估实施的汇率倾销不同之处在于：在直接由汇率低估导致的汇率倾销中，只存在一个官方公布的汇率，且该汇率是低估的，要确定汇率反倾销税金额势必需要给出一个没有低估的基准汇率。而在双重汇率间接导致的汇率倾销中，存在两个不同的汇率，为汇率反倾销税计算提供了一种可供选择的汇率。二者相同之处在于，其中至少有一个汇率绝非均衡汇率，没能反映货币之间的真实比价。在伍尔沃斯诉美国案中，0.2142 美元/马克的汇兑价格虽然是基于自由当事人自由买卖产生的，看似是由市场这只"看不见的手"决定的，似乎应当是接近美元和马克之间真实比价的汇率，但是，登记马克在兑换美元时出现的较低价格（相对于自由马克）是由于德国政府实施的管制，导致外国人在使用该种货币时，该货币在支付手段和交换媒介上存在缺陷的情况下产生的，对于接收货款的德国制造商则不存在和自由马克之间的差异。这实际上造成了登记马克对于外国使用者和本国使用者而言，具有不同的使用价值，使登记马克表现出对内购买力和对外购买力存在不一致的情况，这正是我们第一章中所述的汇率倾销的根本原理之一。

虽然二者产生的原因略有差异，但殊途同归，复汇率中那种低估汇率导致应付货款金额的减少，会进而导致制造国或出口国的出口产品在进口国市场上获得不公平的竞争优势，构成不正当的竞争手段和不正当的货币及贸易措施，并会对进口国的产业和就业造成损害。因此，复汇率一如直接由汇率低估导致的汇率倾销一样，都属于汇率倾销的范畴，应当制止。

2. 汇率反倾销税厘定方法的优劣

那么，复汇率情形下的汇率反倾销税又该如何确定呢？在伍尔沃斯诉美国案的判决中，法院选择了以德国政府规定的自由马克的最低售价即 0.4033 美元/马克作为厘定汇率反倾销税的汇率。虽然也许无论是登记马克兑美元的汇率即 0.2142 美元/马克，还是自由马克兑美元的汇率即 0.4033 美元/马克，可能均非完美汇率，但相对于 0.4033 美元/马克的自由马克汇率，0.2142 美元/马克的登记马克汇率使得美国进口商可以支付更少的美元来完成对生产商或出口商的货款支付，并使德国产品因这种汇率取得不公平的竞争优势，因此，法院以 0.4033 美元/马克为基准，将该笔 90% 交易货款以 0.2142 美元/马克进行支付的汇率裁定为低估汇率，并据此计征反倾销税，以抵消此 90% 交易货款因低估汇率而给德国生产商或出口商带来的好处以及所赋予德国产品在美国市场上的不公平竞争优势。法院在判决中同时还认定，使用 10% 的自由马克（汇率为 0.2142 美元/马克）不存在涉及任何赏金的争议。从此判决可以看出，在出现双重或多重汇率的情况下，进口国的行政当局和法院为了抵消复汇率安排对外国进口产品带来赏金效果，通常以复汇率中不利于外国生产商或进口商的汇率为基准，将低估汇率裁定为倾销汇率，以此计征汇率反倾销税。

此外，在当时无法准确衡量真实汇率的情况下，同时，实施汇率反倾销对来自德国的产品征收汇率反倾销税以保护本国的正当权益又势在必行，法院在判决中适用德国官方公布的汇率作为裁定的标准，使得汇率反倾销税有了一个较为合理的厘定依据，使实施汇率反倾销具备了可操作性。

然而，这种做法也存在一些缺陷。自由马克虽然在兑换上受到价格限制，但是，其支付手段和交换媒介的功能较为健全，使其具有更高的使用价值。也就是说，对于以伍尔沃斯公司为代表的、打算从德国购买产品的外国主体而言，如果使用登记马克从德国购买产品，需要经过批准等程序，而使用自由马克则不需要这些程序，可以更方便地使用这些货币，因此，自然更受欢迎，价值更高。考虑到伍尔沃斯公司购买这些自由马克的价格恰好等于德国政府允许出售自由马克的最低价格，情况很可能是，按照对自由马克的供求关系产生的价格低于 0. 4033 这个价格。不过，由于兑换价格限制的存在，使得双方只能以 0. 4033 这个可以使用的、最接近供求关系状况的价格进行交易，因此，0. 4033 这个价格很有可能也没有反映马克的真实价值，这个价格相对高估了马克的价值。因为换算中使用的汇率高估了马克的价值，那么，按照这个高估的汇率，根据德国制造商收到货款的马克金额换算得出伍尔沃斯公司应当支付货款的美元金额，必然高于伍尔沃斯公司真正应当支付的美元金额，得出的汇率反倾销税额是不准确的，该金额实际上是偏高的，加重了对伍尔沃斯公司的处罚。从这一意义上讲，法院以 0. 4033 美元/马克为基准判决 0. 2142 美元/马克为倾销汇率，不排除具有武断和贸易保护主义的因素。

3. 伍尔沃斯案的借鉴意义

伍尔沃斯案的做法为进口国实施汇率反倾销，尤其是对复汇率下的汇率倾销产品征收汇率反倾销税中税额的确定问题提供了一定的借鉴。一方面，作为判例和先例，在一国实施复汇率并基于此实施了汇率倾销，对他国造成损害时，伍尔沃斯案表明遭受汇率倾销的国家可以通过征收汇率反倾销税的做法进行抵制，至少可以一定程度上消除复汇率间接导致的汇率倾销对本国贸易领域的负面影响。另一方面，尽管伍尔沃斯案判决中采用汇率倾销国官方公布的汇率这一做法在理论上存在一些缺陷，但是，这种做法能够使汇率反倾销税的征收具有可操作性，绕过了确定均衡汇率这一棘手的难题。此外，即使科学进步，在未来研究出了较为科学的方法能够确定均衡汇率，由于汇率问题的复杂性和敏感性，其过程也必定十分繁杂，势必迁延日久。相比而言，以汇率倾销国官方公布的汇率为依据的做法则具有反应迅速的优势，省去了确定均衡汇率漫长的过程，在遭受复汇率间接导致的汇率倾销带来迫切和严重的危害时，因此，至少该做法可以作为应急的暂行办法，以解燃眉之急。

三、反倾销税之外的汇率反倾销措施

除汇率反倾销税之外，也有部分国家同时规定或采用了各种进口数量限制措施，或是完全禁止从被认定为汇率倾销国的国家进口产品，或者对本国生产者进行补贴等措施。

（一）数量限制措施

纵观"两战"之间各国立法规定的汇率反倾销的具体措施，其中包含各种数量限制措施，如德国采取进口许可证制度，奥地利采取了进口配额制度；部分斯堪的纳维亚国家和东欧国家则因受到德国汇率倾销冲击较为严重，采取了禁止从汇率倾销国进口"非必需"商品的方式；其他一些斯堪的纳维亚国家和东欧国家则通过立法方式，完全禁止从被认定为汇率倾销国的国家进口货物。禁止进口可以视为零配额，属于数量限制的范畴，并构成数量限制的极端形式。因我们研究落脚点是寻求在人民币国际化后中国遭遇他国汇率倾销时的对策，而这些各类数量限制措施已经为当今的 WTO 相关协议所禁止或限制，所以，难以作为当今国际法律环境下中国对他国实施汇率倾销的反制手段，故不赘述。

（二）补贴本国生产者

补贴本国生产者也是在遭受他国汇率倾销时保护本国正当利益的措施之一。例如，新西兰于1905年通过一项法令，政府依据该法令成立一个管理局，若该管理局收到申诉，指控有关外国农具在新西兰境内大幅度降价等不公平竞争行为，那么，可以对申诉的不公平竞争行为展开调查并做出决议。海关委员会可以根据管理局做出的决议，向新西兰农具制造商提供补贴（在本国境内与外国进口商展开竞争），以保护本国农具制造商免受外国农具制造商不正当竞争的损害。这种补贴的幅度应当限于农具价格的33%以下。如果新西兰农具制造商愿意接受对其生产的农具降价20%以上与外国农具制造商展开竞争，管理局可以建议海关委员会不予补贴，而是对不公平条件下进口的外国农具强制征收一项特别抵消税，即反倾销税。①

该法令在当时独树一帜，通过对本国受损害的农具制造商提供补贴，帮助本国工业抵制外国农具制造商的不公平竞争行为，同时又不会引起外国农具和本国农具价格的竞争性上升。既避免了单边征收反倾销税引发贸易战和外交冲突的风险，也保护了本国农具制造商的利益，同时，实施的这一补贴行为因其是对本国生产、在本国销售的产品实施的，也不会引起他国指责。新西兰的这项法令更像是一项国内补贴法，只在一定情况下才征收反倾销税，在国内利益冲突难以调和的情况下，通过立法方式授予行政机构一定的自由裁量权，对特定产品征收反倾销税，这一特点也为以后许多国家的反倾销立法所继承。

---

① U.S Senate，“Antidumping Legislation and Other Import Regulations in the United States and Foreign Countries”，senate Document No. 112，January 11（1934），p. 35.

第五节 "两战"之间汇率反倾销制度的基本原理

一、汇率反倾销制度的经济学原理

汇率反倾销制度在经济学原理上的依据主要源于一国实施汇率倾销行为会对他国经济造成损害，侵犯了他国的正当的经济利益，因此，具有经济上的危害。讨论汇率反倾销制度原理问题，有必要从汇率的概念入手。

1. 名义汇率与真实汇率

从国际经济和宏观经济学看，需要考察货币的量（monetary magnitudes）的行为，即货币自身的数量及以货币单位来衡量的各种价格，包括价格总水平、工资率以及货币之间兑换价格的外汇汇率。[①]从外汇市场看，短期内，由于汇率作为一种货币以另一种货币表示的价格，也是一种资产价格，因此，决定资产价格的原则对于汇率的确定也同样适用。[②]即汇率是以本币度量其他货币而产生的一种资产价格，汇率的决定与资产价格的决定原则相同。

在实践中，各经济体通过商品贸易并且通过金融市场形成国际联系，以外币表示本币的价格，在浮动汇率制度下，汇率由看不见的手作用均衡而确定。[③]这种分析只关注了决定汇率的表面现象，而没有更深层次的分析市场中各交易方买入或卖出一种货币的动机和根本原因。

马克思也曾尝试对汇率问题做出论述。在 1857 年至 1858 年间，马克思构思了《政治经济学批判》的"六册结构计划"。其中，汇率问题是计划中第五册《对外贸易》及第六册《世界市场》两册中的重点论题。令人遗憾的是，马克思的《政治经济学批判》"六册结构计划"并没有最终完成，但在已完成的部分中，马克思认为，汇率是不同货币之间的兑换比率，无论在金属货币还是信用货

① Caves R. J. Frankel, R. Jones, World Trade and Payments: An Introduction, Pearsonl Education,（2011）, p.105.

② Krugman P.M. Obstfeld , M. Melitz, International Finance: Theory and Policy, Pearsonl Education（2009）, p.96.

③ Dornbusch, R.S. Fisher and R. Startz, Macroeconomics, McGraw-Hill Education（2014）, p.87.

币制度下，决定汇率的根本因素就是两种货币所代表或包含的价值量之间的比例。这种由价值量比例决定的汇率并非是一定不易的，而是会随货币所代表或包含的价值量的变化而变动。[①]此外，影响汇率波动的因素主要有：贸易差额、支付期限、间接贸易以及利息率。简言之，马克思将汇率视为两种包含不同价值量的货币之间进行交换的交换率，同时，两种货币所包含的价值量会经常发生变动。此外，汇率并非时时等于两种货币价值量的比例，而是以价值量比例为中心，以贸易差额、支付期限、间接贸易和利息率等为原因发生波动，换言之，货币作为从商品中分离出的一般等价物，不同货币之间的交换仍然符合商品的价值价格规律。

马克思认为两种不同货币的真实汇率为它们之间包含的价值量的比例，那么，货币包含的价值量如何衡量呢？根据 20 世纪初瑞典经济学家古斯塔夫·卡塞尔提出的关于汇率的购买力平价理论，进行进一步分析，在对外贸易平衡的情况下，两国货币之间的汇率将会趋于向不同货币的购买力平价靠拢。这与马克思认为的货币也符合商品的价值价格规律如出一辙。因此，可以说，古斯塔夫·卡塞尔提出的购买力平价即是一种衡量不同货币的价值的指标和方法。这里的购买力指的是在两个不同国家，使用该国货币购买一篮子商品所需要的货币数量，也就是衡量不同货币的国内购买力的指标。因此，两种不同货币之间国内购买力的比值可以反映不同货币之间包含的价值量的比例——真实汇率。

综上，汇率可以分为真实汇率和名义汇率。真实汇率即两种不同货币包含的价值量的比例，可以通过货币的国内购买力反映，属于价值的范畴。名义汇率则是政府公布的、日常生活使用的以一种货币购买另一种货币的价格，是以外币表示的本币的价格，是货币的国际购买力的反映，属于价格的范畴。

2. 倾销的本质和获利机制

如前文所述，汇率倾销属于倾销的一个子类，不同子类之间的区别在于倾销行为中产品以低价销售的原因不同，因此，汇率倾销之所以具有不正当性，与倾销的本质、获利机制具有密切的联系。鉴于此，要论证汇率倾销的不正当性，必须要对倾销的本质和获利机制进行阐释。

“倾销”一词正式进入经济学文献大致上始于 1903 或 1904 年，作为经济术语的“倾销”首次出现在英国关于关税的会议记录文件中，自此，它作为一个经

---

① 《资本论》(第三卷)，人民出版社 2004 年版，第 306~310 页。

济学术语逐步进入了法语、德语和其他语言之中。[①]

英国经济学家格里高利（T. E. G. Gregory）在总结前人对倾销的分析和论述的基础上尝试对"倾销"一词的含义进行归纳，他于1921在《关税：研究方法》一书中指出，"倾销"一词或多或少包含出口商实施的以下行为：低于外国市场价格销售；以其他竞争者无法竞争的价格出售；低于出口国通行价格在国外出售；以低于成本的价格出售。[②]格里高利没能最终确定这些行为在多大程度上构成倾销，也没能找出这些行为的某些共同特征，因此，他放弃了构建"倾销"的定义转而确定"倾销"的涵盖范围予以替代。

20世纪初对"倾销"最为经典的经济学定义，来自美国经济学家雅各布·瓦伊纳（Jacob Viner）。其在著作《倾销——国际贸易问题》中指出：倾销的一个本质特征是对不同国家市场上的购买者存在价格歧视，[③]即在出口国本国市场上以一个相对较高的价格出售，而在出口至他国市场时以相对较低的价格出售。同一产品的不同售价，不是基于成本的差异，这种价格差异是人为造成的。

关于倾销的获利机制。倾销者采取倾销是因为有利可图。总结19世纪末至20世纪上半叶的出口倾销行为，不难发现，除偶发性倾销外，其主体一般限于具有垄断地位的生产主体或生产者联合体。[④]这与现代微观经济学原理也是不谋而合的，对于使用大规模机械化生产和成本主要由固定成本构成的工业来说，即便是低于成本价出口，也是可以有利可图的。对于这样的产业而言，在规模经济的边际效应为零时，实现利润为最大化。也就是说，在不断投入可变成本的生产要素的前提下，保持接近甚至等于最大生产能力的产出，以高于可变成本的任何价格得到的额外订单对于这些企业来说都是有利可图的。

一方面，当垄断企业在国内市场上占据了垄断地位，国内需求不旺使得国内订单不足以使其充分利用生产设备达到最大产能时，在国外市场以低于国内通行价格、高于单位可变成本的价格获取国外订单进行生产，是可以获得利润的，但这一策略仅限于对倾销者来说并无攸关利益的市场。另一方面，倾销者将部分产品出口至而国内供给减少时，势必造成该产品的国内价格上升，进而企业将获得更高的利润率。

---

① 参见雅各布·瓦伊纳：《倾销——国际贸易中的一个问题》，沈瑶译，商务印书馆2013年版，第1页。
② 参见雅各布·瓦伊纳：《倾销——国际贸易中的一个问题》，沈瑶译，商务印书馆2013年版，第2~3页。
③ 参见雅各布·瓦伊纳：《倾销——国际贸易中的一个问题》，沈瑶译，商务印书馆2013年版，第5页。
④ 参见雅各布·瓦伊纳：《倾销——国际贸易中的一个问题》，沈瑶译，商务印书馆2013年版，第208页。

3. 汇率倾销的实现机制

货币的价值主要表现为国内购买力和国际购买力两个方面，其中，国际购买力最直接的表现为本币兑换外币的比率即汇率。当一国的货币不具有可自由兑换性的情况下，其货币的国内购买力和国际购买力（即汇率）可能会在短期内存在差异。此外，国内购买力和国际购买力的上升和下降并不是完全同步的。如果一种货币正在处于贬值的趋势中，国际购买力的下降通常会先于其国内购买力的下降。[①]也就是说，处于贬值过程中的货币，其贬值会首先表现在汇率上，经过一段时间后才会表现为其国内购买力下降，最终达到国际购买力和国内购买力统一。那么，正在贬值的货币，会使以外币表示的出口价格至少暂时性的异常低落，从而起到奖励出口的作用。

那么，汇率倾销的实现机制是：当一国货币处于贬值的趋势中，由于其货币的国内和国际购买力的下降并不同步，因此，至少在短期内，该国出口的产品以外币衡量的价格会异常的低落。正如英国1921年《工业保护法》所言："货币贬值发挥了与出口奖励同样的效果。"[②]

二、汇率反倾销制度的法学原理

汇率反倾销制度也有或应有理论支撑，包括经济学和法学的理论支撑。我们将在第一部分中探究汇率倾销的经济学原理，主要是汇率倾销在经济学上的实现机制。第二部分将论述汇率反倾销制度在法律上的必要性和正当性。汇率反倾销制度之所以在法律上具有必要性和正当性，主要源于汇率反倾销制度要调整的对象——汇率倾销具有不正当性，主要表现为价格歧视、违反公平贸易原则和违反公平竞争原则，因此，应当在法律上被禁止。鉴于此，下文从倾销具有的不正当性切入，阐释汇率倾销具有的不正当性，进而论证汇率反倾销制度的必要性和正当性。

（一）倾销的不正当性

尽管倾销对于企业而言是有利可图的，但是，不可否认的是倾销行为对于包

---

① 参见雅各布·瓦伊纳：《倾销——国际贸易中的一个问题》，沈瑶译，商务印书馆2013年版，第8页。

② British Safeguarding of Industry Act，1921，11 and 12 GEO.5，CH.47.

括倾销国国内市场和国外市场在内的社会都会造成危害，因而具有不正当性。亚当·斯密首先对这一行为进行了批判，不仅批判了政府利用补贴措施鼓励企业以低于国内现行市场价格出口的做法，还结合自身观察，举出了私人生产者联盟为削减国内供给以提高国内市场价格而提供出口补贴的事例[①]，指出某些行业的经营者在这一策略下，能够将国内市场上的货物价格提高一倍以上。亚当·斯密站在本国消费者的立场上，指出了补贴虽然可以很大程度上刺激本国产品的生产，但却会导致产品的国内价格上升，使作为本国纳税人的本国消费者不得不以更高的价格购买商品。换言之，补贴的提供是使用本国纳税人缴纳的税款中的一部分补贴企业，用来侵害本国国民的利益。这显然是不合理的。但他认为这属于一国国内政府、企业和公民之间的关系，属于一国内政，应由其国内法调整。

亚历山大·汉密尔顿在其著名的《关于制造业的报告》中宣称，外国实施倾销的目的是要"使他们的企业能在其商品的进口国低价出售并排挤所有竞争对手"。他首次指出了倾销所带有的主观恶意和贸易战的色彩以及会对进口国国内产业的建立造成不必要的阻碍。

雅各布·瓦伊纳首次系统阐述了倾销的不正当性，将倾销定义为对于国内和国外购买者的价格歧视，是一种不正当竞争手段，这种价格歧视是人为造成的，具有挤占进口国市场份额、打击进口国同类产品的生产商的目的和作用。倾销的两大害处表现为垄断后果和持续时间的不确定性：（1）垄断性。一旦进口国企业退出市场，外国倾销企业就会取得垄断地位，控制进口国市场，进而可能会提高产品价格，造成垄断后果。在市场经济条件下，垄断只对垄断者有利，却会损害进口国的国家整体利益，尤其表现为进口国消费者的利益。（2）持续时间的不确定性。作为一种随时性的行为，倾销的持续时间几乎难以预测，只有外国倾销企业实现了其目标或宣告失败后才会终止，即便终止也可能卷土重来。在倾销持续期间，进口国的竞争企业可能会减产甚至停产，转业又耗费巨大，因此，外国的倾销将会造成进口国人力、物力、技术和管理费用的浪费。因此，倾销背离了公平竞争的原则，是一种不公平的贸易行为，会损害进口国的产业，应当受到谴责和抵制。[②]与亚当·斯密分析的角度不同，雅各布·瓦伊纳是站在进口国的角度上进行分析，认为出口国的倾销行为会损害进口国的产业的利益，因此，

---

① 参见亚当·斯密：《国富论》，王亚楠译，商务印书馆 1994 年版，第 88 页。

② 参见雅各布·瓦伊纳：《倾销——国际贸易中的一个问题》，沈瑶译，商务印书馆 2013 年版，第 78~80 页。

进口国有权采取行动对他国的倾销行为进行抵制，保护本国产业免受不正当竞争和不公平贸易行为的损害，维护本国国民的合法权益和本国正当的国家利益。

（二）汇率反倾销与反不正当竞争具有密切的联系

在国际贸易实践中，倾销被认为是价格歧视的一种表现，即某种产品在国内市场实行高价，而在国外市场实行低价。其目的在于企图把国外市场生产同类产品的生产商驱逐出市场，迫使这类企业破产，最终在国外市场取得垄断地位，然后再提高价格，攫取高额的垄断利润，以补偿前期倾销的损失。[①]

汇率倾销则是指出口低价是由于汇率贬值产生的，是一种产生原因较为复杂的倾销。西方经济学理论认为，无论导致倾销出现的原因是什么，汇率倾销与其他种类的倾销一样，会带来实质上的价格歧视，扭曲了竞争机制下的价格水平，违背了公平竞争与公平贸易的原则，具有不正当竞争的性质，并且会对进口国的经济和产业造成损害，侵犯了进口国正当利益，因此，倾销行为应当受到谴责和制止，并在一定条件下应当通过征收汇率反倾销税或其他措施加以制裁。

（三）汇率倾销在法律上具有不正当性的理论依据

如前所述，倾销的不正当性来源于该行为具有的价格歧视的性质，因此，属于一种不正当竞争行为和不公平贸易行为。汇率倾销虽然与一般倾销有所不同，但与严格意义上的倾销一样对进口国具有同等重要的意义。[②]不过，由于汇率倾销导致的这种实质上的销售价格歧视，并不是货币贬值国家的出口商有目的地实施的或其自身行为导致的，而是由于国家实施货币贬值引起的，这也是汇率倾销与一般倾销的一个重要区别。

同样，前已述及，两种不同货币之间的真实汇率为它们包含的不同价值量的比例，反映为国内购买力的比较；名义汇率则是各国政府公布的、日常生活中使用的以一种货币购买另一种货币的价格，反映一种货币的国际购买力。那么，一国汇率的变化对其产品的国际竞争力有何影响呢？假定一国货币在一开始，其国内和国际购买力一致，即名义汇率等于真实汇率。此后，该国货币贬值，名义汇率的贬值无疑是一步到位的，假设此时货币的国内购买力即真实汇率尚未发

---

① 高永富、张玉卿：《国际反倾销法》，复旦大学出版社 2001 年版，第 66 页。

② 参见雅各布·瓦伊纳：《倾销——国际贸易中的一个问题》，沈瑶译，商务印书馆 2013 年版，第 5 页。

生变化。那么，该国出口的货物依其本币计价的价格不会发生变化，但是，以其他国家货币计价的价格却会相应随着本币名义汇率的下降而下降。在以其他国家货币计价时，名义汇率贬值后的价格，与名义汇率贬值前（也就是依据真实汇率得出的）的价格将会不一致，会出现前者低于后者的情况。换言之，汇率贬值后，该国出口的货物在以他国货币计价时，相较于名义汇率贬值前的价格，出现"价格缩水"的现象，从而起到和政府提供出口奖励同样的效果。举例如下：

一件价值 100 元 A 国货币的商品，如果 A 国货币对美元的汇率为 0.1502（间接标价法），则这件商品在美国的价格就是 15.02 美元。如果 A 国货币对美元汇率降到 0.1429，也就是说美元升值，A 国货币贬值，用更少的美元可买此商品，这件商品在美国的价格就是 14.29 美元。所以，该商品在美国市场上的价格会变低。商品的价格下降，需求上升，竞争力变高。反之，如果 A 国货币对美元汇率升到 0.1667，也就是说美元贬值，A 国货币升值，则这件商品在美国市场上的价格就是 16.67 美元，此商品的美元价格上升，需求下降，竞争力变低。

通过这个例子可以看出，名义汇率下降对于出口商品以美元计价价格的影响，虽然表面上来看出口商一直都是以 100 元 A 国货币出口同样的商品，但由于 A 国货币汇率下降，以美元计价的价格产生了变化。

在汇率倾销中，无论用本币还是外币衡量，也无论对国内还是国外购买者，严格意义上的倾销虽然没有发生，即不存在名义价格上的价格歧视，但不可否认的是，汇率倾销行为在实质价格的层面上存在价格歧视，并能够起到与一般倾销相同的对外贸易效果。换言之，汇率倾销产生的实质价格歧视有着与一般倾销同样的对外贸易效果，毫无疑问属于一种不公平的贸易行为，因而也具有不正当性。可见，汇率倾销是由于一国货币贬值过程中其国内购买力和国际购买力下降的非同步性，即出现的名义汇率低于真实汇率的情况，导致的该国货物实质上以存在价格歧视的价格出口至他国的行为。由于汇率倾销本质上也是一种低价销售行为，而其不正当性来源于会对进口国经济和产业造成损害，因而属于一种不正当的竞争行为而应当被禁止。

第五章 人民币国际化实施后中国被汇率倾销的风险预测与法律应对

如前所述，汇率倾销是由于一国货币贬值趋势中，其货币的国内和国际购买力的下降的非同步性，导致短期内出现了实质上的价格歧视。根据汇率决定的购买力平价理论进行进一步分析，其形成汇率倾销的本质原因在于货币在贬值过程中，出现了货币的名义汇率与真实汇率不一致的状况，亦即前文所述的货币的包含的价值量和以外币表现的价格不一致，名义汇率低于真实汇率，从而导致了汇率倾销的发生。基于上述分析，如果出现这样的情况，在一国货币名义汇率基本保持稳定的情况下，由于某些情况的存在或是由于该国实施的某些措施，导致该国货币的名义汇率长期、大幅低于真实汇率，那么，这在本质上与汇率贬值趋势中出现的货币的国内和国际购买力不一致的情况如出一辙，同样可能导致汇率倾销，并在贸易领域起到同样的效果。然而，汇率不是一般商品与货币交换中表现出的价格，而是不同货币之间进行交换时的比价。既然汇率是不同货币之间进行交换的比价，那么，接下来的问题是实施不当货币及贸易行为的国家需要针对哪些国家的货币来贬值或低估自己货币的汇率呢？这些国家是针对一切国家的货币，还是仅仅能够针对国际化货币才能得手和奏效呢？答案是后者。正因为如此，人民币国际化实现后，中国就有可能成为他国借人民币国际化而对中国采取不当货币及贸易行为的受害方，因此，我们不能不对其中的机理和体现形式进行考察和分析。

第一节　人民币国际化实施后中国面临汇率倾销的风险预测

“两战”之间汇率反倾销制度的考证对中国的启示，主要体现在对人民币国际化战略的启示。人民币国际化是人民币在国际社会充分发挥价值尺度、交换媒介和储藏价值的货币功能而被广泛用作贸易计价及结算货币、投资货币和储备货币的过程和现象。[①]人民币国际化存在一个实现的过程，而货币非国际化的其他国家（以下简称他国）借人民币国际化对中国采取不当货币及贸易行为，通常发生在人民币国际化完成之后，因为相关经济体只有手中拥有人民币外汇储备，才能够干预其外汇市场，影响其本币对人民币的汇率（这时人民币通常是对方货币的盯住货币），制造汇率操纵和偏差，进而将此转化为不当的贸易利益。他国拥有人民币作为外汇储备和人民币成为被盯住货币，标志着人民币已充分国际化。那么，人民币国际化后他国为何能够对人民币采取不当货币及贸易行为？这些国家针对人民币可能会采取哪些不当货币及贸易行为？现有的国际法律制度能否对中国遭受的此等不当货币及贸易行为之害提供有效的法律救济？若答案是否定的，中国针对他国不当货币及贸易行为可采取什么法律对策？这些问题都是事关人民币国际化后中国经贸权益维护而不得不面对的重大问题。而如后文所述，应对人民币国际化后他国借人民币国际化对中国采取的不当货币及贸易行为，需要进行国际和/或国内法制的改革和构建。在人类远离应对借汇率从事不当货币及贸易行为的规则数十年之后，如何改革和构建相关的国际和/或国内法制呢？“两战”之间盛行的汇率反倾销制度虽有不少的糟粕，但却为我们提供了在扬弃基础上进行借鉴的素材和底板。

一、他国对中国采取不当货币及贸易行为的可能性

人民币国际化之后，他国之所以能够对人民币采取汇率操纵和汇率低估等不当货币行为，并进而将此转化为贸易利益，与国际化的人民币担当的货币职能及他国实施不当货币行为的操作条件有关。[②]

一方面，就价值尺度功能而言，国际化货币构成其他货币的定值标准，典型的体现就是成为他国确定汇率的基准，既然他国具有以国际化货币确定本国货币汇率的条件，那么，也可以不正当地利用这种条件，通过调低或调高本币对国际化货币的价格即汇率，使本国从中获益。就储藏价值功能而言，国际化货币构成他国拥有或愿意接受的外汇储备。[②]那么，在人民币国际化后，货币非国际化的国家具有以人民币作为确定其本国货币汇率的条件，因此，可以不正当的利

① 参见韩龙：《资本项目制度改革流行模式不适合人民币国际化》，《法商研究》2018 年第 35（01）期。

②③ 韩龙：《人民币国际化重大法律问题之解决构想》，《法学》2016 年第 10 期。

用这种条件，通过调低本币对人民币的汇率等措施，使本国从中获益。同时，他国将愿意接受作为国际货币的人民币成为其外汇储备，因此，可以采取在外汇市场上抛售本币买入人民币等措施，起到阻止其货币对人民币升值或使其本币对人民币贬值的作用。

另一方面，在遭遇他国实施前述行为的情况下，相应的，对中国来说，最简单、直接的方式是在一定价位大肆购买被干预的外币以抵消因前述行为带来的本币对该外币的升值压力或外币对人民币的贬值趋势，可是人民币国际化后的现实条件却导致中国无法实施这一行为予以应对。因为实施这一行为的前提条件是该外币是中国愿意持有的外汇储备，只有这样中国才会在外汇市场上买入该种货币。而货币国际化的国家又往往不接受非国际化的货币作为其外汇储备。因此，实施这一行为的条件通常只有货币非国际化的国家才具备，而货币国际化的国家则不能实施这一行为。

可见，从事不当货币行为并由此获得不当的贸易利益是货币非国际化国家的一大特权。[①]而货币非国际化的国家在世界上占绝大多数。在人民币国际化后，当中国遭遇货币非国际化的其他国家采取不当货币行为影响其货币对人民币的汇率，进而对中国实施汇率倾销时，中国无法采取相对行为对他国的不当货币行为进行有效反制。[②]

二、他国对中国采取不当货币及贸易行为将引发汇率倾销

纵观国际货币史，他国对国际化货币可采取的不当货币行为，如以现今的语言表达和概括，主要有汇率操纵和汇率偏差。根据 IMF 执行董事会 2007 年 6 月通过的《对会员国政策双边监督的决议》(简称《2007 年决议》)在附件中对汇率操纵进行了明确，汇率操纵是 IMF 会员国实施旨在影响且实际影响了汇率水平的政策，造成汇率低估的严重偏差，以扩大净出口。而汇率偏差是一国货币的汇率偏离了其均衡水平，没能反映货币的真实价值和经济基本面。[③]汇率偏差与汇率操纵的最大不同，就在于前者不需要后者所需要具备的目的要素，即汇率偏差不需要具有汇率操纵所需具有的妨碍国际收支有效调整或取得对其他会员

① 韩龙：《人民币国际化重大法律问题之解决构想》，《法学》2016 年第 10 期。

② 这些相对行为即中国在外汇市场上采取反向操作，通过买入或卖出外汇抵消他国外汇市场上的操作对汇率造成的影响。

③ 韩龙：《IMF 汇率监督制度的新发展及其对策》，《法商研究》2008 年第 2 期。

国不公平竞争优势的目的，只强调有无偏差的客观效果，因而认定汇率偏差相对简便易行。①

一国从事不当货币行为只是手段，目的是借此获得不当的经济贸易利益，主要体现为扩大出口、限制进口的贸易利益上。汇率操纵或偏差之所以能够产生这样的贸易效果，主要是因为汇率操纵或偏差造成的汇率低估可以使采取不当货币行为的国家的商品在国际市场上以外币体现的价格低廉，从而以不正当的竞争优势扩大出口，并人为抬高从外国进口到本国的产品的本币价格，使其在进口国市场的竞争力下降，从而产生奖出（口）罚进（口）的效果。②例如，假设人民币国际化后，A 国货币与人民币的真实汇率应当是：1 元人民币 = A 国 2 元货币，但 A 国通过汇率操纵或制造偏差使其汇率低估为：1 元人民币 = A 国 3 元货币。再假设：A 国出口商出口到中国的甲产品的单位成本是 A 国货币 200 元，如果采取真实汇率，该产品在中国的售价必须达到 100 元人民币，才能保本销售（100 × 2 = 200）。然而，由于其汇率低估，其在中国市场上只需要以 66.67 元人民币的价格出售即可保本（66.67 × 3 = 200）。相反，由于 A 国汇率低估，中国产品出口到 A 国以当地货币表现的价格则人为升高，相当于 A 国对中国出口产品征收了进口附加税。由于 A 国出口商出口赚得的人民币在本国是以低估的汇率结算本币，因此，A 国对其出口商提供了相当于币值低估部分的补贴，因而构成汇率补贴。该出口商也可能因其汇率低估而受益，因而以低于国内正常价值甚至成本的价格在国外销售，因而构成汇率倾销。可见，汇率补贴或倾销都是在汇率操纵和汇率偏差基础上形成和派生的，但都扭曲了正常的国际贸易，构成与不当货币行为相关的不当贸易行为。人民币国际化为有关国家采取这些行为提供了条件。那么，现有的国际法律制度能否为中国遭受的来自他国的不当货币及贸易行为之害提供救济呢？

① 韩龙：《汇率偏差并不构成法律上的出口补贴——评美国〈2011 年货币汇率监督改革法案〉》，《河北法学》2013 年第 1 期。
② 韩龙：《人民币国际化重大法律问题之解决构想》，《法学》2016 年第 10 期。

第二节　现有制度不能有效制止他国不当货币及贸易行为

人民币国际化之后，他国针对人民币采取的不当货币和贸易行为，涉及货币和贸易两大领域。在此两大领域里，相关制度可以分为国内法制度和国际法制度，中国现有的国内制度，如反倾销制度等，其中显然没有包括汇率反倾销制度，难以有效应对汇率倾销，这一点是毋庸置疑、无须赘述的；现有国际法律制度主要体现为以《IMF 协定》为代表的国际货币制度和以 WTO 法特别是 WTO 反补贴、反倾销协定（简称“双反”协定）为代表的国际贸易制度，这些制度能否对中国遭受的不当货币和贸易行为之害提供有效救济呢？

一、《IMF 协定》不能制止汇率操纵和汇率偏差

如前所述，他国借人民币国际化实行不当的货币行为主要有汇率操纵和汇率严重偏差。而他国借人民币国际化实行不当贸易行为是在不当货币行为基础上派生的。“皮之不存，毛将焉附”，故以下首先考察《IMF 协定》能否制止汇率操纵和汇率偏差的问题。

关于汇率操纵。《IMF 协定》第 1 条第 4 节第 3 项的规定：“避免操纵汇率或国际货币制度来妨碍国际收支有效的调整或取得对其他会员国不公平的竞争优势。”如果一国通过操纵汇率的方式使其货币贬值进而实施汇率倾销行为，取得了对其他会员国不公平的竞争优势，当然应当受到 IMF 的辖制。然而，何为“操纵”，《IMF 协定》并没有给出应有的界定。虽然 2007 年 IMF 通过的《对会员国政策双边监督的决议》（以下简称《2007 年决议》）将汇率操纵行为明确为通过旨在影响且实际发生了影响的政策而影响汇率水平的行为，但由于操纵行

为须是“旨在影响”汇率水平的行为，因此，认定操纵行为需要探究行为的旨意。[①]众所周知，一项货币金融措施的出台往往包含多重目的元素，将其简单归结为旨在影响汇率水平是十分困难的。不止于此，汇率操纵认定的难越之巅体现在其目的要素的认定上。《IMF 协定》规定的操纵目的有两个：“妨碍国际收支的有效调整”和“取得对其他会员国不公平的竞争优势”，《2007 年决议》仅对后者进行了明确，将其解释为：（1）会员国实施旨在影响且实际影响了汇率水平的政策，以实现汇率严重偏差中的汇率低估，并且（2）造成这种偏差的目的在于扩大净出口。问题是衡量低估与否，需要有衡量标准。然而，IMF 近几十年来一直没有能够确定汇率偏差和汇率低估的衡量基准，经济学上币值决定理论和方法虽有数十种之多，也没有任何一种理论和方法被普遍接受为唯一的圭臬[②]，从而导致汇率操纵的目的要素无法认定。可见，《IMF 协定》并不能有效制止他国操纵汇率的行为。

关于汇率严重偏差。《IMF 协定》通篇缺乏汇率偏差的字眼和规定，因此，从《IMF 协定》来看，汇率偏差并没有受到该协定的禁止和规束。IMF 执行董事会 2007 年通过的《2007 年决议》出现了“严重偏差”的措辞，典型的体现就是将汇率操纵解释为：（1）会员国实施旨在影响且实际影响了汇率水平的政策，以实现汇率严重偏差中的汇率低估，并且（2）造成这种偏差的目的在于扩大净出口。此外，还将一国存在汇率严重偏差作为 IMF 需要密切监督和与参与国磋商的重要指标之一。对于汇率严重偏差，《2007 年决议》附件第 4 项规定，实际有效汇率如果偏离均衡水平则构成汇率严重偏差，其中，实际有效汇率是剔除通货膨胀对货币价值变动影响之后的名义价值，名义价值一般指表面价值，即记录一项权利的凭证所显示的价值，但是，《2007 年决议》并没有对此进行界定。而均衡水平是与经济基本面相符的经常账户所对应的汇率水平。因此，汇率偏差的确定主要通过实际有效汇率与均衡汇率的比对。正如衡量汇率操纵是否存在遇到的难题之一一样，汇率严重偏差也存在衡量低估、偏差与否的衡量标准问题。前已述及，IMF 近几十年来一直没有能够确定汇率偏差和汇率低估的衡量基准，经济学上也没用提出无可争议的衡量理论和方法。尤其是，但《2007 年决议》出台的法律依据是《IMF 协定》第 4 条第 3 节第 2 项的规定。据此，

---

① 虽然 IMF 执行董事会于 2012 年通过了《双边和多边监督的决议》，但该决议在附件中只是简单重复了《2007 年决议》对汇率操纵的明确，与《2007 年决议》的附件完全一致，故我们以《2007 年决议》为代表进行考察。

② 韩龙：《IMF 汇率监督制度的新发展及其对策》，《法商研究》2008 年版第 2 期，第 117~124 页。

《2007年决议》只是IMF为指导会员国汇率政策而制定的指导原则而已，而“指导”只具有建议性质，不具有法律拘束力。因此,《IMF协定》也不能对他国制造针对人民币的汇率偏差提供有效救济。

二、WTO法不能制止汇率补贴和汇率倾销

首先，需要指出的是，如果汇率操纵或偏差不能得到IMF的认定，汇率补贴和汇率倾销顿时成疑，因为汇率补贴和汇率倾销为汇率操纵或偏差所派生。皮之不存，毛将焉附？此外，虽然WTO在特定情形下对汇率补贴和汇率倾销拥有辖制权，这些“特定情形”包括:《关于GATT第6条第2、3款注释和补充规定》中的多种货币措施即复汇率造成的补贴或倾销；WTO《反补贴协定》对出口补贴例示性列举中所提及的货币留存方案和特定的外汇风险计划造成的补贴等，除此之外，IMF对汇率问题具有普遍的辖制权。这些都会限制WTO法在中国遭受他国汇率补贴或倾销之害时提供救济。言明这些前提之后，以下再考察他国的汇率补贴或倾销能否得到WTO“双反”协定的有效制止。对于WTO法能否制止汇率补贴和汇率倾销问题，以下从两方面来考察：一是WTO反倾销制度是否包含汇率倾销，二是WTO反倾销与反补贴制度（以下简称“双反”制度）与汇率倾销及补贴能否对号入座。

（一）WTO反倾销制度是否包含汇率倾销?

WTO的辖制范围主要是各国采取的贸易措施，在WTO众多协定条款中，与汇率倾销关联最为紧密的自然是反倾销协定。汇率倾销以其所具有的贸易性质和倾销性质，似乎当然的属于WTO反倾销协定的辖制范围之中。

尽管如此，对GATT谈判过程中的文件进行分析可知，WTO反倾销协定规定的倾销并不包括汇率倾销。汇率倾销的概念在《国际贸易组织宪章》(《哈瓦那宪章》)的谈判过程中曾被提出，在文件记录中显示谈判中考虑将倾销分为四种类型：产品倾销、服务倾销、汇率倾销和社会倾销。[①]但经过此后多次会议讨论，服务倾销、汇率倾销和社会倾销最终并没有规定在《哈瓦那宪章》和后来的GATT之中。因此，对WTO的反倾销协定中规定的“倾销”一词进行历史解

① 参见高永富:《世界贸易组织新论》，北京大学出版社2008年版，第89页。

释，该词仅包含对货物实施一般倾销行为，而不包括汇率倾销。

此外，巴西在2011年向WTO贸易、债务与金融工作组（Working Group in Trade, Debt and Finance）提议对汇率低估造成的不公平贸易问题进行解决时，直言WTO反倾销协定在制定时，未对汇率操纵和汇率偏差造成的不公平贸易行为做出充分考虑，没有将其纳入WTO反倾销协定之中，导致WTO现有手段不足以应对汇率低估。因此，要求在WTO建立新的规则以便将汇率低估和汇率操纵造成的不公平贸易行为纳入WTO规则调整的范围之内。而WTO方面并未否定，甚至是默认了这一点，这也从另一方面佐证了目前WTO反倾销协定中规定的“倾销”并不包含汇率倾销。因此，WTO反倾销协定所规定“倾销”，不包含我们所述的“汇率倾销”这一倾销种类，汇率倾销不属于WTO反倾销协定的辖制范围。

（二）WTO“双反”制度与汇率倾销及补贴能否对号入座?

退一步讲，即便我们舍弃WTO反倾销制度不包含汇率倾销这一历史和现实的考察结论，那么，从对WTO“双反”协定的规定是否适合汇率倾销和补贴的探寻中，也可为当今WTO的“双反”制度能否为人民币国际化后中国遭受的他国不当贸易行为提供有效救济提供印证。

第一，就汇率倾销而言，虽然《关于GATT第6条第2、3款注释和补充规定》指出，多种货币措施在某些情况下可以通过一国货币贬值的办法构成倾销，对此可以采取反倾销行动，但也仅限于此。实施反倾销通常需要将出口价格与同类产品的国内正常价值进行公平比较，但与WTO《反倾销协定》第2条第4款中有关“公平比较”的具体规定，都不能为以汇率低估为由而采取的反倾销措施提供条文依据和理论支持。同时，《反倾销协定》以具体产品作为反倾销对象，以此具体产品对应的国内产业来确定损害和因果关系。若进口国以汇率低估为由对来自汇率低估国的产品实施反倾销，可能造成来自汇率低估国的所有产品或多数产品都存在倾销，这是违背《反倾销协定》的制度设计和立法精神的，难以为《反倾销协定》所支持。

第二，就汇率补贴而言，根据WTO《反补贴协定》，审视他国汇率低估是否构成出口补贴，应从财政资助或收入支持、利益授予以及专向性三个方面着手。就财政资助而言，汇率低估不在《反补贴协定》规定的财政资助形态之内，不构成资金的直接或间接提供和转移、政府放弃的本应征收的收入（因为汇率本身就不是政府的收入来源）以及政府通过提供或购买产品而提供的补贴。汇率低估对低估国出口带来的好处也不在《反补贴协定》规定的收入支持的含义之内。就利益授予而言，其要审查财政资助或收入支持是否使补贴接受者处于更好的境地，这就通常需要将被控补贴的产品价格与补贴国市场价格进行比较。就汇率补贴来说，要衡量进口商品是否因汇率低估而获得利益，就需要将获得补贴的汇率与补贴国国内汇率进行比较，但在补贴国这两种汇率是同一汇率，因而无法认定利益授予的存在。就专向性而言，在不存在多重汇率的情况下，被控汇率补贴国家的汇率，不只适用于一个或一组企业、产业或指定地区的特定企业，也不是仅瞄准出口企业，而是适用于该国所有居民和企业，而不论其出口与否，因此，被控提供补贴的汇率不仅不具有专向性，而且似乎与专向性相反。可见，WTO《反补贴协定》对于汇率补贴无济于事。

综上，WTO 的“双反”协定，无法为遭受非正当货币行为派生的非正当贸易行为之害的国家提供有效救济。

第三节　中国应对汇率倾销的国际法路径

既然现有的 WTO 相关协议的辖制范围不包含汇率倾销，而 IMF 对导致汇率倾销的汇率操纵或汇率低估的规定缺乏可操作性，因此，汇率倾销在现有的 WTO 和 IMF 规则体系下难以得到有效调整。

巴西政府向 WTO 建议征收汇率反倾销税，以应对美元大幅贬值对其他国家造成的冲击。巴西发展工业外贸部长费尔南多·皮门特尔说，世界各国应在 IMF 框架下，就世界主要货币之间的汇率达成一个波动的“合理区间”协议。如果主要货币汇率大幅贬值超过这个合理区间，形成了对外贸易的“汇率倾销”，WTO 就应当允许其他国家采取措施征收“汇率反倾销税”加以应对。①

借鉴这一建议，在第二节所述的 WTO 和 IMF 制度在汇率倾销问题上存在的缺陷的基础上，可以尝试对 WTO 和 IMF 相关制度进行如下改革。

---

① See http：//finance.sina.com.cn/j/20110921/083610514417.shtml， last view at Dec 24， 2017.

一、改革 WTO 和 IMF 使其管辖权覆盖汇率倾销问题

汇率倾销问题之所以在国际法领域陷入困境，很大程度上归因于 WTO 和 IMF 两大国际组织在汇率倾销这一既有国际贸易领域的成分也有国际货币领域的成分的问题上，存在管辖权模糊不清的问题，导致一国指责他国实施汇率倾销时，往往诉之无门，只能徒唤奈何或是单边报复，前者无疑将会助涨汇率倾销的施行，鼓励各国竞相实施汇率倾销，攫取不当的贸易利益；后者则有违反 WTO 规定之嫌，且很容易引起国际争端和贸易摩擦，对国际法制度造成破坏，使国际社会重回弱肉强食的丛林法则时代。

为了解决 WTO 和 IMF 在汇率倾销问题上关系权不清的问题，巴西政府的建议具有一定的可取之处，由 IMF 牵头，在货币领域建立对一国货币的汇率是否存在操纵和低估的评估制度，得出一国货币是否存在操纵和低估之情况的结论；然后由改革后的、将汇率倾销纳入反倾销规则中的 WTO 依据 IMF 对汇率问题的结论，进一步结合倾销的其他具体规定，确定倾销、损害和二者之间的因果关系是否存在，一定程度上解决了 WTO 和 IMF 在汇率倾销问题上分工不明的弊端，使二者各司其职——IMF 负责货币问题，WTO 负责贸易问题。

二、通过 WTO 强有力的争端解决机制解决汇率倾销问题

若他国对中国实施汇率倾销行为，中国难以通过 IMF 寻求解决的原因之一在于 IMF 缺乏有力的争端解决机制，即使在汇率倾销问题上 IMF 做出了有利于中国的认定，也可能由于 IMF 缺乏有力的争端解决机制而无法有效地执行并取得良好的效果。巴西政府这一建议，将汇率倾销的最终裁定权归于 WTO，那么，在裁定和执行的过程中可以通过 WTO 较为有力的争端解决机制。

IMF 的制裁措施主要有两种：（1）停止会员国使用 IMF 普通资金和特别提款权的权利；（2）要求会员国退出 IMF。[①]在理论上，对于资金充裕或便于借助国际金融市场融资的国家来说，这两项制裁措施的效果十分有限。从实践来看，IMF 自成立起就采取尽量避免使用制裁措施的策略。虽然 IMF 协定规定 IMF 有

① 韩龙、余磊：《中国应对西方针对人民币汇率行动的法律对策》，《江苏行政学院学报》2014 年第（01）期。

权强制要求不遵守 IMF 规则的会员国退出 IMF，但是，自 IMF 成立以来从来没有任何一个会员国因这一规定被 IMF 强制驱逐。[①]

相比而言，虽然 WTO 争端解决机制也存在一些问题，诸如争端当事方在违反贸易政策存续期间遭受的损失往往难以得到补偿、容易引发被诉的争端方恶意拖延争端解决时间等[②]，但瑕不掩瑜，WTO 争端解决机制具有的统一性、强制管辖、“两级审案”的准司法体系和具备自动的程序和决策机制等特点，获得解决的争端案件占总数的 61.88%，还是占有较大的比例的。因此，WTO 争端解决机制还是具有较高的效率和强制力，还可以有效避免成员国之间采用单边的途径解决争端，尤其是避免了以往经常因一国通过单边措施解决贸易争端容易引发贸易战的情况。[③]

鉴于此，中国应当力图改革相关国际制度，使中国在遭受汇率倾销时，能够通过 WTO 争端解决机制解决汇率倾销问题，避免 IMF 缺乏有力的争端解决机制的弊端，这样才能更为妥当的解决汇率倾销问题。

三、达成多边货币协议避免竞争性汇率贬值

在 IMF 框架下，就世界主要货币的汇率达成协议的做法，与前文所述的“两战”之间三大货币集团的代表国家——英国、美国和法国三方达成货币协议具有一定的相似性。世界主要货币国家通过充分的沟通信息，达成货币协议，并做出相应安排和准备，有计划地依据达成的协议，根据实际情况调整三大主要货币之间的汇率，进而稳定国际货币体系。这一做法可以增进各国互信互谅，避免汇率竞争性贬值；也可以避免一国突然单边宣布汇率贬值对他国造成不可预计的冲击，减轻国际货币体系的动荡带来的损害。

尽管如此，该建议仍然没有根本性地解决衡量汇率低估和汇率操纵的认定问题，尤其是均衡汇率的认定问题，而是采用了在 IMF 框架下达成新协议对世界主要货币的设置一个“合理区间”的方式，这一方式不甚妥当。

一方面，汇率的波动属于一种客观现象，设置这样一个“合理区间”，若区间过大则可能起不到应有的效果，若区间过小则会导致汇率倾销的认定上出现

---

① 潘英丽：《国际货币体系与国际金融体系改革研究》，上海人民出版社 2012 年版，第 105~112 页。

② 林波：《全球治理背景下 WTO 争端解决机制效率研究》，《技术经济与管理研究》2017 年第 7 期。

③ 余劲松：《国际经济法学》，高等教育出版社 2016 年版，第 509~510 页。

大量的“冤假错案”，一些国家可能因汇率的自然波动超出了这一区间而被错误的认定为汇率倾销。另一方面设置这样一个“合理区间”是让世界主要货币国家相互盯住，属于盯住制的外汇安排，违反了IMF协议第4条第2节的各国有权选择除盯住黄金外的其他外汇安排的规定，损害了各国自由选择除盯住黄金外的外汇安排的权利。

最后，要对WTO和IMF现有制度进行改革，需要这两大国际组织中多数、大多数甚至全部会员国达成一致才能得以进行，这无疑是艰巨的。WTO自乌拉圭回合后，再也没有取得实质性的重大进展；IMF规定重大事项需要85%的绝对多数同意才能通过，而美国因其投票权超过15%在重大事项上享有实质上的一票否决权。因此，在WTO和IMF框架下通过多边谈判达成协议解决汇率倾销问题，虽然能够从根本上解决汇率倾销问题，且不会引起国际矛盾和贸易战等对抗行为，但是，难度十分巨大。

综上所述，将汇率倾销纳入WTO反倾销协定的范围之内，就可以借助现有的WTO相关协议和争端解决机制解决汇率倾销问题，也可以将对汇率倾销的解决制度化，确定各方共同认同的对汇率倾销的认定和解决方法，还可以避免单边实施汇率反倾销可能引发的贸易战和汇率战。因此，多边解决路径在效果上是最优的选择，但难度很大。

第四节　中国应对汇率倾销的国内法路径

如若以上多边渠道难以奏效，中国应制定应对他国借人民币国际化所实行的不当货币及贸易行为的单边立法，以防范和消除中国可能遭受的侵害。而要进行这样的单边立法，首先需要确定中国进行这样的立法的理论基础，以便使中国的立法建立在坚定的理论基石之上，在此基础上针对所要解决的问题，厘定好立法的内容。

一、中国有权通过国内立法进行汇率反倾销

根据国际法的一般理论，WTO 和 IMF 等政府间国际组织的权力来源于各国权力的让与[①]，因此，国际组织对于国际事务的管辖权范围应当依条约确定，条约中没有包含的事项则是成员国没有进行权力的让与，对相关事项进行管辖和调整的权力仍然属于成员国政府所有，国际组织对相关事项无权管辖。

在汇率倾销问题上，如前文所述，WTO 没有将其包含在“双反”协定之中，IMF 的管辖权也只能及于汇率倾销中货币法领域的汇率低估问题，不能涵盖汇率倾销的全部。换言之，各国在如何应对他国借助汇率低估而实行的不当货币行为及其产生的效果问题上，各国没有做出主权让渡。鉴于此，对汇率倾销的管辖和反制，仍然是各国包括中国仍然拥有的充分的自由和权力，只要实施的反倾销措施不违反 WTO 和 IMF 相关规定。例如，不采取“两战”之间部分斯堪的纳维亚国家和东欧国家实施的数量限制措施以及普遍性的提高关税的措施，因其已被 WTO 规定的禁止数量限制措施和关税只能降低而不能提高的规定所禁止。不过，在此被禁止的范围之外，中国有权通过单边立法进行汇率反倾销。因此，当他国对中国实施汇率倾销时，中国有权通过国内立法对其实施如征收汇率反倾销税等措施进行反制。

从另一方面看，英国、美国、加拿大和澳大利亚等国家于“两战”之间国内法建立的汇率反倾销制度，虽然“二战”后几乎没有在实践中再得到过适用，但其国内法关于汇率反倾销的规定仍未被废止或删除，仍然属于这些国家国内反倾销法的一部分，这也从侧面说明了对于 WTO 没有规定的汇率倾销问题，各国有权在国内反倾销立法中做出规定对其征收汇率反倾销税。

尽管如此，采取国内立法进行汇率反倾销只能作为在多边途径中难以解决和难以获得有效救济的情况下的一种最后的、临时性的做法。其一，通过单边立法进行解决很容易引发贸易战和其他国家的指责，也有被诉至 WTO 争端解决机制的风险，因此，只能作为一种在多边和双边途径无法解决汇率倾销时的最后武器。其二，可以通过国内立法征收汇率反倾销税的方式，一方面，可以作为一

---

① 约翰·H.杰克逊:《国家主权与变化中的 WTO》，赵龙跃，左海聪，盛建明译，社会科学文献出版社 2009 年版，第 3~9 页。

种震慑，警告其他国家不要试图对中国实施汇率倾销；另一方面，在多边和双边解决途径短时间内无法取得进展的情况下，动用国内反倾销法，以保护中国的正当利益，为多边和双边解决汇率倾销问题争取时间。

二、应当采取单独立法的形式构建中国汇率反倾销制度

中国目前关于反倾销的立法主要规定在国务院2001年11月26日中华人民共和国国务院令第328号公布的《中华人民共和国反倾销条例》(以下简称《反倾销条例》)中，并在2004年3月31日中华人民共和国国务院令第401号《国务院关于修改〈中华人民共和国反倾销条例〉的决定》中对《反倾销条例》进行了修订，该条例主要包含总则、倾销与损害、反倾销调查、反倾销措施、反倾销税和价格承诺的期限与复审、附则共6章59条，对中国的反倾销制度做出了较为详细的规定，其中主要针对的是一般倾销，并不包括我们所述的汇率倾销。因此，如果要在中国的法律体系中加入对汇率倾销的规定，在立法形式上，可以采取的方式主要有两种:(1)在现有的《反倾销条例》的基础上，对《反倾销条例》进行修改，增加汇率反倾销的内容;(2)在现有的《反倾销条例》之外，专门制定一部规定汇率反倾销法。

第一种方式较为简便，对现有的《反倾销条例》进行修改增加汇率反倾销的内容，但是，由于WTO反倾销协定的存在，如果中国将汇率反倾销的相关规定置于《反倾销条例》之下，可能会在形式上出现与WTO反倾销协定不一致的情况，会导致他国在没有深入了解中国汇率反倾销立法的情况下，误认为中国违反WTO反倾销协定，从而引起不必要的国际纠纷。因此，这种方式存在较大缺陷。

第二种方式在现有的《反倾销条例》之外，另行设置一部规范性法律文件，对汇率反倾销加以规制，将其与《反倾销条例》中对一般倾销的规定区别开来。这样具有两方面的优势:(1)在形式上，将二者区别开来，《反倾销条例》规定的关于一般倾销的内容依旧保持与WTO反倾销协定不存在冲突的现状，不会引起他国的指责;(2)在实质上，由于汇率倾销与一般倾销的认定等方面存在一定差异和特殊性，完全照搬中国现行《反倾销条例》对一般反倾销实施要件用于汇率反倾销的实施要件，显然是不合适的。

基于此，汇率反倾销在立法形式上以独立于现行《反倾销条例》之外、单独的规范性法律文件进行规定为佳。

三、合理厘定汇率反倾销的实施条件

结合现今的国际货币体系和贸易体系与我们第二章所述的“两战”之间汇率反倾销实施要件，可以对汇率倾销的概念进行更新：一国货币因各种原因，出现名义汇率长期大幅低于真实汇率的情况，从而导致本国的货物实质上以非正常价格出口至他国，这种因汇率导致的具有价格歧视性质的不公平贸易行为，这种具有价格歧视性质的不公平贸易行为对进口国的相关产业造成损害或对进口国相关产业的建立造成阻碍，且这种非正常价格造成的不公平贸易行为与进口国产业受到的损害之间具有因果联系。因此，汇率反倾销的实施要件有四个：（1）一国名义汇率长期大幅低于真实汇率；（2）（因汇率低估导致）该国出口的货物实质上以非正常价格出口至他国；（3）这种低于正常价值的进口对进口国相关产业造成损害或对相关产业的建立造成阻碍；（4）这种非正常价格造成的不公平贸易行为与进口国产业受到的损害之间具有因果联系。

比较汇率反倾销的实施要件与现行的一般反倾销实施要件，后三个要件十分相近，对产业的损害和非正常价格与损害之间的因果联系，无论是在汇率反倾销中还是一般反倾销中都应当是十分相似或一致的，因此，在这三个要件上，可以适用已经较为系统和完善的现有一般反倾销制度；第一个要件的重点和难点主要在于如何衡量一国货币的真实汇率，进而与公布的名义汇率进行比较并进一步确定汇率反倾销税率，这些内容将在下文展开论述。

四、借鉴“两战”之间汇率反倾销幅度的计算方法

从前文的分析中可以看出，解决汇率倾销问题的难点仍然在于真实汇率或均衡汇率的衡量，时至今日，虽然汇率的衡量和计算的理论、方法和模型有了很大创新，但由于这些理论、方法和模型都具有一定的局限性，且不同方法和模型得出的结论相差很大，所以，这仍是一个待解的难题。[①]

---

① 参见姜波克、李怀定：《均衡汇率理文章献评述》，《当代财经》2006 年第 2 期。

此外，我们第三章论述的“两战”之间各国汇率反倾销幅度的计算方法，在原理上是基于对真实汇率与名义汇率的比较，首要问题是真实汇率的衡量，而确定真实汇率也是认定汇率低估的必由之路，因此，两者有异曲同工之妙，同时，确定汇率倾销幅度也是征收汇率反倾销税的前提。

“两战”之间确定汇率倾销幅度的方法主要有依据黄金价格或金本位认定的方法和通过立法授权行政机关确定汇率倾销。

前者以黄金价格或金本位确定真实汇率，将衡量他国货币的真实汇率与黄金价格或金本位挂钩，虽然并非是用于确定汇率，而是用于反倾销领域中倾销幅度的认定，且并非是将黄金价格金本位用于确定本国货币的价值，而是用于确定他国货币的价值，但是，由于汇率是两种货币的比价——本币和外币的比价，所以，以黄金价格或金本位确认他国货币价值进而确定本币和外币的价值量的比例的过程中，不可避免地也要以黄金价格或金本位要确定本币的价值量，有违反《IMF协定》第4条第2节规定的不得以黄金作为确定本国货币价值的风险。

后者授权国内行政机关以自由裁量的方式具有更大的灵活性。由于汇率倾销中汇率低估对国际贸易影响的广泛性，汇率倾销会影响对中国实施汇率倾销的国家出口至中国的所有产品以人民币计价的价格，因此，汇率倾销一旦发生，涉及的货物往往不是对中国实施汇率倾销的国家出口至中国的某一项产品，而很可能是该国出口至中国的大多数产品甚至所有产品。而目前WTO法下的反倾销及反倾销调查是对单项产品进行的，且对反倾销诉讼的发起上持非常谨慎的态度[①]，如果按照目前做法对一国所有产品逐项进行调查，所需要的时间和人力成本无疑是巨大的。因此，授权国内行政机关依据具体情况，在一定范围内自由裁量，根据不同情况的不同特点采取不同的做法，更有利于保护中国的正当利益免受他国汇率倾销的侵害。

因此，中国可以采取授权行政机关对汇率倾销中的真实汇率确定问题进行裁决，参照中国确定人民币汇率的方式，根据不同案件中的不同情况，灵活采用目前世界上十几种真实汇率确定方法中的一种或几种，只公布裁决结果而不公布详细的计算方法。[②]此外，可以考虑将黄金作为衡量的依据之一，这与人民币国际化后人民币在国际货币体系中的地位息息相关。在我们第二章对英国、法

---

① 参见杨蔓、罗胜强：《中国对外反倾销调查的统计分析》《改革与开放》2014年第18期。

② 例如中国在确定人民币汇率的方法上，只公布计算公式，同时声明中国对外汇价格是参照一篮子货币进行调节的，但是不公布所参照的一篮子货币中不同货币所占的权重系数。

国和南非汇率反倾销实施要件的论述中，曾对这三个国家的规定进行过比较，英国和法国在汇率反倾销实施要件的规定虽有所不同，但都与黄金和金汇兑平价相联系，与此不同的是南非参考英镑的汇率，这与此三国在国际货币体系中的地位息息相关，英镑和法郎在国际货币体系中都具有重要的地位。在人民币国际化后，作为国际货币之一的人民币，当然不应该再以其他国家货币的价值作为本国衡量汇率的标准和参考，但又需要选择一个参照物作为衡量的参考——黄金是较为合适的选择之一。

五、明确汇率反倾销的主管机关

主管机关设置问题属于程序法范畴，如我们第一章所述，“两战”之间各国国内反倾销立法在程序规定上比较贫瘠，因此，汇率反倾销的程序设计难以借鉴“两战”之间的历史经验。鉴于汇率倾销与一般倾销具有相似性，因此，在包括主管机关设置在内的程序法问题上，可以在一定程度上借鉴当今一般反倾销的程序规定。

在反倾销主管机关的设置上，目前世界上一元制、二元制、准二元制和多元制四种做法。①中国目前采取的是一元制模式，由商务部对倾销的调查和确定全权负责。在国内产业损害的调查上，主要也由商务部负责，只有涉及农产品的反倾销国内产业损害调查，在损害的确定上，由商务部会同农业部进行调查。②

汇率反倾销与一般反倾销在认定上最大的不同点在于需要对汇率是否存在低估进行认定，由于汇率是否存在低估取决于名义汇率和真实汇率的比较，其中，名义汇率是十分容易确定的，那么，换言之，关键就是要确定真实汇率。由于汇率问题的具有高度的复杂性和政治敏锐性，因此，需要专业性的机构和人才从事这项工作，参考目前中国既有的反倾销调查制度，在进行汇率反倾销调查中，可以由商务部会同目前主管人民币汇率中间价的、中国人民银行下辖的中国外汇交易中心共同调查。

① 一元制是由一个中央行政机关独立决定是否同时对倾销和损害发起调查的制度，由该机关决定立案调查并实际进行倾销与损害两方面的调查和裁定，典型代表是澳大利亚。二元制是由两个相互独立的中央行政机关分别对是否启动倾销和损害调查做出决定并负责调查的制度，典型代表是美国。准二元制是指由两个中央行政机关对是否启动倾销和损害调查共同决定的制度，这两个部门位阶相同，但在具体工作中可能是权力相等，也可能是一主一次，但缺一不可。典型代表是欧盟。多元制指的是由三个或三个以上的中央行政机关共同决定发起倾销和损害的调查，并共同负责倾销和损害的调查制度，典型代表是日本。

② 参见《中华人民共和国反倾销条例》第3条和第7条。

如我们前文所述，认定汇率倾销需要四个要件：（1）一国名义汇率长期大幅低于真实汇率；（2）（因汇率低估导致）该国出口的货物实质上以非正常价格出口至他国；（3）这种低于正常价值的进口对进口国相关产业造成损害或对相关产业的建立造成阻碍；（4）这种非正常价格造成的不公平贸易行为与进口国产业受到的损害之间具有因果联系。相比于现行反倾销法的规定，在汇率倾销中具有独特性的仅为第一个要件，后三个要件与认定一般倾销并不存在太大差异。因此，在认定外汇倾销的主管机关设置上具体体现为，借鉴中国目前涉及农产品的国内产业损害调查由商务部会同农业部共同进行的模式，由商务部决定和主要负责汇率反倾销调查，在汇率低估的认定上，由商务部会同中国人民银行下辖的中国外汇交易中心共同进行，中国外汇交易中心负责汇率低估的认定和低估幅度的计算，即四个步骤中的第一步，如果认定汇率存在低估的情况，由中国外汇交易中心将认定结果和计算得出的低估幅度一并递交商务部，此后由商务部在目前反倾销调查方式的基础上，继续进行其后三个步骤的汇率反倾销调查；如果认定汇率不存在低估的情况，则由商务部继续进行一般反倾销调查。

六、小结

由于“两战”之间国际货币体系的动荡混乱，各国货币竞争性贬值严重，导致兼具不正当货币行为性质和不正当贸易行为性质的汇率倾销曾盛行于“两战”之间，许多国家在这一时期先后建立了本国的汇率反倾销制度，以保护本国的相关产业和正当利益。

我们对“两战”之间的汇率反倾销制度进行了考证，明确当时实施汇率反倾销的具体要件，并在后文中结合现行国际货币体系和国际贸易体系，对汇率反倾销的实施要件进行了现代化的革新，使之适应现今的国际货币体系和国际贸易体系：（1）一国名义汇率短期或长期大幅低于真实汇率；（2）因汇率导致该国出口的货物实质上以非正常价格出口至他国；（3）这种低于正常价值的进口对进口国相关产业造成损害或对相关产业的建立造成阻碍；（4）这种非正常价格造成的不公平贸易行为与进口国产业受到的损害之间具有因果联系。

各国施行的汇率反倾销措施不尽相同，较为普遍的措施是征收汇率反倾销税，那么汇率反倾销税的厘定和计量方法则必然是汇率反倾销制度的一大重点，同时，由于这一问题必然涉及汇率这一复杂的问题，因而这也是汇率反倾销制度的一大难点。在汇率反倾销税的厘定和计量方法上，在复汇率情形下和单一汇率情形下有所不同。在复汇率中，由于一种货币具有多个不同价格水平的汇率，虽然这些不同的汇率可能都不是真实汇率，但是，在一定条件下可以采用其中一个汇率作为厘定汇率反倾销税的基准。在单一汇率情形下，汇率反倾销税的计量则必须通过衡量出口国货币的真实汇率的方法，然而，如何衡量一国货币的真实汇率至今还是一个众说纷纭且扑朔迷离的问题，汇率反倾销税因其与汇率这一复杂因素相关而使税额的确定成为一个难度很大的问题，考察“两战”之间各国在这一问题上采取的做法，当时主要是以黄金价格作为计量汇率反倾销税的参照。

在人民币国际化后，货币非国际化的国家将具备对中国实施以汇率倾销为代表的不当货币和贸易行为的条件，一旦实施，势必会侵害中国正当的经济利益，会对中国国内产业造成严重损害，同时，中国由于人民币国际货币的地位而无法实施如在货币市场采取相对操作等相应的反制措施，现行 WTO 和 IMF 相关制度也不能有效制止汇率倾销。为防止或反制其他国家对中国实施汇率倾销，中国首选的做法是在现有的 WTO 和 IMF 框架下推动谈判，对现有国际法制度进行改革，在汇率倾销的管辖范围上做出分工，使 WTO 和 IMF 的管辖权覆盖汇率倾销行为，IMF 主管汇率倾销中货币领域的部分，对是否存在汇率低估和汇率操纵进行认定；WTO 主管汇率倾销中贸易领域的部分，在 IMF 认定存在汇率低估和汇率操纵的前提下，按照目前 WTO 反倾销制度确定是否满足实施反倾销的条件，借助 WTO 强有力的争端解决机制解决汇率倾销问题。

尽管国际解决路径可以从国际法层面上制止汇率倾销，具有不易引起外交争议和贸易摩擦等优势，但改革 WTO 和 IMF 相关制度难度巨大，且很可能迁延日久，因此，在多边协议不能取得有效进展的情况下，中国有权采取单边措施，通过国内立法对汇率倾销行为进行反制，如征收汇率反倾销税等。这一手段既可以作为“核武器”震慑对中国实施汇率倾销的国家，也可以在中国贸易利益严重受到影响的情况下作为临时措施用于自我保护。鉴于此，中国有必要在未来建立国内的汇率反倾销制度，该制度应当采取单独立法的形式，由商务部作为主管机关会同中国外汇交易中心进行汇率反倾销调查，由中国外汇交易中心负责货币领域的汇率相关事项的调查，由商务部负责贸易领域的反倾销调查，一定程度上参考黄金价格确定是否存在汇率低估并确定汇率反倾销税率。

附录一：人民币跨境支付系统简介

人民币跨境支付系统（Cross-border Interbank Payment System，简称 CIPS）为境内外金融机构人民币跨境和离岸业务提供资金清算、结算服务，是中国重要的金融基础设施。

一、建设背景

随着人民币跨境使用需求不断增长，跨境人民币业务各项政策相继出台，跨境人民币业务规模不断扩大，迫切需要建设金融基础设施支撑业务发展。为满足人民币跨境使用需求，进一步整合现有人民币跨境支付结算渠道和资源，提高人民币跨境支付结算效率，经过充分论证和研究，人民银行于 2012 年启动人民币跨境支付系统（一期）建设。党中央、国务院对 CIPS 建设高度重视，李克强总理在 2015 年 3 月政府工作报告中指出，要“加快建设人民币跨境支付系统，完善人民币全球清算服务体系”，同年 9 月参加第九届夏季达沃斯论坛时指出，“年底之前，将建成人民币跨境支付系统”。

2015 年 10 月 8 日，CIPS（一期）成功上线运行，同步上线的有 19 家直接参与者和 176 家间接参与者，参与者范围覆盖 6 大洲 50 个国家和地区。CIPS 的建成运行是中国金融市场基础设施建设的又一里程碑事件，标志着人民币国内支付和国际支付统筹兼顾的现代化支付体系建设取得重要进展，对推动人民币成为全球主要的支付货币、推进人民币成为特别提款权（SDR）篮子货币发挥了重要作用。

作为国家级金融市场基础设施，CIPS 的建设、运营从始至终以自律、合规精神自觉遵守统一国际准则，在系统设计、规则制定等方面遵守并落实《金融市场基础设施原则》（Principles for Financial Market Infrastructures）与《重要支付系统核心原则》（Core Principles for Systemically Important Payment Systems）等相关要求。

二、发展情况

CIPS 上线以来，系统运行稳定，可用率保持在 100%，参与者规模持续扩大，业务量稳步攀升，系统功能逐步完善。

（一）参与者情况

截至 2018 年 6 月底，CIPS 直接参与者数量从上线时的 19 家增至 31 家，间接参与者从 176 家增至 738 家，覆盖全球 6 大洲 87 个国家和地区。CIPS 实际业务覆盖 155 个国家和地区的 2395 家法人金融机构。

自 CIPS 上线以来，涉及“一带一路”沿线国家和地区的参与者数量逐步攀升，沿线国家金融机构通过 CIPS 开展人民币跨境支付业务的积极性不断提高。截至 2018 年 6 月底，CIPS 参与者已覆盖“一带一路”沿线 41 个国家和地区（含中国大陆和港澳台地区），业务实际覆盖“一带一路”沿线 60 个国家和地区（含中国大陆和港澳台地区）的 1356 家法人金融机构。CIPS 为沿线国家和地区提供高效、便捷、安全的支付结算服务，有助于推动中国与“一带一路”沿线国家、地区的经贸往来，扩大人民币使用规模与范围，对“一带一路”的倡议实施起到重要支撑作用。

（二）系统建设情况

CIPS 按计划分期建设，一期系统上线后，CIPS 运营机构不断完善系统功能，顺利完成 CIPS（二期）投产。

2017 年 7 月 3 日，“债券通”正式上线试运行，根据人民银行发布的《内地与香港债券市场互联互通合作管理暂行办法》（中国人民银行令〔2017〕第 1 号），“北向通”资金支付通过 CIPS 办理。CIPS 作为专用资金结算通道，高效稳定支持“债券通”业务开展。10 月 9 日，CIPS（二期）双边业务功能顺利上线，支持“债券通”北向通业务 DvP 结算，有效降低了跨境债券交易资金结算风险，提高了资金结算效率。

2018 年 3 月 26 日，CIPS（二期）成功投产试运行，工商银行、农业银行、中国银行、建设银行、交通银行、兴业银行、汇丰银行（中国）、花旗银行（中国）、渣打银行（中国）、德意志银行（中国）共10家直接参与者同步上线。2018年5月2日，CIPS（二期）全面投产，符合要求的直接参与者同步上线。CIPS运行时间由5×12小时延长至5×24小时+4小时，实现对全球各时区金融市场的全覆盖，支持全球的支付与金融市场业务，满足全球用户的人民币业务需求。

三、CIPS（二期）功能特点

相比较CIPS（一期），CIPS（二期）具备以下功能特点：

一是丰富结算模式。在实时全额结算模式基础上引入定时净额结算机制，实现流动性更为节约的混合结算机制，满足参与者的差异化需求。

二是支持金融市场业务。根据不同金融交易的资金结算需要，系统能够支持人民币付款、付款交割（DvP）结算、人民币对外币同步交收（PvP）、中央对手集中清算和其他跨境人民币交易结算等业务。

三是延长系统对外服务时间。系统运行时间由5×12小时延长至5×24小时+4小时，全面覆盖全球各时区的金融市场，充分考虑境外参与者和其客户的当地人民币业务需求，支持当日结算。

四是拓展直接参与者类型。引入金融市场基础设施类直接参与者，明确不同类型参与者的准入条件，为引入更多境外直接参与者做好制度和业务准备。

五是进一步完善报文设计。增加报文类型和可扩展性，优化报文字段定义，便利参与者和相关部门进行合规管理。

六是建成CIPS备份系统。实现上海主系统向无锡备份系统的实时数据复制，提高了CIPS的业务连续运行能力。

附录二：
人民币跨境支付系统（一期）答记者问

（中国人民银行 2015年10月8日）

一、为什么要开发建设人民币跨境支付系统？

近年来，随着跨境人民币业务各项政策相继出台，跨境人民币业务规模不断扩大，人民币已成为中国第二大跨境支付货币和全球第四大支付货币。人民币跨境支付结算需求迅速增长，对金融基础设施的要求越来越高。为满足人民币跨境使用的需求，进一步整合现有人民币跨境支付结算渠道和资源，提高人民币跨境支付结算效率，2012年初，人民银行决定组织建设人民币跨境支付系统（Cross- Border Interbank Payment System，以下简称CIPS），满足全球各主要时区人民币业务发展的需要。

CIPS分两期建设：一期主要采用实时全额结算方式，为跨境贸易、跨境投融资和其他跨境人民币业务提供清算、结算服务；二期将采用更为节约流动性的混合结算方式，提高人民币跨境和离岸资金的清算、结算效率。

二、CIPS（一期）系统有哪些功能？

CIPS（一期）的主要功能是便利跨境人民币业务处理，支持跨境货物贸易和服务贸易结算、跨境直接投资、跨境融资和跨境个人汇款等业务。其主要特点包括：一是CIPS（一期）采用实时全额结算方式处理客户汇款和金融机构汇款两类业务。二是各直接参与者一点接入，集中清算业务，缩短清算路径，提高清算效率。三是采用国际通用ISO20022报文标准，采纳统一规范的中文四角码，支持中英文传输，在名称、地址、收费等栏位设置上更有利于人民币业务的自动处理。CIPS报文设计充分考虑了与现行SWIFT MT报文的转换要求，便于跨境业务直通处理并支持未来业务发展需求。四是运行时间覆盖亚洲、欧洲、非洲、大洋洲等人民币业务主要时区。五是为境内直接参与者提供专线接入方式。

三、CIPS（一期）上线运行后，对现有人民币跨境清算模式有何影响？

现有人民币跨境清算模式主要包括清算行模式和代理行模式。清算行模式下，港澳清算行直接接入大额支付系统，其他清算行通过其总行或者母行接入大额支付系统，所有清算行以大额支付系统为依托完成跨境及离岸人民币清算服务。代理行模式下，境内代理行直接接入大额支付系统，境外参加行可在境内代理行开立人民币同业往来账户进行人民币跨境和离岸资金清算。

CIPS（一期）上线后，现有人民币跨境清算模式将基于市场需求继续发挥作用。

四、CIPS（一期）相关制度主要有哪些？

CIPS（一期）的制度主要包括：《人民币跨境支付系统业务暂行规则》《人民币跨境支付系统参与者服务协议》《人民币跨境支付系统业务操作指引》《人民币跨境支付系统运行规则》以及《人民币跨境支付系统技术规范》。

其中，《人民币跨境支付系统业务暂行规则》（银办发〔2015〕210号）由人民银行制定并在门户网站发布，主要规定参与者的加入条件、业务处理要求、账户管理要求等。经人民银行批复后，CIPS运营机构制定并发布了《人民币跨境支付系统参与者服务协议》和《人民币跨境支付系统业务操作指引》，协议以法律文本的形式约定了CIPS运营机构和参与者的权利与义务；操作指引规定了主要业务流程及具体要求。后续，CIPS运营机构还将发布《人民币跨境支付系统运行规则》、《人民币跨境支付系统技术规范》。

五、CIPS（一期）由谁负责运营？

CIPS（一期）由跨境银行间支付清算（上海）有限责任公司负责运营，该机构为公司制企业法人（以下简称运营机构）。2015 年 9 月 8 日，运营机构在上海正式成立，全面负责 CIPS（一期）的系统运营维护、参与者服务、业务拓展等各方面工作。CIPS（一期）上线后，CIPS 运营机构将按照市场需求，逐步完善 CIPS 各项功能，强化内部管理，提高 CIPS 清算效率和竞争力。未来，CIPS 运营机构还将加强与国际其他清算组织和金融基础设施运营机构的沟通与合作，努力拓展国际市场。此外，为更好地运营 CIPS，跨境银行间支付清算（上海）有限责任公司将视需要考虑增资扩股，选择适当时机改制为股份有限公司。

该公司接受人民银行的监督和管理，人民银行已经制定和发布了《人民币跨境支付系统运营机构监督管理办法》（银发〔2015〕290 号），对经营范围、业务运营等做出了规定。

六、CIPS（一期）的运行时序是怎样安排的？

CIPS（一期）按照北京时间运行，以中华人民共和国的法定工作日为系统工作日，年终决算日是中华人民共和国每年最后一个法定工作日。CIPS（一期）每日运行时序分为营业准备、日间处理、业务截止和日终处理四个阶段，日间处理支付业务的时间为 9：00-20：00，今后可视市场需求进一步延长 CIPS 运行时间。

七、CIPS（一期）首批参与者有哪些？是如何确定的？

首批参与者共有 19 家，分别为：工商银行、农业银行、中国银行、建设银行、交通银行、华夏银行、民生银行、招商银行、兴业银行、平安银行、浦发银行、汇丰银行（中国）、花旗银行（中国）、渣打银行（中国）、星展银行（中国）、德意志银行（中国）、法国巴黎银行（中国）、澳大利亚和新西兰银行（中国）和东亚银行（中国）。

这 19 家参与者是人民银行根据商业银行的参与意愿，结合境内各银行跨境和离岸人民币业务量、技术开发能力和外资银行国别地域分布情况等，经过技术检验统筹确定的。2015 年 6 月—9 月，人民银行先后组织了模拟运行、技术验收和业务验收，检验首批参与机构的技术与业务能力是否具备投产上线的条件，确定 19 家首批参与者于 10 月 8 日上线。

八、CIPS 如何管理参与者？

CIPS 参与者分为直接参与者和间接参与者两类。CIPS 为每个参与者分配系统行号作为其在系统中的唯一标识。直接参与者在 CIPS 开立账户，可以通过 CIPS 直接发送和接收业务。间接参与者通过直接参与者间接获得 CIPS 提供的服务。

为了鼓励直接参与者为间接参与者提供更好的服务，CIPS 的业务规则和系统功能均支持一个间接参与者与多个直接参与者建立业务关系。

九、CIPS（一期）上线后，其他机构是否还可以申请加入 CIPS（一期）？如何申请？

（一）申请成为直接参与者

根据《人民币跨境支付系统业务暂行规则》（银办发〔2015〕210 号），CIPS（一期）仅接受中华人民共和国境内依法设立的银行业金融机构和金融市场基础设施运营机构作为直接参与者。同属一个法人的境内机构只能申请一个直接参与者身份。

直接参与者的加入条件包括：需具备法人资格或是法人指定的机构、具有办理国内外人民币结算业务的资格、具有大额支付系统的直接参与者资格、具有业务集中处理和直通处理能力等条件。上述条件已在《人民币跨境支付系统业务暂行规则》（银办发〔2015〕210 号）中详细说明。申请流程参见《人民币跨境支付系统业务操作指引》。

（二）申请成为间接参与者

CIPS（一期）可以接受境内或境外依法设立的银行业金融机构作为间接参与者。

间接参与者的加入条件包括：需具备法人资格或是法人指定的机构，具备集中处理其境内业务的能力等。上述条件已在《人民币跨境支付系统业务暂行规则》（银办发〔2015〕210号）中详细说明。申请流程参见《人民币跨境支付系统业务操作指引》。

十、CIPS间接参与者和代理行有何区别？

与代理行相比，由于间接参与者在CIPS内具有行号作为唯一标识，其他参与者在给其发送业务时，可以根据这个唯一标识准确定位汇款路径。此外，间接参与者可以获得CIPS内所有参与者的行号信息，便于其为自身客户提供明确的汇路信息，从而提供更高效、快捷的跨境人民币支付服务。

十一、CIPS如何进行账户管理？

人民银行批准CIPS在大额支付系统开立清算账户，该账户是CIPS所有直接参与者的共同权益账户，账户内的资金属于所有CIPS直接参与者，并按照CIPS中的账户余额享有对应的权益。CIPS在大额支付系统开立的清算账户不允许透支，日终余额为零。

直接参与者加入CIPS时，运营机构同步为其在CIPS开立账户。该账户不计息，不透支，日终账户余额自动划回到该机构大额支付系统账户，日终账户余额为零。

十二、CIPS（一期）如何进行流动性管理？

日间，直接参与者可以通过大额支付系统利用注资、调增和调减等方式从本机构在大额支付系统的账户获得流动性。此外，各直接参与者还可以利用现有的全国同业拆借中心的交易平台，按照有关规定通过同业拆借方式获得流动性。CIPS（一期）暂不支持为直接参与者提供日间透支功能。

为满足 CIPS（一期）直接参与者流动性管理需要，人民银行大额支付系统已于 2015 年 9 月 21 日将运行时间延长至 20：30。

十三、CIPS（一期）和大额支付系统是什么关系？

CIPS（一期）是独立运行的实时全额结算系统，其采取多种措施，满足境内外银行业金融机构跨境和离岸人民币使用需求，业务受理时间为9：00-20：00。人民银行运行的大额支付系统是境内银行业金融机构资金清算结算的共同平台，主要服务于境内银行间资金清算、结算业务，正常业务受理时间为 8：30-17：00。两系统之间紧密联系，CIPS（一期）在大额支付系统开立清算账户，CIPS（一期）直接参与者通过其在大额支付系统的账户完成自身注资、调增、调减、清零。

十四、CIPS 运营机构对参与者如何收费？

CIPS 运营机构仅向直接参与者收费，不向间接参与者收费。收费包括会员年费和报文处理费等。2015 年 12 月 31 日前，运营机构将免除所有直接参与者的费用。之后，CIPS 运营机构将在征求各方意见的基础上，另行发布收费方案。

附录三：人民币跨境支付系统（二期）答记者问

（中国人民银行　2018 年 5 月 2 日）

一、为什么要建设 CIPS（二期）？

为进一步整合人民币跨境清算渠道，提高人民币跨境支付结算效率，适应中国跨境贸易形势发展的需要，支持实体经济发展和“走出去”战略实施，人民银行组织建设人民币跨境支付系统（Cross-Border Interbank Payment System，以下简称 CIPS），为人民币国际化铺设“高速公路”。在综合考虑市场需求和功能投产难易程度等因素的基础上，人民银行决定分期推进系统建设工作。2015 年 10 月 8 日，CIPS（一期）顺利投产，重点建立符合国际标准和通行做法的整体制度框架和基础性安排，采用已经积累了丰富经验的实时全额结算模式，支持客户汇款和金融机构汇款等支付业务，较好地满足了全球各主要时区跨境人民币贸易、投融资业务等结算要求，便利了人民币在全球的使用。

近年来，在党中央、国务院的正确领导下，从金融服务实体经济出发，顺应市场需求，人民币国际化稳步推进，人民币国际地位显著提升，人民币在全球使用不断扩大。相应地，人民币跨境支付结算需求不断增长，对支撑人民币国际化的金融市场基础设施提出了更高要求。为此，人民银行加快建设 CIPS（二期），分阶段投产更多功能，并做好相关配套安排，进一步提高人民币跨境资金的清算、结算效率，为全球用户的人民币业务提供更为稳健、便捷、灵活、高效的清算结算服务。

二、相比较 CIPS（一期），CIPS（二期）有哪些功能特点和改进？

一是丰富结算模式。在实时全额结算模式基础上引入定时净额结算机制，实现流动性更为节约的混合结算机制，满足参与者的差异化需求。二是支持金融市场业务。根据不同金融交易的资金结算需要，系统能够支持人民币付款、付款交割（DvP）结算、人民币对外币同步交收（PvP）、中央对手集中清算和其他跨境人民币交易结算等业务。三是延长系统对外服务时间。系统运行时间由 5×12 小时延长至 5×24 小时+4 小时，全面覆盖全球各时区的金融市场，充分考虑境外参与者和其客户的当地人民币业务需求，支持当日结算。四是拓展直接参与者类型。引入金融市场基础设施类直接参与者，明确不同类型参与者的准入条件，为引入更多境外直接参与者做好制度和业务准备。五是进一步完善报文设计。增加报文类型和可扩展性，优化报文字段定义，便利参与者和相关部门进行合规管理。六是建成 CIPS 备份系统。实现上海主系统向无锡备份系统的实时数据复制，提高了 CIPS 的业务连续运行能力。

三、CIPS 制度框架有哪些主要变化？

人民银行基于 CIPS 整体设计，并充分考虑国际通行做法，对原有制度进行修订后，发布《人民币跨境支付系统业务规则》（银发〔2018〕72 号，以下简称《业务规则》。《业务规则》以国际通用业务术语为基准，便于 CIPS 国际业务推广；重点关注流动性风险管理要求，审慎防范结算风险；新增境外直接参与者准入标准、金融市场业务处理要求等内容；明确混合结算机制的实现方式和清算纪律。

CIPS 运营机构根据《业务规则》相应修改并发布《人民币跨境支付系统业务操作指引》等配套运行规则及技术规范等，保持 CIPS 制度体系的完整性和一致性。

四、CIPS（二期）如何实现混合结算机制？

为满足跨境人民币业务的差异化支付结算需求，支持跨境电子商务的发展，并向参与者提供更为灵活的流动性节约安排，CIPS（二期）在CIPS（一期）实时全额结算（RTGS）模式的基础上引入定时净额结算（DNS）模式，实现混合结算功能。RTGS模式适用于时效性强、金额大、逐笔的支付业务场景；DNS模式适用于频次高、金额小、笔数多的支付业务场景，在设计上综合权衡了安全与效率，并采用流动性节约算法，便于参与者的头寸管理。

CIPS（二期）的所有直接参与者均可发起RTGS业务。考虑到DNS业务相关风险管理的需要，符合审慎管理要求且业务场景不违反监管规定的直接参与者可发起DNS业务。CIPS通过明确业务准入标准、设置业务限额、要求结算保证金和提高结算优先级等多重机制，防范DNS相关结算风险。

五、CIPS（二期）的运行时序是怎样安排的？

自2018年5月2日起，CIPS在中华人民共和国法定工作日全天候运行，运行时间调整为5×24小时+4小时。系统业务处理分为日间场次和夜间场次。一般工作日的日间场次运行时间为当日8：30至17：30（其中17：00至17：30为清零等场终处理时间）。考虑到中国所处的时区，周末及法定节假日后第一个工作日的日间场次运行时间提前为当日4：30。夜间场次的运行时间为当日17：00至下一自然日8：30（其中8：00至8：30为清零等日终处理时间）。

CIPS运行时序的调整是顺应人民币国际化和中国金融市场双向开放的要求所做出的重要努力。调整后，系统运行时间实现对全球各时区金融市场的全覆盖，有力支持全球的支付与金融市场业务，满足广大用户的人民币业务需求。

六、CIPS（二期）在参与者管理方面有何变化？

CIPS（二期）在已经确立的参与者分级管理框架基础上，进一步细化了参与者管理相关要求，加强事前、事中和事后全流程管理，规范参与者业务行为，及时识别并防范相关风险。一是基于“同类业务，同样标准”、中外资一视同仁等原则，按照参与者类型、所在司法辖区、业务特点和风险特征等，分别明确准入要求。二是建立动态评估机制，强化参与者日常管理，强调纪律约束要求。三是建立参与者事后管理机制，规范争议解决方式。

七、CIPS（二期）上线后，参与者准入管理有何变化？

（一）直接参与者的准入条件

根据业务规则，依法设立的银行业金融机构和金融市场基础设施运营机构，均可申请成为 CIPS 的直接参与者。同一司法管辖内，同属一个法人的机构只能申请一个直接参与者身份。

银行类直接参与者的准入条件有：具备法人资格或是法人指定的机构；具有办理人民币结算业务资格；是具有大额支付系统清算账户的境内机构或委托境内银行类直接参与者作为其资金托管行的境外机构；支持业务集中处理与直通处理、满足信息安全性和系统可靠性要求；具有切实可行的防范和化解流动性风险的方案等。

金融市场基础设施类直接参与者的准入条件有：是以人民币进行金融交易、资金结算的法人机构；支持业务集中处理与直通处理、满足信息安全性和系统可靠性要求；具有切实可行的防范和化解流动性风险的方案等。在 CIPS 开立账户的境内机构应具有大额支付系统清算账户。

境外机构因所处司法管辖区域不同，为避免出现法律冲突，其申请直接参与者还要符合特定要求：银行类境外机构还应取得其所在地中央银行或货币当局出具的意见书；在境内没有商业存在的还需要满足中国人民银行其他审慎管理相关要求。

金融市场基础设施类境外机构还应取得其所在地监管当局出具的意见书；在 CIPS 开立账户的应委托境内银行类直接参与者作为资金托管行。

（二）间接参与者的准入条件

中华人民共和国境内外依法设立的银行业金融机构都可以申请成为 CIPS 间

接参与者，申请时应具备法人资格或是法人指定的机构，具备集中处理其境内业务的能力等。

八、CIPS在防范系统结算风险方面有何配套机制安排？

CIPS具有丰富的机制安排，支持参与者做好自身流动性管理，保障跨境支付业务顺利进行。一是设置直接参与者准入和退出机制，确保只有具备良好流动性管理能力的机构才能加入系统，并开展相应业务；二是支持直接参与者通过大额支付系统利用注资（预注资）、调增和调减等方式从本机构（或资金托管行）在大额支付系统的账户获得流动性；三是提供队列管理、余额预警、自动缺款通知等辅助管理功能。此外，各直接参与者还可以利用现有的全国同业拆借中心的交易平台，按照有关规定通过同业拆借方式获得流动性。CIPS（二期）暂不支持为直接参与者提供日间透支功能。

CIPS（二期）时序调整后的夜间时段正值欧美金融市场的营业时间，且将开通定时净额结算业务，对参与者的流动性管理要求提高。为此，人民银行决定为银行间货币市场加开夜盘，CIPS直接参与者可根据结算需要，通过银行间货币市场融入资金注入CIPS账户。这种新的制度安排可以满足境内外直接参与者夜间调剂流动性的需要，保障支付清算安全，也有利于境内外金融市场接轨，对支持中国金融市场健康发展具有积极意义。未来，可有序向全球人民币业务参与主体开放，推动中国金融市场对外开放和人民币国际化进程。

参考文献

一、中文文献

[1]王铁崖、田如萱:《国际法资料选编》,法律出版社 1982 年版。

[2][英]亚当·斯密:《国富论》,王亚楠译,商务印书馆 1994 年版。

[3]李步云:《法的应然与实然》,《法学研究》第 1997 年第 5 期。

[4][美]E.博登海默:《法理学、法律哲学与法律方法》,中国政法大学出版社 1999 年版。

[5]程华、周润芳、罗军舟、顾冠群:《SWIFT 端系统的安全性研究与实现》,《中国金融电脑》1999 第 11 期。

[6]万光侠:《效率与公平——法律价值的人学分析》,人民出版社 2000 年版。

[7]谢鹏程:《基本法律价值》第一版,山东人民出版社 2000 版。

[8]彼得·纽曼、默里·米尔盖特、约翰·伊特维尔:《新帕尔格雷夫货币金融大辞典》,胡坚等译,经济科学出版社 2000 年版。

[9]郁俊松:《发达国家支付系统的风险控制及其启示》,《中国城市金融》2000 年第 3 期。

[10]高永富、张玉卿:《国际反倾销法》,复旦大学出版社 2001 年版。

[11]贺培:《经济与金融体系中的支付系统》,中国财政经济出版社 2001 版。

[12]刘颖:《大额电子支付的法律基础》,北京邮电大学出版社 2001 版。

[13]刘颖:《电子资金划拨法律问题研究》,法律出版社 2001 年版。

[14]公丕祥:《法理学》,复旦大学出版社 2002 年版。

[15]赵万一:《商法基本问题研究》,法律出版社 2002 年版。

[16]黄东黎:《国际贸易法经济理论、法律和案例》,法律出版社 2003 版。

[17]张文显:《法理学》,高等教育出版社 2003 年第三版。

[18]罗伯特·蒙代尔:《国际货币:过去、现在和将来》,向松祚译,中国金融出版社 2003 年版。

[19]谭中明:《国际金融学》,中国科学技术大学出版社 2003 年版。

[20]刘颖:《支付命令与安全程序——美国统一商法典第 4A 编的核心概念及对中国电子商务立法的启示》,《中国法学》第 2004 年第 1 期。

[21]刘勇:《WTO 反倾销协定研究》,厦门大学出版社 2005 版。

[22]苏宁:《发达经济体支付结算体系》,中国金融出版社 2005 年版。

[23]苏宁:《支付体系比较研究》,中国金融出版社 2005 年版。

[24]曾筱清:《金融全球化与金融监管立法研究》,北京大学出版社 2005 年版。

[25]曾筱清、杨益:《金融安全网法律制度研究》,中国经济出版社 2005 年版。

[26]尚明、张成虎:《中国支付系统的日间透支管理》,《经济管理》2005 年第 13 期。

[27]李文玺:《世贸组织/关贸总协定反倾销法》,中国政法大学出版社 2006 年版。

[28]孙立文:《WTO〈反倾销协议〉改革——政策和法律分析》,武汉大学出版社 2006 版。

[29]高岚君:《国际法的价值论》,武汉大学出版社 2006 年版。

[30]徐泉:《国家经济主权论》,人民出版社 2006 年版。

[31]卓泽渊:《法的价值论》,法律出版社 2006 年版。

[32]贺东、胡志清:《银行 SWIFT 函电特点分析》,《华中农业大学学报(社会科学版)》2006 年第 1 期。

[33]禹刚:《自动质押融资:流动性管理新工具》,《上海证券报》2006 年 9 月 4 日第 6 版。

[34]姜波克、李怀定:《均衡汇率理文章献评述》,《当代财经》2006 年第 2 期。

[35]陈安、房东:《国际经济法资料选粹》,高等教育出版社 2007 年版。

[36]韩龙:《国际金融法》,法律出版社 2007 年版。

[37]李平:《商法基本理论问题研究》,四川大学出版社 2007 年版。

[38]李晓明:《私法的制度价值》,法律出版社 2007 年版。

[39] 苏宁:《支付体系发展指南》，中国金融出版社 2007 年版。

[40] 路德维希·冯·哈耶克:《货币的非国家化》，姚中秋译，新星出版社 2007 版。

[41] 李莉莎:《论大额电子资金划拨系统规则的法律地位——以降低系统风险为出发点》,《暨南学报（哲学社会科学版）》第 2007 年第 1 期。

[42] 高永富:《世界贸易组织新论》，北京大学出版社 2008 年版。

[43] 盛学军:《全球化背景下的金融监管法律问题研究》，法律出版社 2008 年版。

[44] 彼得·L.伯恩斯坦:《黄金简史》，黄磊译，上海财经大学出版社 2008 版。

[45] 刘萍:《大额支付系统运行中存在的风险及防范措施》,《新疆金融》2008 年第 3 期。

[46] 韩龙:《IMF 汇率监督制度的新发展及其对策》,《法商研究》2008 年第 2 期。

[47] 薛耀文:《金融网络中资金异常流动监测研究》，中国金融出版社 2009 年版。

[48] 巴里·艾肯格林:《资本全球化：国际货币体系史》，上海人民出版社 2009 年版。

[49] 米尔顿·弗里德曼、安娜·斯瓦茨:《美国货币史（1867—1960）》，巴曙松、王劲松等译，北京大学出版社 2009 年版。

[50] 约翰·H.杰克逊:《国家主权与变化中的 WTO》，赵龙跃、左海聪、盛建明译，社会科学文献出版社 2009 年版。

[51] 郝淑芹:《重提“经济人”的理性情结——兼论中国市场经济建设的主体素质基础》,《济宁学院学报》2009 年第 5 期。

[52] 巴曙松、杨现领:《从金融危机看未来国际货币体系改革》,《当代财经》2009 年第 11 期。

[53] 梅新育:《警惕美国汇率倾销的风险》,《中国外资》2009 年第 12 期。

[54] 韩龙:《国际金融法前沿问题研究》，清华大学出版社 2010 年版。

[55] 查尔斯·金德尔博格:《西欧金融史》，徐子健等译，中国金融出版社 2010 年版。

[56] 李建军、王家强、边卫红:《构建国际金融新秩序的思路及中国的定位

与对策》,《国际金融》2010 年第 8 期。

[57]李树:《经济理性与法律效率——法经济学的基本理论逻辑》,《南京社会科学》2010 年第 8 期。

[58]曹勇:《国际货币体系改革的历史视角分析与现实选择》,《宏观经济研究》2010 年第 7 期。

[59]陈江生、陈昭铭:《国际货币体系改革与人民币国际化》,《中共中央党校学报》2010 年第 14 期。

[60]彭兴韵:《国际货币体系的演进及多元化进程的中国选择——基于“货币强权”的国际货币体系演进分析》,《金融评论》2010 年第 2 期。

[61]让·克洛德·德罗奈、马京鹏:《关于国际货币体系改革的几点思考——兼评中国关于国际货币体系改革的建议》,《国外理论动态》2010 年第 6 期。

[62]赵柯:《货币的政治逻辑与国际货币体系的演变》,《欧洲研究》2011 年第 4 期。

[63]巴里·艾肯格林:《嚣张的特权——美元的兴衰和货币的未来》,中信出版社 2011 年版。

[64]弗雷德里克·S.米什金:《货币金融学》,郑艳文、荆国勇译,中国人民大学出版社 2011 年版。

[65]冯楚:《美国金融监管制度的法律价值选择——兼论对中国金融监管的启示》,《湖北第二师范学院学报》2011 年第 4 期。

[66]来洪渝:《完善中国支付清算系统监督管理措施的思考》,《西部金融》2011 年第 2 期。

[67]李海海:《效率与安全:金融制度的选择困境——来自美国的经验与教训》,《中央财经大学学报》2011 年第 5 期。

[68]毛术文:《中国反洗钱法律制度存在的主要问题及完善建议》,《金融与法》2011 年第 4 期。

[69]于春香:《支付系统流动性风险与信用风险管理探讨》,《吉林省经济管理干部学院学报》2011 年第 25 期。

[70]戴金平、熊爱宗、谭书诗:《国际货币体系:何去何从?》,厦门大学出版社 2012 年版。

[71]潘英丽:《国际货币体系与国际金融体系改革研究》,上海人民出版社

2012 年版。

[72]安东:《论法律的安全价值》,《法学评论》2012 年第 3 期。

[73]马骏:《亟需建立新人民币跨境支付系统》,《新财经》2012 年第 6 期。

[74]宋新伟:《借鉴美元跨境清算模式——完善中国跨境人民币清算体系》,《成都行政学院学报》2012 年第 4 期。

[75]范晓波:《汇率改革促进公平贸易法案评析》,《法学杂志》2012 年第 8 期。

[76]叶建勋:《金融消费者的概念及内涵》,《宏观经济》2012 年第 7 期。

[77]韩龙:《美元崛起历程及对人民币国际化的启示》,《国际金融研究》2012 年第 10 期。

[78]李海英、石建勋:《国外关于国际货币体系改革研究的最新动态——基于 2010—2011 年的相关研究综述》,《国外社会科学》2012 年第 2 期。

[79]韩忠亮:《全球化背景下金融监管的博弈研究》,北京大学出版社 2013 年版。

[80]雅各布·瓦伊纳:《倾销——国际贸易中的一个问题》,沈瑶译,商务印书馆 2013 年版。

[81]张承慧:《金融改革须重视金融基础设施建设》,《重庆理工大学学报(社会科学版)》2013 年第 10 期。

[82]徐洪才:《未来国际货币体系改革的模式》,《中国金融》2013 年第 4 期。

[83]韩龙:《汇率偏差并不构成法律上的出口补贴——评美国〈2011 年货币汇率监督改革法案〉》,《河北法学》2013 年第 1 期。

[84]杨蔓、罗胜强:《中国对外反倾销调查的统计分析》,《改革与开放》2014 年第 18 期。

[85]韩龙、米小燕、张路:《防范与化解国际金融风险和危机的制度建构研究》,人民出版社 2014 年版。

[86]韩龙:《防范与化解国际金融风险和危机的制度构建研究》,人民出版社 2014 年版。

[87]帅青红:《电子支付与安全》,西南财经大学出版社 2014 年版。

[88]本·伯克南:《金融的本质——伯克南四讲美联储》,巴曙松、陈剑译,中信出版社 2014 年版。

[89]黄志强:《夯实金融基础设施建设，助推新一轮金融改革》,《金融时报》，2014年第1期。

[90]王晓毅:《浅析支付清算监管内容及方式》,《金融经济》2014年第6期。

[91]韩龙、余磊:《中国应对西方针对人民币汇率行动的法律对策》,《江苏行政学院学报》2014年第1期。

[92]天空蓝:《跨境支付助力人民币国际化》,《中国金融》2015年第11期。

[93]查理斯·普罗克特:《曼恩论货币法律问题》，法律出版社2015年版。

[94]韩龙、毛术文:《欧洲央行重要支付系统监管机制的建构及启示》,《哈尔滨金融学院学报》2015年第2期。

[95]阎岳:《CIPS——具有两大功效支撑人民币国际化与获取流动性支持》,《证券日报》2015年10月9日第2版。

[96]杨国英:《人民币跨境支付系统须设定安全阀》,《华夏时报》2015年10月12日第16版。

[97]杨涛、李鑫:《国际金融市场基础设施监管改革》,《金融监管研究》2015年第8期。

[98]古斯塔夫·卡塞尔:《1914年以后的货币和外汇》，姜井勇译，商务印书馆2016年版。

[99]范进义:《支付系统日间透支及其风险管控——美联储支付系统风险政策的解读和分析》,《国际金融》2016年第4期。

[100]高蓓、盛文军、张明:《跨境清算体系：国别比较及中国发展》,《上海金融》2016年第8期。

[101]黄峰、陈学彬:《中美本币跨境支付系统模式比较研究》,《国际金融》2016年第8期。

[102]余劲松:《国际经济法学》，高等教育出版社2016年版。

[103]潘拥军:《论美元跨境支付系统的适用规则对中国的启示》,《国际经贸探索》2016年第10期。

[104]宋亚鹏:《〈贸易便利化协定〉分析及中国进路选择》,《海关与经贸研究》2016年第6期。

[105]苏昌蕾:《从国际经验看人民币跨境支付》,《银行家》2016年第

4 期。

[106]魏珺:《CIPS 构筑人民币国际化的快车道》,《金融电子化》2016 年第 1 期。

[107]张曦文:《论资源优化配置的经济法保障机制——以财政转移支付制度为视角》,《学术论坛》2016 年第 9 期。

[108]周永林:《区块链与金融市场基础设施》,《金融市场研究》2016 年第 6 期。

[109]韩龙:《IMF 监督制度的晚近修改能否解决国际货币体系所受威胁?》,《中外法学》2016 年第 4 期。

[110]韩龙:《人民币国际化重大法律问题之解决构想》,《法学》2016 年第 10 期。

[111]张礼卿:《人民币国际化面临的挑战与对策》,《金融论坛》2016 年第 3 期。

[112]李晓耕:《权力之巅——国际货币体系的政治起源》, 社会科学文献出版社 2017 年版。

[113]祝远缓:《美元跨境清算系统与人民币跨境支付系统研究与启示》,《吉林金融研究》2017 年第 3 期。

[114]林波:《全球治理背景下 WTO 争端解决机制效率研究》,《技术经济与管理研究》2017 年第 7 期。

[115]韩龙:《资本项目制度改革流行模式不适合人民币国际化》,《法商研究》2018 年第 1 期。

[116]马广奇、姚燕:《“一带一路”背景下人民币由“丝路货币”走向“世界货币”的推进策略》,《经济学家》2018 年第 8 期。

[117]励跃:《人民币跨境支付系统建设的下一步》,《当代金融家》2019 年第 6 期。

[118]励跃:《持续增强 CIPS 系统服务功能》,《中国金融》2019 年第 14 期。

[119]黄奇帆:《美国发动多次金融战争, 都是借跨境支付》, 上海外滩金融峰会上的发言, 2019 年 10 月 27 日。

[120]中国人民银行:《2019 年人民币国际化报告》, 中国金融出版社 2019 年版。

二、外文文献

[1]F. W. WOOLWORTH CO. v. UNITED STATES, 3 Cust. Ct. 236, 1939 Cust. Ct. LEXIS 1796

[2]Canadian Customs Tariff Act of 1907, 6-7 EDW. VII, CH. 11, Sec.6.

[3]British Safeguarding of Industries Act, 1921, 11 and 12 Geo.5 CH.47.

[4]Australian Customs Tariff (Industries Preservation) Act, December 16, 1921, Law No.28 of 1921, as Amended by Law No.20 of 1922.

[5]Customs Act, Canada. CH. 42, Revised Statutes of Canada, 1927, as Amended 18-19 GEO.V, Ch. 16, 1928; 21 GEO. V, CH.2, 1930; 21-22 GEO.V, CH.29, 1931; and 23 GEO.V, CH.7, 1932.

[6]Decree of thePresident for extraordinary customs measures, Jan.18, 1932.

[7]Canadian Customs Tariff Act. Amended to Date of May 23, 1933. CH.44 of the Revised Statutes of Canada, 1927, as Amended by CH.39 of the Acts of 1929, CH.13 of the Acts of 1930, 1st SESS.; CH3. of the Acts of 1930, 2D SESS.; CH. 30 of the Acts of 1931; and CH.37 of the Acts of 1932-1933.

[8]U.S Senate, Antidumping Legislation and Other Import Regulations in the United States and Foreign Countries[R].senate Document No. 112, January 11, 1934.

[9]Industries Preservation Act, Australia, 1906.

[10]United States Revenue Act of September 8, 1916, 39 Statute 798.

[11]New Zealand Customs Amendment Act of December 13, 1921.

[12]Report Issued by the British Board of Trade, Feb.3, 1925, on Procedure and Enquiries under the Safeguarding of Industries Act of 1921.

[13]United States Emergency Tariff Act of May 27, 1921, 42 Statute 9.

[14]South African Customs Tariff and Excise Duties Amendment Act, 1925; Law No.36 of 1925.

[15]United States Tariff Act of June 17, 1930, 46 STAT.590.

[16]F. W. Woolworth Co. v. United States, 28 C.C.P.A. 239, 1940 CCPA LEXIS 198, 115 F.2d 348, C.A.D. 151.

［17］Proceedings and Documents of the United Nations Monetary and Financial Conference，Bretton Woods，N.H.，Vol. 1，1118，July 1944.

［18］Michael J. Finger. The Origins and Evolution of Antidumping Regulation［M］.World Bank Publications，1991.

［19］CPSS. Core Principles for Systemically Important Payment Systems［R/OL］. https：//www.bis.org/cpmi/publ/d43.pdf，（2001）［2018-01-30］.

［20］Andreas F. Lowenfeld. International Economic Law［M］. Oxford University Press，2003.

［21］Morten L. Bech and Rod Garratt. The intraday liquidity management game［J］.Journal of Economic Theory，2003.

［22］Harry Leinonen. Liquidity，risk and speed in payment and settlement systems-a simulation approach［J］.Bank of Finland Studies，2005.

［23］Stiroh K. J. Financial Intermediation and Systematic Risk［J］. Economic Policy Review，2007.

［24］Detlev F. Vagts，William S. Dodge，Harold Hongju Koh. Transnational Business Problems［M］. Foundation Press： Thomson/West ，2008.

［25］Krugman P.M. Obstfeld，M. Melitz. International Finance：Theory and Policy［M］.Pearsonl Education，2009.

［26］The Bank of Japan. Policy on Oversight ofOffshore Yen Payment Systems［R/OL］.（2010）［2018-02-27］.

［27］T.Kokkola，"The Payment System. Payments，Securities and Derivatives，and the Role of the Eurosystem"，ECB（2010），pp.1-2.

［28］Caves R. J. Frankel，R. Jones. World Trade and Payments： An Introduction，［M.］Pearsonl Education，2011.

［29］Claus D. Zimmermann. Exchange Rate Misalignment and International Law［J］.American Journal of International Law，2011.

［30］Jeffrey S. Beckington，Matthew R. Amon. Competitive Currency Depreciation： The need For A More Effective International Legal Regime，［J］. Journal of International Business and Law，2011.

［31］IMF，Modernizing the Legal Framework for Surveillance-An Integrated Surveillance Decision，Annex June 26，2012.

[32] Dornbusch, R.S. Fisher and R. Startz. Macroeconomics[M].McGraw-Hill Education, 2014.

[33] Elizabeth L. Pettis. Is China's Manipulation of its Currency an Actionable Violation of the IMF and/or the WTO Agreements[J].Journal of International Business and Law, 201.

[34] BIS. Principles for financial market infrastructures [R/OL].https: //www.bis.org/cpmi/publ/d101a.pdf, (2012) [2018-02-28].

[35] CHIPS. The World's Premiere Real - Time Payments System [R/OL], 2012.

[36] Alexis Grimm and Charu Sharma. Cross-Border Trade in 2012 and Services Supplied Through Affiliates in 2011[J].U.S. International Services, 2013.

[37] Bryan Chan. Internationalisation of the RMB in the Shanghai Free Trade Zone——A Step Forward[J].Linklaters, 2014.

[38] Federal Reserve. Policy on Payment System Risk[R/OL]. (2014) [2018-01-30].

[39] China at 70: Free of fear of floating, By Herbert Poenisch, International Committee, IMI, former senior economist, BIS.